トランプ自伝

不動産王にビジネスを学ぶ

ドナルド・トランプ
トニー・シュウォーツ
相原真理子 訳

筑摩書房

謝辞

私が他の仕事に追われながらも本書を完成することができたのは、次の人びととの協力のおかげである。ここに心から、感謝の意を表したい。私のすばらしい妻イヴァナ・トランプと三人の子供たちは、週末ごとに私が本書の執筆にかかりきりになることに、深い理解を示してくれた。シー・ニューハウスは、最初あまり乗り気でなかった私を説得して、自伝執筆にふみきらせてくれた。ハワード・カミンスキー、ピーター・オスノス、その他ランダム・ハウス社の多くの人びとが熱心に、また精力的に本書の出版を支援してくれた。

ドナルド・J・トランプ

貴重な時間をさいて取材に応じてくれた多くの人たち、とりわけロバート・トランプ、ダー・スカット、ニック・リビス、ブランシュ・スプレイグ、ノーマン・レヴァイン、ハーヴィ・フリーマン、トニー・グリードマン、アル・グラスゴー、ジョン・バリー、ダン・クーパーら各氏に感謝を述べたい。タイプ、コピー、編集、調査、事実チェックなどの作業については、ルース・マリン、ゲイル・オールセン、アディナ・ワインスタイン、デボラ・イマーガット、ナンシー・パーマーにお世話になった。ノーマ・フォーダラーが私に代わって雑用を片づけてくれなければ、私はとうてい執筆のための時間を捻出し、資料を手に入れることができなかっただろう。私の有能なエージェント、キャシー・ロビンズは本来の仕事のほかに編集を手伝い、私を励まし、話相手になってくれた。ニューヨーク誌の優秀な編集者、エド・コズナーは長年にわたり、私にさまざまなアイディアとインスピレーション、そして思慮に富んだアドバイスを与えてくれている。二人の娘、ケイトとエミリーは私にとって喜びであり、また刺激とインスピレーションのもとでもある。そしてだれよりも献身的に私を支えてくれる妻デボラは、私の最初の編集者であり親友であり、十年たった今も私の最愛の恋人である。

トニー・シュウォーツ

目次

トランプ自伝——不動産王にビジネスを学ぶ

私の両親、
フレッド・トランプと
メアリ・トランプに
この本を捧げる――

1 取引──ある一週間

私は金のために取引をするわけではない。金ならもう十分持っている。一生かかっても使いきれないほどだ。私は取引そのものに魅力を感じる。キャンバスの上に美しい絵をかいたり、素晴らしい詩を作ったりする人がいるが、私にとっては取引が芸術だ。私は取引をするのが好きだ。それも大きければ大きいほどいい。私はこれにスリルと喜びを感じる。

大方の人は私のビジネスのやり方を見て驚く。私は気楽に仕事をする。アタッシェケースは持ち歩かないし、会合の予定もあまりぎっしり入れないようにしている。可能性を多く残しておくのが私のやり方だ。組織化しすぎると、想像力や起業家精神を発揮する余地がなくなる。私は毎日オフィスに来て、今日はどんなことがあるだろうと期待するのが好きだ。

私の生活には一週間の決まったパターンはない。朝は早く、六時頃に起きることが多い。それから一時間ほどかけて朝刊を読む。オフィスには九時頃行き、電話をかけたり受けたりし始める。その回数が五十回以下という日は珍しく、大抵は百回を超える。電話の合間には、少なくとも十二、三人の人に会う。前からの約束ではなくその場で決めることが多く、ほとんどは十五分以内に終わる。昼食のために休憩することはまずない。六時半にはオフィスを出るが、夜中の十二時頃まで自宅から電話をかけることが多い。週末の間はずっと家から電話する。

仕事はこんな具合に切れ目なく続く。私はこのやり方が気に入っている。過去の経験から学ぶように心がけはするが、将来の計画をたてる際はもっぱら現在に焦点を合わせる。そこに仕事の楽しみがある。楽しくなければ、仕事などする価値はない。

月曜日

午前九時　最初の電話の相手は、ウォール街の主要な投資銀行ベア・スターンズの立会場にいるアラン（通称〝エース〟）・グリーンバーグだ。アランはベア・スターンズ社のＣＥＯ（最高経営・管理責任者）で、過去五年間私の投資顧問として活動している。最高に腕のたつ男だ。私たちは二週間前から、ホリデイ・インの株を買い始めている。株価は五十ドル台だった。アランの話では、現在私は同社の株の五パーセント弱にあたる百万株以上を所有しているという。金曜日に市場は一株六十五ドルで引けたが、その最大の理由は、私が同社の株を買い占めているといううわさが流れたためだ、とアランは言った。私がホリデイの乗っ取りを企てているのではないかという憶測が生まれているのだ。

実のところ、私はまだどうするかはっきり決めていない。最終的にホリデイの買収を試みるかもしれない。同社はいくぶん過小評価されているからだ。現在の株価なら、二十億ドル足らずで経営権を手に入れることができる。ホリデイが所有する三つのカジノ・ホテルだけでも、ほぼそれと同等の価値はある。同社はその他に、ホテルの部屋を三十万室持っているのだ。

第二案として、株価が十分に上がれば持株を売って、たっぷり利益を得ることも考えている。今日すぐにそれを実行しても、七百万ドルほどもうかる計算になる。第三の可能性としては、ホリデイが私を厄介払いするために、プレミアム付きで私の持株を買い戻そうとすることも考えられる。もしプレミアムが十分な額なら、株を売るつもりだ。

いずれにしても、無能な経営陣が彼らの言う〝独立〟を守るために必死になるのを見るのは愉快だ。独立とは、要するに彼らの職という意味にすぎない。

午前九時半　エイブラハム・ハーシュフェルドが、アドバイスを求めて電話をかけてくる。エイブは不動産デベロッパーとして成功しているが、政界入りすることを望んでいる。ただし残念ながら、彼は政治家としてよりデベロッパーとしての手腕のほうに恵まれている。

エイブは昨年の秋に、ニューヨーク州のクオモ知事が自ら選んだ候補者、スタン・ランディーンに対抗して、副知事に立候補した。クオモはハーシュフェルドを候補者名簿からはずすため、法律手続き上の問題を理由に彼を告訴した。そして選挙戦が中盤に入った頃、クオモの思惑どおり、裁判所はハーシュフェルドが候補者として不適格であるという裁定を下した。エイブは私が知事と親しいことを知っているので、この先クオモを支持するべきか、それとも支持政党を変えてクオモの対抗馬の側につくべきかを相談するために電話をかけてきたのだ。そんなことは悩むまでもない、勝ち目のありそうなほうにつくのがいいに決まっている、と私は答えた。

エイブとは木曜日に会う約束をした。

午前十時　ドン・イームースに電話して、お礼を言う。イームースは全国で最も人気のあるラジオ・ショーをWNBCで流しており、アナベル・ヒル基金のための資金集めに協力してくれている。

この件がマスコミに大々的にとりあげられ、一大イベントになろうとしていることに私は内心驚いている。そもそものきっかけは先週、トム・ブローカウがキャスターをつとめる全国ニュース・レポートを私が見たことだった。ニュースでは、ジョージア州に住むミセス・ヒルという小柄なかわいらしい婦人のことをとりあげていた。彼女は自分の農場が抵当流れ処分になるのを防ごうとしているということだった。先祖代々受け継がれているこの農場が人手に渡るのを防ぐため、六十七歳になる彼女の夫は数週間前に自殺したという。生命保険で農場をとり戻すことを期待したのだが、保険金はとても足りなかった。私はこの悲劇的な状況に心を動かされた。この人たちはこれまで正直にコツコツ働いてきたのに、今になってすべてを失おうとしているのだ。こんなことがあっていいはずはない、と思った。

私はNBCを通じて、ミセス・ヒルを助けるために奔走しているジョージアのフランク・アーゲンブライトという人に連絡をとった。フランクはミセス・ヒルの農場の抵当権者である銀行を教えてくれた。翌朝私は銀行に電話し、自分はニューヨークの実業家だが、ミセス・ヒルの力になりたいと思っている、と話した。電話に出た副頭取は、残念だがもう遅いと言った。銀行は農場を競売に出すことに決めており、「何者だろうとそれを止めることはできない」というのだ。

これを聞いて私は怒りがこみあげた。「いいですか。どうしても抵当流れ処分を強行するつもりなら、私は個人的にあなたとあなたの銀行を、殺人罪で告訴します。ミセス・ヒルのご主人を苦しめて自殺に追いこんだという理由でね」副頭取は急に不安そうな声になり、折り返しまたご連絡します、と言った。

強硬な態度をとるとそれなりの効果があるものだ。一時間後、件の副頭取が電話してきて言った。「なんとかうまい措置を講じますから、どうぞご安心ください、トランプさん」ミセス・ヒルとフランク・アーゲンブライトが事のいきさつを報道関係者に話し、気がつくとこの話はネットワーク・ニュースで大きくとりあげられていた。

その週の末までには四万ドルの寄付が集まった。イームースは聴取者に訴えかけて、ひとりで二万ドル近い金額を集めた。私たちはミセス・ヒルと彼女の家族へのクリスマス・プレゼントとして、クリスマス・イブにトランプ・タワーのアトリウムで抵当証書を燃やすセレモニーを行なうことにした。その時までには、必要な金が全額集まっているはずだ。もし集まっていなければ、差額は私が負担するとミセス・ヒルに約束してある。

きみは大した男だ、と私はイームースに言った。そして来週のいつか全米オープンのテニス試合に私のゲストとして来てくれ、と誘った。私はコートサイドにボックス席を持っており、以前は自分でも毎日のように行っていた。最近は忙しくて行けないので、もっぱら友人を招待することにしている。

午前十一時十五分　ユナイテッド・ステーツ・フットボール・リーグ（USFL）のコミッショナー、ハリー・アッシャーが電話してくる。私たちはナショナル・フットボール・リーグ（NFL）が反トラスト法にふれるとして、これを相手どって訴訟を起こしていた。先月になって、陪審はNFLが独占的組織であるという裁定を下したが、NFLにはわずか一ドルという名目だけの損害賠償金を科したにすぎなかった。私はすでに自分のチーム、ニュージャージー・ゼネラルズの中心選手をNFLと契約させていた。だが裁判所の裁定はなんとしても納得できなかった。

ハリーと私はこの先どんな手を打つべきかを話し合った。もっと強硬な手段をとったほうがいい、というのが私の意見だった。「みんな上訴することにそれほど積極的でないのが心配なんだ」私はハリーに言った。

午後十二時　シューバート協会の会長であるゲリー・シャーンフェルドが電話してくる。シューバート協会は、ブロードウェーの大手の劇場のオーナーがつくっている団体だ。ゲリーは、私のオフィスの総務の人員として、ある女性を推薦したい、と言った。その女性はぜひドナルド・トランプのもとで働きたいと言っているという。変わった人だな、でもいつでも喜んで会うよ、と私は言った。

それから芝居の話をした。私はゲリーの劇場が上演している《キャッツ》をもう一度子供たちに見せてやるつもりだ、と彼に言った。切符は僕のオフィスを通じて手に入れているかい、とゲリーがきく。そういうことはしたくないんだと言うと、彼は言った。「ばか言うな。うちには友人のための切符を手配するのを仕事にしている女性がいるんだ。これが彼女の番号だ。遠慮せずに電話してくれ」

ゲリーの好意をうれしく思った。

午後一時十五分　アンソニー・グリードマンが、ウォルマン・リンク（アイススケート場）のプロジェクトについて相談するため、立ち寄る。グリードマンはエド・コッチのもとで住宅保護開発局の局長をつとめていた。その当時私はしょっちゅうグリードマンと争っていた。最後は裁判で彼を負かしたが、彼が有能な男であることは終始認めていた。私はだれかが自分に反対したことをいつまでも根に持ったりはしない。どんな時でも有能な人材を確保したいと思っている。

トニーはセントラル・パークにあるウォルマン・リンクの再建に協力してくれている。ニューヨーク市は七年間にわたってこのプロジェクトに取り組んでいたが、その間何度も惨めな失敗をくり返していた。そこで私は六月に、市にかわってこの事業を手がけることを申し出たのだ。現在工事は予定より早く進んでいる。工事の最後の重要な作業であるコンクリートの打込みが行なわれるのを祝って、木曜日に記者会見をする手はずを整えた、とトニーは言った。

これは大してニュース価値のある出来事とも思えなかったので、わざわざ記者会見に来る人がいるのかね、ときいた。だがトニーによると少なくとも十二、三のニュース機関から出席の返事が来ているという。どうやらニュース価値についての私の判断はあてにならないようだ。

午後二時 トランプ・タワーの建設業者を相手どって起こした訴訟に関して、宣誓証言をさせられる。この会社はまったく無能だったので、工事の途中でお払い箱にしなければならなかった。そこで損害賠償で同社を訴えたのだ。私は訴訟や宣誓証言は好きではない。しかし自分が正しい場合は断固とした態度をとらないと、向こうのいいようにされてしまう。それにたとえ自分で訴訟を起こさなくても、宣誓証言することは避けられない。最近では私がドナルド・トランプだというだけで、だれもかれもが私を訴えたがるからだ。

午後三時　私の秘書役で、生活上の細々したことをとりしきってくれるノーマ・フォーダラーに、昼食を持って来てくれるよう頼む。昼食といっても、トマトジュース一缶だけだ。食事をしに外へ行くことはめったにない。時間がもったいないというのが主な理由だ。

午後三時十五分　サー・チャールズ・ゴールドスタインに電話する。外出中ということなので、伝言を頼んでおく。彼は不動産関係の弁護士として成功している男だが、私はどうも好きになれない。

チャーリー・ゴールドスタインはおそらくブロンクスあたりの出だと思う。だが尊大で、まるで王侯貴族のような態度をとるので、私はサー・チャールズと呼ぶことにしている。リー・アイアコッカがパーム・ビーチでの取引のためにサー・チャールズを雇ったという話を週末に聞いた。パーム・ビーチでリーと私はパートナーとしてある取引をすることになっている。リーはサー・チャールズと私との間の過去のいきさつを知らないのだろう。しばらく前、ある人と取引をしている時、相手が弁護士を必要としていることを知ったので、サー・チャールズを推薦しておいた。するとなんと、サー・チャールズは依頼人となったその人に、私とは取引しないほうがいいと勧めたという。私は信じられなかった。

今度の取引は、パーム・ビーチにある二つの高層コンドミニアムを買いとるというものだ。私はパーム・ビーチに家を持っている。マール＝ア＝ラーゴという名の、素晴らしい屋敷だ。去年の冬、週末にここへ来ていた時、友人と昼食をとるために出かけた。行く途中で、一対の白く輝く美しいマンションを見かけた。電話で二、三問い合わせてみると、これらのマンションは約一億二千万ドルで建設されたもので、ニューヨークのある大手銀行がそのデベロッパーに対して担保権を行使したところだということがわかった。私はすぐにこれを四千万ドルで買い取る交渉を始めた。

リーと私が一緒に不動産取引をやったらどうかと最初に勧めたのは、二人の共通の友人のウィリアム・フーガジーである。リーは素晴らしく有能なビジネスマンで、クライスラーをたて直した手腕は見事というほかないと私は思っている。個人的にも彼とは非常に気が合う。そんなことから、リーと二人でマンションを買い取る相談をするようになった。しかしこれはかなりの投資なので、リーが積極的にこの話を進めるつもりかどうか、まだはっきりしていない。もし二の足を踏んでいるのなら、私の嫌いな弁護士を雇ったのはうまい手だったと言える。サー・チャールズが電話してきたら、そう言ってやるつもりだ。

午後三時半　姉のメアリアン・バリーに電話する。アトランティック・シティで争っている訴訟で最近下された判決について相談するためだ。メアリアンはニュージャージー州の連邦裁判所判事である。彼女の夫ジョンは有能な弁護士で、私はたびたび世話になっている。「敗訴したんだよ、信じられるかい？」私は言った。メアリアンは聡明で、むろん法律については私よりはるかに詳しい。だがこれを聞いて私に劣らず驚いたようだ。ジョンに上訴の手続きをとってもらいたいので、訴訟の資料をすぐに彼のもとに送るよう手配した、と姉に言った。

午後四時　クリスマス・デコレーションのスライドを見るため、会議室へ行く。トランプ・タワーのアトリウムにどんな飾りつけをするか決めなければならないのだ。大理石でできた六階までのこのアトリウムは、ニューヨークの最も人気のある観光名所の一つになっている。世界各地から毎週十万人を超す人びとが見物に訪れ、ショッピングを楽しむ。いまやこのアトリウムはトランプ・オーガニゼーションのシンボルである。どんなクリスマス・デコレーションにするかといった細かい点にまで私がいまだに関与するのは、このためだ。見せられたスライドで気に入ったものはあまりなかった。だが最後に、建物の入口に飾る巨大な美しい金のリースを見て、これにしようと決めた。いつもとは言えないが、たまには簡素なほうが効果的なこともあるのだ。

午後四時半　アトランティック・シティにある私の二つのカジノの経営免許をとるための手続きをとってくれたニュージャージーの弁護士、ニコラス・リビスが電話してくる。私が考えているある取引を進めるために、オーストラリアのシドニーへ行くところだという。飛行機で二十四時間かかるというので、私のかわりに行ってもらえてありがたい、と彼に言った。

けれどもこの取引はそれだけの旅をする価値があるかもしれない。ニュー・サウス・ウェールズの政府は世界最大のカジノを建設する計画をたてており、その建設と運営にあたる会社の選考を目下行なっている。私たちは有力候補の一つであり、ニックは政府の要人と会うために現地へ赴くのだ。何かニュースがありしだいオーストラリアから電話を入れる、とニックは言った。

午後五時十五分　NBC本社の新社屋建設用地の選定を担当している同社の重役ヘンリー・カネグスバーグに電話する。私たちは一年以上前から、ウェスト・サイドにある操車場跡地に移転するよう、NBCに働きかけてきた。これは一年前に私が買った、ハドソン川沿いの広さ七十八エーカー（約三十万平方メートル）の土地で、私はここに世界一高いビルを建設するプランを発表している。

ヘンリーがこの敷地のためのこちらの最新プランを見たばかりであることを知っていたので、私はさらに積極的に売りこんだ。まずブルーミングデール・デパートがここのショッピング・センターにぜひ入りたいと希望していることを話した。ここに店を出せば、ハクがつくからだ。またニューヨーク市も私たちの最新プランに大いに乗り気らしいこと、数カ月のうちに仮認可を受ける予定であることも話した。

カネグスバーグはすっかりその気になったようだった。電話を切る前に、私はNBCが世界一高いビルにオフィスを持つことの意義を強調した。「考えておいてくれ。これはいわば究極のシンボルになるぞ」

午後五時四十五分　九歳になる息子のドニーが電話してきて、いつ家に帰るかときく。私はどんなことをしている時でも、子供からの電話には必ず出ることにしている。ドニーのほかに二人の子供がいる。六歳のイヴァンカと三歳のエリックだ。子供たちが大きくなるにつれ、父親であることが楽になってきた。子供はかわいいがおもちゃのトラックや人形で遊んでやるのは苦手なのだ。しかし最近ドニーは建築や不動産、スポーツに興味をもつようになってきた。結構なことだ。

なるべく早く帰るよ、とドニーに言ったが、彼は時間を教えてと言い張る。どうもこの子は私の性格を受けついでいるらしい。ノーという答は絶対に受けつけないのだ。

午後六時半　もう二、三本電話をかけてからオフィスを出て、エレベーターで上へのぼり、トランプ・タワーの居住階にある自分のアパートへ帰る。もちろん自宅へ戻ってからもまた何本か電話をかけずにはいられない。

火曜日

午前九時　イヴァン・ボウスキーに電話する。ボウスキーはさや取り業者だが、彼と妻はビヴァリー・ヒルズ・ホテルの株の過半数所有者でもある。彼がホテルを売却したいという意向を明らかにしたことを読んだばかりだった。電話した時には、それから二週間後にボウスキーがインサイダー取引の容疑について罪を認めるなどとは夢にも思わなかった。彼がホテルを売りたがっていたのは、実は早急に金が必要だったからなのだ。

私はスタジオ54とパラディウムをそれぞれプロデュースしたスティーヴ・ラベルとイアン・シュレージャーを雇って、私のかわりにビヴァリー・ヒルズ・ホテルの運営をまかせることを考えていた。スティーヴほどの手腕があればホテルをたて直し、かつての活気をとり戻してくれるだろう。この件に興味をもっていることをボウスキーに話すと、彼はモルガン・スタンレーがこれを扱っているので、折り返しそちらから電話させる、と言った。

私はロサンゼルスが好きだ。七〇年代にはよく週末をここで過ごしたが、ホテルはビヴァリー・ヒルズに決めていた。だが個人的な好みが仕事上の判断を左右するようではいけない。このホテルは気に入っているが、向こうの言い値よりずっと安く手に入れることができないなら、この話は忘れようと思う。

午前九時半　アラン・グリーンバーグから電話がある。ホリデイの株をもう十万株買ったという。株価はまた一・五ポイント上がり、商いは非常に活発だ、と彼は言った。ホリデイのトップは大あわてで、事態にどう対処すべきかを検討するために緊急会議を開いているそうじゃないか、とアランに言った。ホリデイ側は、私が敵対的テイクオーバー・ビッド(TOB)を試みようとするのを防ぐため、何らかのポイズン・ピル策（乗っ取りから逃れるための戦略的防衛策）をとるだろう、というのがアランの意見だ。

この電話は二分足らずで終わった。アランは決して時間を無駄にしない。私はこの点がとても気に入っている。

午前十時　目下進行中の工事の請負業者たちと会う。彼らは、アトランティック・シティのボードウォークに建つトランプ・プラザから道路を隔てたところに、二千七百台を収容できる屋内駐車場と交通センターを建設している。この費用はざっと三千万ドルだ。業者たちは工事の進行状況を報告するために来たのだ。彼らの話では工事は予定どおり進んでおり、費用も予算を下回っているという。

駐車場は一九八七年のメモリアル・デー（戦没将兵追悼記念日。五月の最終月曜日）までに完成する予定だ。アトランティック・シティではこの週末はその年で最も活気に満ちた二日間になるだろう。この駐車場により、ビジネスは大幅に拡大することになる。現在は駐車のスペースがほとんどないにもかかわらず、事業はそれなりにうまくいっている。新しい駐車場はボードウォークへ通じる主要道路の端にあり、ここととカジノは歩行者専用道路で結ばれている。この駐車場を使用する人は、直接私たちの施設に送りこまれることになる。

午前十一時　オフィスでニューヨークの有力な銀行家と会う。彼は自分の銀行とぜひ取引してほしい、と頼みに来たのだ。そこで私が考えている事業についての一般的な話をした。いまや銀行のほうが私のところに来て、金を借りる気はないかときくようになったとは面白い。彼らはだれに投資すれば安全かをよく知っているのだ。

午後十二時十五分　ノーマが来て、ウォルマン・リンクの記者会見を木曜から水曜に変えなければならなくなったと報告する。そうしないと、ニューヨーク市の公園管理局長のヘンリー・スターンが困るという。セントラル・パークのアッパー・ウェスト・サイドに、歌手のダイアナ・ロスが費用を負担して新しい公園をつくったが、ヘンリーは木曜日にはこの開園式に出席することになっているというのだ。
そもそも木曜日に記者会見をすることにしたのは、この日にコンクリの打込みを行なうからだ。困ったことに作業の予定を変えるわけにはいかない。でもまあいい。何とかうまい手を考えよう。ヘンリーを窮地に立たせるのは気の毒だ。先週、私の雇ったガードマンたちが、私の許可証がなければ入れることはできないと言って、ヘンリーがウォルマン・リンクに入るのを拒否したという。警備がしっかりしているのはいいが、これはちょっと行き過ぎだ。ヘンリーが気分を害したのも無理はない。

午後十二時四十五分　会計士のジャック・ミトニックが電話してくる。私たちが目下行なっている取引の税金問題について相談するためだ。新しい連邦税法は不動産業者にとってどの程度マイナスになるか、と彼にきいてみた。新税法では、現在認められている不動産控除の多くがなくなってしまうからだ。
意外なことに、全体としてみると新税法は私にとってプラスになる、とミトニックは言った。私の主な収入源はカジノやマンションだが、勤労所得の最高課税率は五十パーセントから三十二パーセントに引き下げられるからだという。けれども私はやはりこの新税法は、投資と開発の意欲を失わせる点で、アメリカにとって大きなマイナスになると思う。特に何らかの誘因がなければ開発が行なわれにくい立地条件の悪い土地では、ますますその傾向が強まるだろう。

午後一時半　ノーマに頼んで、ミズーリ州選出の共和党上院議員ジョン・ダンフォースに電話してもらう。私はダンフォースを個人的に知っているわけではないが、彼は新税法案に強く反対した数少ない上院議員の一人だった。もう遅すぎるかもしれないが、政治的に傷つく危険をおかして、あえて自分の信念を表明した勇気にひと言賛辞を述べたかったのだ。ダンフォースは外出中だったが、後でこちらからおかけします、と秘書が言った。

午後一時四十五分　電話の切れ目をみはからってノーマが入ってきて、いくつかの招待をどうするかきく。ニューヨーク・ヤンキースの外野手デイヴ・ウィンフィールドから、彼が主宰する麻薬撲滅のための財団の慈善夕食会で、司会をつとめてほしいという依頼が来ているという。今月はすでに、脳性小児麻痺連合と警察競技連盟の二つの団体の夕食会で司会をすることになっている。

なぜ私がこうしたさまざまな会でスピーチや司会を依頼されるのかはわかっている。私が素晴らしい人物だからというわけではない。慈善団体の主宰者は、私には金持ちの友人がいて、その人たちに夕食会の券を買ってもらえることを知っているからだ。向こうの心の内はわかっているし、それにのせられるのもあまり愉快ではないが、うまくそれを逃れる方法もない。しかし今月はもう二度も友人たちの好意に頼っている。一回のディナーのために一万ドル寄付してくれとはそうそう頼めるものではない。ウィンフィールドの依頼は丁重に断わるよう、ノーマに言った。

もう一つ青年社長会《ヤング・プレジデンツ・オーガニゼーション》（YPO）の夕食会でスピーチをしてほしいという依頼も来ている。YPOは自分の会社の最高経営責任者をつとめる四十歳未満の実業家がつくっている団体だ。私は二カ月前に四十になったので、彼らの先輩としての資格を得たのかもしれない。

ノーマはその他にパーティの招待が五、六件あるが、どうするかときいた。私はそのうちの二つに行くことにした。一つは、不動産ブローカーのアリス・メイスンのパーティ。彼女は自分のパーティに時の人をよぶことによって社交界の名士にのし上がった女性だ。もう一つは、数カ月前にカリフォルニアで結婚したABC放送のバーバラ・ウォルターズと、ロリマー＝テレピクチャーズ社長マーヴ・アデルソンの結婚披露パーティだ。二人とも実に魅力ある人たちだ。

正直言って、私はパーティはあまり好きではない。世間話というやつが苦手だからだ。しかし残念ながらこれも仕事のうちなので、心ならずもあちこちのパーティに顔を出すことになる。だがその場合も、なるべく早く引き上げることにしている。幸いなことに、なかには心から楽しめるパーティもある。何カ月も先のパーティの招待にはつい応じてしまうことが多い。あまり先のことなので、その日は永久に来ないような気がするのだ。だがいよいよその日が近づいてくると、一体なぜ承諾したのだろうと、自分自身に腹が立つ。でも時すでに遅しなのだ。

午後二時 あることを思いつき、もう一度アラン・グリーンバーグに電話する。もし私がホリデイに買収をしかけると、ネヴァダでカジノを経営するための免許を取得しなければならない。ホリデイはネヴァダにカジノを二軒持っているからだ。「ホリデイの株を今すぐ売ってしまったらどうだろう？　それで利益をあげておいて、免許をとってからまたTOBをすることを考えたら」

アランは、今持っている株は手離さないほうがいいという意見だ。じゃ今のところはそうするよ、と私は答えた。選択の余地はなるべく多くしておきたいからだ。

午後二時十五分 ジョン・ダンフォースから電話があり、しばらく話をする。その調子でがんばってください、と私は激励した。

午後二時半　ラスヴェガスのデューンズ・ホテルのオーナーの一人に、電話をかけ返す。このホテルは、おそらくラスヴェガス地域で最も有望と思われる未開発の土地を所有している。私は値段さえおりあえば、ここを買ってもいいと考えている。私はカジノ・ビジネスが好きだ。スケールが大きいし、魅力もある。何よりも気に入っているのはもうけが大きい点だ。この商売のことがよくわかっていれば、ほどほどにうまく運営するだけでかなりの収益をあげられる。非常にうまくやれば、莫大な金をもうけることができる。

午後二時四十五分　私の会社の業務執行副社長である弟のロバートとハーヴィ・フリーマンが立ち寄る。ウェスト・サイドの操車場跡地のプロジェクトについてその日コン・エディソン社やNBCの重役と話し合ったことを報告するためだ。コン・エドはこの敷地の南端に、巨大な煙突のある工場を持っている。この隣りに大きな建物が建った場合に、煙突から出た煙がうまく拡散するかどうかが話し合いのテーマだった。

私と二歳違いの弟のロバートはのんきでもの柔らかだが、非常に有能だ。私のような人間を兄に持つのは大変だろうと思うが、ロバートはそのことを口に出して言ったことはない。私たちはとても気が合う。私が心おきなく「おまえ」と呼べるのは、この弟以外にはない。

ロバートはだれとでもうまくつきあえる。これは私にとって都合がよい。私は悪役を演じなければならないこともあるからだ。一方ハーヴィのほうは全く違うタイプだ。うわついたところが少しもなく、遊ぶことは苦手だが、きわめて分析的な思考力をもっている。

コン・エドは、NBCのビルが建ってもおそらく煙突には何の影響もないだろうとNBCの重役に話したという。これを聞いてほっとした。だが残念ながら、コン・エドの言葉で一件落着というわけにはいかない。認可をもらうためには、こちらが独自の環境影響評価報告（都市計画などが環境に及ぼす影響をまとめた予想報告書）を提出しなければならないだろう。

午後三時十五分　都市計画委員会のハーバート・スターツに電話する。この委員会は、ウェスト・サイドの敷地のための私たちの最新プランを、初めて認可、あるいは却下する市の機関である。スターツら委員は、金曜日に予備的な視察を行なうことになっている。

スターツは外出中だったので、金曜の朝にお会いするのを楽しみにしています、という伝言を秘書にことづけた。

午後三時二十分　ジェラルド・シュレージャーから電話がかかる。ジェリーはアメリカ有数の不動産会社ドライア＆トラウプの最も優秀な弁護士だ。一九七四年に私がコモドア・ホテルを買収して以来、私の主な取引をほとんど全部手がけている。ジェリーは単に弁護士というだけではない。彼はまさにビジネス・マシーンであり、だれよりもはやく取引の核心を見抜くことができる。

ホリデイ・インの状況や、さまざまな段階にある他のいくつかの取引について、ジェリーに相談した。アラン・グリーンバーグと同様、シュレージャーも時間を無駄にすることを嫌う。私たちは十分足らずで、五つ六つの案件について話し合った。


午後三時半　妻のイヴァナが立ち寄って、行ってまいりますと言う。これからヘリコプターでアトランティック・シティへ行くのだ。私はよく冗談に、きみのほうが僕よりよほどよく働いてるよ、と言う。昨年私はヒルトン社から二つ目のカジノを買い取ってトランプ・キャッスルと改名したが、その時イヴァナにここの経営を任せることにした。彼女は生まれつき管理能力にたけており、どんなことでも完璧にこなしてしまう。

イヴァナは一人っ子としてチェコスロヴァキアで育った。電気技師の父親は優秀なスポーツマンで、イヴァナがごく幼い頃からスキーを教えた。六歳になる頃には、彼女はあちこちの試合でメダルをとるようになっており、一九七二年の札幌冬季オリンピックには、チェコ代表スキー・チームの補欠として参加した。一年後、プラハのカレル大学を卒業してからモントリオールへ行き、ほどなくカナダのトップ・モデルになった。

私たちは一九七六年八月のモントリオール・オリンピック大会で知り合った。私はそれまでに数多くの女性とデートしていたが、そのだれとも本気でつきあったことはなかった。だがイヴァナはいい加減な気持ちでつきあえる女性ではなかった。それから八カ月後の一九七七年四月に私たちは結婚した。結婚後すぐに、私は当時手がけていたプロジェクトのインテリア・デザインをイヴァナに任せた。彼女は見事にそれをやってのけた。

イヴァナほど能率的に物事をこなす人はあまりいないだろう。彼女は三人の子供を育てるかたわら、私たちの三軒の家をとりしきっている。トランプ・タワーの中のアパートとマール＝ア＝ラーゴ、そしてコネチカット州グリニッジにある家だ。その他に現在は約四千人の従業員がいるトランプ・キャッスルの経営も手がけている。

キャッスルは順調に業績をあげているが、まだナンバー・ワンではない。私はそのことを厳しく彼女に指摘する。きみが運営しているのは町で最大のカジノなのだから、当然最高の収益をあげていいはずだ、と言ってやるのだ。イヴァナは私に劣らず負けず嫌いなので、今の状態でそれを達成するのは無理だと主張する。もっとスイートをたくさんつくる必要があるというのだ。スイートの建設には四千万ドルかかるのだが、彼女はそんなことにはとんちゃくしない。とにかくスイートが足りないことが商売にひびいており、そのためにナンバー・ワンになることが難しいと言い張る。彼女に任せておけば何事も間違いないことは確かだ。

午後三時四十五分　ゼネラル・モーターズのキャデラック部門の販売担当副社長が電話してくる。上司であるキャデラック部門社長のジョン・グレテンバーガーの指示で電話したと言う。グレテンバーガーはパーム・ビーチでの知り合いだ。副社長の話では、キャデラック部門はトランプ・ゴールデン・シリーズと銘打った新型のスーパーストレッチ・リムジンの生産を、私と共同で行ないたい意向だという。私もこの案が気に入ったので、二週間後に話し合うことにして、日どりを決めた。

午後四時　ドレクセル・バーナム・ランベールのカジノ・アナリスト、ダニエル・リーが数人の同僚と一緒に立ち寄る。あるホテル会社の買収をドレクセルに任せてもらいたいという話をするためだ。

ドレクセルでジャンク・ボンド融資を開発したマイクル・ミルケンは、数年前から定期的に電話をかけてきては、ドレクセルとビジネスをするよう勧誘していた。ドレクセルがインサイダー取引に関するあるスキャンダルに巻きこまれようとしているとは、その時には夢にも知らなかった。この事件はまもなくウォール街を揺るがすことになるのだ。いずれにしても、私はマイクはなかなか有能な男だと思っていた。しかしアラン・グリーンバーグも才能の点ではひけをとらないし、私はいい仕事をしてくれた人は裏切らないことにしている。私のほ

リーたちの話には丁重に耳を傾けたが、正直言ってあまり心は動かされなかった。

うからまた連絡するということで、話を終えた。

午後五時　マイアミ・ドルフィンズの元ランニングバック、ラリー・チョンカから電話がある。USFLを活性化するためのいい考えがあるという。カナディアン・フットボール・リーグとUSFLを合体させたらどうだろう、というのだ。ラリーは感じのいい男で頭もよく、この件についてはとても乗り気のようだったが、私はこの案には賛成できなかった。USFLはハーシェル・ウォーカーやジム・ケリーといったスター選手をかかえていながら、いまひとつ人気が出ないのだ。だれも名前を聞いたこともないような選手しかいないカナディアン・フットボールと合体したところで事態が改善されるとは思えない。NFLの独占をつきくずすには、まず裁判で勝たなければならないのだ。

午後五時半　デザイナーのカルヴァン・クラインに電話して、おめでとうを言う。トランプ・タワーが最初にオープンした時、クラインは新作の香水〈オブセッション〉の販売のため、一つのフロアをオフィス用に借りきった。その後ビジネスが順調にいき、一年足らずで二つ目のフロアを借りた。そしてますます商売は繁盛し、今度は三つ目のフロアにまで進出しようとしている。

私はカルヴァンの手腕に敬服しており、彼にそう言った。カルヴァンは有能なデザイナーであるだけでなく、セールスマンや実業家としても優秀だ。彼がこれほど成功しているのは、この三つの才能を合わせもっているからだ。

午後六時　ニューヨーク・タイムズ紙の建築評論家、ポール・ゴールドバーガーへの手紙の下書きを書く。一週間前、日曜日のコラムでゴールドバーガーは、ロウアー・マンハッタンに新しく建設が予定されているバッテリー・パーク・シティのデザインを絶賛した。そしてウェスト・サイドの敷地に私たちが計画しているテレビジョン・シティのデザインとは「雲泥の差」である、と述べた。つまり私たちに痛烈な一撃を加えたわけだ。

考えてみるとこれは妙な話だ。私たちは新たな建築家に依頼して、これまでとは違う構想のもとにデザインを練っているところで、ゴールドバーガーも含めて、まだだれもこの新しいプランを見た者はいない。ゴールドバーガーはまだ見てもいないデザインを攻撃したわけだ。

私は手紙にこう書いた。「ゴールドバーガー殿。あなたはテレビジョン・シティのデザインがどんなにすぐれたものであっても、これをけなすおつもりのようですね。先日のあなたの記事は、明らかにそのための準備だと思われます。もしあなたが否定的な態度をとれば(そうなさるだろうと確信しておりますが)、ＮＢＣがニュージャージーへ移転するのを手助けすることになります」

私の部下は、評論家にこうした手紙を書くのはやめたほうがいい、といつも私に言う。けれども私はこう思う。評論家は私の仕事について言いたいことを言う。それなら私も彼らの仕事について言いたいことを言ってもいいはずではないか、と。

水曜日

午前九時 イヴァナと二人で、娘を通わせようと考えているある私立学校を見学に行く。もし五年前に、私が午前の時間をつぶして幼稚園を見て歩くことがあるなどと言う者がいたら、一笑に付していたに違いない。

午前十一時 ウォルマン・リンクの記者会見に行く。行ってみると少なくとも二十人もの記者やカメラマンがうろうろしているので、びっくりした。

公園管理局長のヘンリー・スターンが最初にマイクの前に立った。彼はしきりに私を誉め、このように言った。「もし市が独自にリンクの改修工事を手がけていたら、「今ごろはドナルド・トランプがとっくに終えてしまった作業の認可が予算委員会からおりるのを待っているところでしょう」

私の番が来た。私は全長三十五キロのパイプの敷設が終わり、それらは徹底的に検査され、漏れがないことが確認されたこと、工事は予定より少なくとも一カ月早く進んでいること、四十万ドルほど予算を下回っていることを説明した。それから十一月十三日に盛大な開場式を予定しており、その日には世界の一流スケーターが多数参加するショーを行なうことも発表した。

話し終わると、記者たちの質問が殺到した。最後に、ヘンリーと私はリンクに降りた。実際のコンクリートの打込みができないので、せめてその真似だけでもしようというのだ。数人の作業員が、湿ったコンクリートを山盛りにした手押し車を引いてきて、私たちのほうに向けてそれをとめた。カメラマンが一斉にシャッターを押す中で、ヘンリーと私はパイプの上にコンクリートをかけた。

こうした儀式はそれまでにも何度となくやったことがあるが、いまだに少々ばかげているような気がしてならない。ピンストライプの背広を着こんだ男たちが、コンクリをシャベルですくっている図など、どう見てもさまにならないではないか。しかし私は小うるさいことは言いたくない。写真をとりたいという要望があるかぎり、おとなしくシャベルを持つつもりだ。

午後十二時四十五分　オフィスに戻るとすぐに、留守中にかかった電話に返事をし始める。今日はニュージャージー・カジノ管理委員会のあるメンバーの退職記念ディナー・パーティに出席するため、早めにトレントンに行かなければならない。そこでできるだけ今のうちに仕事を片づけてしまいたいのだ。

まずまっ先にアーサー・バロンに電話する。彼はパラマウント・ピクチャーズを傘下に持つガルフ&ウェスタン（G&W）社レジャー部門の社長だ。G&Wの会長マーティン・デイヴィスは私の長年の友人である。バロンは二週間前に私がマーティに出した手紙に返事をするために電話してきたらしい。手紙の中で私は最近ある有望な土地を手に入れ、目下そこに建てるビルを設計中であることをマーティに説明した。そしてそのビルの一階に八つの映画館をつくるつもりだが、それを買う気はないかともちかけた。「きみも知っているとおり、私が一番ビジネスをしたい相手は、マーティ・デイヴィスなんだ」と私は書いた。

これはウソではない。マーティン・デイヴィスは実に才能のある男だからだ。しかし最高の立地条件の場所に八軒の映画館を確保するためにはどんなことでもやろうという会社は、他にも十社は下らないだろう。つまりこちらが望むような取引をマーティとすることができなければ、他に相手は大勢いるのだ。

アート・バロンが電話に出ると、予想したとおり映画館の件について話し合うため会いたいと言った。そこで来週会うことにして、日を決めた。

午後一時半　ニューヨークでも有数の不動産ブローカーの一人、アーサー・ソネンブリックに電話をかけ返す。三週間前に、ウェスト・サイドの敷地を買いたいという外国人クライアントがいる、という電話をアーサーからもらっていた。彼はそのクライアントの名前は明かさなかったが、真面目な人たちで、この敷地を買うために相当な金額を出す用意がある、と言った。私が一年前に払った一億ドルをはるかに上回る額だという。

私はさほど心を動かされなかった。それどころか、アーサーにこう言った。「それほど大した額じゃなさそうだな。もう少し上げるようなら話に乗ってもいいが」そこでアーサーは現在の状況を報告するために電話してきたのだ。

本当を言うと、私は値段のいかんにかかわらずこの土地は売りたくない。私にとってハドソン川を見晴らすこの百エーカー（約四十万平方メートル）の土地は、世界一すばらしい未開発の不動産なのだ。だが一方、私はどんなチャンスでもつぶしたくはない。アーサーによると、彼のクライアントはまだこの土地に執着があり、最初のつけ値にいくらか上のせするかもしれないが、それほど大幅には上げないだろうという。「もう少し粘ってみてくれ」と私は言った。

午後二時　マール＝ア＝ラーゴのプールの建設を請け負っている業者から電話がある。忙しかったが、ともかく電話を受けた。私たちはこの屋敷の最初のデザインと調和するようなプールを建設するためにあらゆる努力を傾けており、どんな細かい点も完璧に仕上げてほしかった。

マール＝ア＝ラーゴは不動産投資としてではなく自分で住むために買ったのだが、この取引は大成功だった。マール＝ア＝ラーゴは一九二〇年代の初めにマージョリー・メリーウェザー・ポーストによって建てられた。彼女は穀物で財をなしたポースト家の財産を受け継いでおり、当時はエドワード・F・ハットン夫人だった。大西洋とワース湖に面した二十エーカー（八万平方メートル）の敷地に立つ部屋数百十八のこの屋敷は、四年の歳月をかけて完成された。外壁にはイタリアから輸入した舟三杯分のドリア石が使われ、家の内外には十五世紀につくられたスペイン製タイル三万六千枚が貼られている。

ポースト夫人は、大統領の別荘として使うようにと、この屋敷を連邦政府に遺贈した。政府はその後屋敷をポースト財団に返却し、財団は二千五百万ドルでこれを売りに出した。私が初めてマール＝ア＝ラーゴを見たのは、一九八二年にパーム・ビーチで休暇を過ごしていた時だ。私はすぐに千五百万ドルというオファーを出したが、即刻断わられた。その後数年の間に財団は、私のつけ値より高い値段で何人かの買手と契約を結んだ。しかしいずれの場合も、最終的に取引が成立する前に話はこわれた。私はそのたびにまたオファーを出したが、つけ値は必ず前の時より低い額にした。

最後に一九八五年の末、私は屋敷に五百万ドル、さらに屋敷内の備品に三百万ドルを現金で支払うというオファーを出した。財団はこの頃には不成立に終わる取引に嫌気がさしていたらしい。彼らは私のオファーを受け入れ、一カ月後に売買が成立した。この取引のことが発表されると、パーム・ビーチのデイリー・ニューズ紙は、「マール＝ア＝ラーゴの見切り値段に市民は呆然」という見出しのもとに、一面に大きくこの話題をとりあげた。その後、マール＝ア＝ラーゴとは比べものにならないほどささやかで、敷地もその数分の一しかない屋敷がいくつか、千八百万ドルを超える価格で取引された。話によると、マール＝ア＝ラーゴの備品だけでも、私が屋敷全体のために払った値段を上回る価値があるという。これはうまいタイミングをとらえて素早く、そして断固とした行動をとることがいかに大きな利益に結びつくかを示す例だと言える。もちろんマール＝ア＝ラーゴの維持費は安くはない。この費用だけで、毎年アメリカのどこにでも立派な家が買えるだろう。

説明が長くなったが、要するにこのような経緯から、私はプールの施工業者からの電話を受けたのだ。彼は表面の仕上げに使うドリア石と他の部分との調和についての、ちょっとした質問をした。私はことマール＝ア＝ラーゴに関しては、どんなささいな点でもいい加減にしたくはない。この電話に二分間かかったが、おそらくこのおかげで作業が二日分短縮できただろう。後で作業をやり直すはめになる、といった事態もこれで避けられる。

午後二時半　ソ連を相手にビジネスをしているある著名な実業家から電話がある。モスクワで私が手がけようと考えている建設プロジェクトについての情報を教えてくれるためだ。

私がこのプロジェクトに興味をもったのは、エステー・ローダーの息子である有能な実業家レナード・ローダー主催の昼食会で、ソ連大使ユーリ・ドゥビーニンの隣りに坐ったことがきっかけだった。話しているうちに、ドゥビーニンの娘がトランプ・タワーについて読んだことがあり、それについてよく知っていることがわかった。そんなことから話が発展し、私がソ連政府と共同で、クレムリンから道路を隔てたところに大きな豪華ホテルを建てるという案が生まれた。私はソ連政府の招きで七月にモスクワに行くことになっている。

午後三時 ロバートが立ち寄り、NBCとウェスト・サイドの敷地に関するいくつかの問題について話す。

午後三時半 テキサスに住む友人が、ある取引のことで電話してくる。彼は実に魅力のある男だ。美男子で服装のセンスもよく、テキサス人特有のまのびした話し方をするので、つい心がなごむ。彼は私のことをドニーと呼ぶ。私はこの名前が大嫌いなのだが、なぜか彼にこう呼ばれても気にならない。

二年前この友人が別の取引のことで電話してきたことがある。金のある連中を何人か説得して、ある小さな石油会社を買収しようとしていたのだ。「ドニー、五千万ドルほど出してほしいんだ。絶対に損はさせない。投資した金は数カ月で二倍、あるいは三倍になる」と彼は言った。詳細を聞くとなかなかいい話のように思える。私はすっかり乗り気になり、書類の作成なども始めた。ところがある朝起きてみると、何か妙な気がする。

そこで友人に電話して言った。「この話はどうもしっくりこないんだ。石油は地下に埋もれてて目に見えないからかな。あるいは、この件には創造的なものが何もないからかもしれない。どっちにしてもやっぱりやめとこうと思う」友人は言った。「いいよ、ドニー、好きにしてくれ。だがせっかくのチャンスをふいにすることになるんだぞ」もちろん、その後どうなったかはすでに過去の話だ。数カ月後に石油価格は暴落し、友人のグループが買収した会社は破産した。そして投資者たちは出した金をすべて失ったのだ。

この経験から、私はいくつかのことを学んだ。第一に、書類の上でどんなによさそうに見える話でも、自分自身のカンに頼って判断すること。第二に、総じて自分のよく知っている分野でビジネスをするほうがうまくいくこと。そして第三は、時には投資を思いとどまることも利益につながるということだ。

その取引に加わらなかったおかげで私は五千万ドルと友情を失わずにすんだ。したがって彼とはいまだに親しい仲なので今回の取引の話もたちどころに断わりたくはない。そこでいちおう書類を送ってくれるように頼んだ。しかし正直なところ、おそらくこの話には乗らないだろう。

午後四時　ジュディス・クランツに電話をかけ返す。彼女の仕事には感嘆せざるをえない。三冊の著書がたて続けにベストセラーのトップになったという作家が、はたして何人いるだろう？　ジュディはまたとても感じのいい女性でもある。彼女の最新作である『愛と哀しみのマンハッタン』という小説は、トランプ・タワーが舞台で、私も登場人物の一人だ。この作品をもとにしたテレビのミニシリーズの撮影がトランプ・タワーで行なわれ、私はジュディに頼まれて、その中の一シーンに自分自身の役で出演した。

ジュディは、ヴァレリー・バーティネリと共演したそのシーンは上出来だったと言うために、電話してきたのだ。それを聞いてうれしかったが、本職のほうをやめるつもりは毛頭ない。だがトランプ・タワーにとっては、これは絶好の宣伝になる。このミニシリーズはスイープ（三大ネットワークが年間を通じて最強の番組を集中的に放送する時期）の期間中全国テレビで放映され、全国的に高い視聴率をあげることがほぼ確実なのだから。

午後四時半　ベア・スターンズのパートナーの一人、ポール・ハリングビーに今日最後の電話をかける。一九八五年に私はアトランティック・シティに所有している二軒のカジノの建設資金調達のために五億五千万ドルの債券を発行して成功したが、その業務を担当したのがハリングビーだ。

現在私たちは、いわゆるトランプ基金を設立することを考えている。これを通じて差し押えられ、抵当流れ処分になった不動産、特に米国南西部のこうした土地を、格安の値段で買おうというのだ。

目下設立趣意書を作成しているところだが、公募によって五億ドルは楽に集まるだろう、とハリングビーは言った。この案で私が気に入っているのは、どんな土地を買っても私は大きな持ち分を保持できるが、取引がうまくいかなかった場合にも個人的なリスクは負う必要がないことだ。逆に気に入らないのは、自分自身と競合するような状況も起こる可能性がある点だ。たとえば、個人的に買いたいが、トランプ基金にとっても有望な差押え物件があった場合にはどうすればいいだろう？

だがともかく、設立趣意書を見てみることにした。

午後五時　ディナー・パーティのカクテルに間に合うよう、五時半にトレントンに着くヘリコプターに乗るため、六十番通りにあるヘリポートへ送ってもらう。

木曜日

午前九時　エイブ・ハーシュフェルドと話をする。エイブはそもそも、クオモ知事が自ら先頭に立って、彼を候補者名簿からはずすための運動を行なったことに気分を害しているのだ。気持ちはわかるが知事は悪い人ではない、と私は言った。それに民主党支持者であるエイブが、急にここで態度を変えて共和党候補者の支持に回ったら、ばかげて見える。そして実際問題として、クオモが圧倒的勝利をおさめて再選されることは確実なのだから、敗者より勝者の側についたほうが得ではないか。

エイブはかなり強情な男だが、しまいにこう言った。「それじゃ、僕に電話をくれるよう、知事に頼んでくれないか?」できるだけやってみるよ、と私は約束した。エイブは昔から気難しいことで定評がある。だが私はエイブと彼の家族がとても好きだ。

午前十時十五分　アラン・グリーンバーグから電話がある。取引が始まって一時間足らずのうちに指標は二十五ポイント下がった。売りの注文が殺到しており、ほとんどすべての株が下がっているが、ホリデイ株は堅調だという。私は喜ぶべきか悲しむべきかわからなかった。ホリデイ株が下がってほしいという気持ちが一方である。そうすればよりよい値段で買い増しできるからだ。だが他方では、株価が上がってほしいと望む気持ちもある。今の時点では株価が一ポイントあがるごとに、多額の金が楽に手に入ることになるからだ。

午前十時半　私たちが起こしたＵＳＦＬの反トラスト訴訟を手がけた弁護士ハーヴィ・マイヤーソンが、話をするために立ち寄る。ハーヴィは素晴らしい腕をもつ弁護士だ。勝ち目がないとだれもが思っていた訴訟を担当し、たとえ名ばかりの損害賠償金しか認められなかったにせよ、反トラスト法違反を理由に、これを勝訴に持ちこんだのだ。とは言え、ハーヴィは陪審員たちに多少きざな印象を与えたのではないかと、裁判以来私は思っている。彼は毎日りゅうとしたピンストライプの背広を着こみ、小さなハンカチをポケットからのぞかせて法廷にあらわれる。これがはたしてうまいやり方かどうかは疑問だ。けれども総じて彼は見事な手腕を見せたと思う。上訴の際も彼に任せておけばチャンスは大いにあるだろう。私がハーヴィを好きなのは、一つには彼が熱中するたちだからだ。彼は絶対に自分が上訴に勝つと確信している。

午前十一時半　スティーヴン・ハイドから電話がある。アトランティック・シティにあるトランプ・プラザ・ホテル・アンド・カジノをホリデイ・インから買い取り、六月にその経営権を手に入れると、私はスティーヴを雇ってその経営をまかせた。彼はゴールデン・ナゲットで、スティーヴン・A・ウィンのもとで副社長として働いていた。ウィンは最高の手腕をもつカジノ経営者である。優秀な経営者のもとで働く優秀な人材を確保するべし、というのが私の信念だ。そこで長期間にわたる交渉の末、ハイドに、より責任の重い仕事と、より高額の報酬を提供しようと言うと、彼はオーケーした。ハイドは私のために働くことに魅力を感じていたらしく、スティーヴ・ウィンのもとを去ることにはこだわらなかった。

ウィンは口先がうまく如才ないが、いささか変わった男だ。二、三週間前、電話をかけてきて、こう言った。「ドナルド、女房と離婚することになったんで、そのことを知らせようと思ってね」そこで、「それは残念だな、スティーヴ」と言うと、彼は言った。「いや、残念じゃない、最高なんだよ。僕たちまだ愛しあっててね、ただもう夫婦でいたくはないんだ。女房もここにいるんだけど、話すかい？」私は丁重に断わった。

ハイドが電話してきたのは、プラザの八月の収支報告が出たので、それを私に伝えるためだった。営業利益は九百三万八千ドルを上回っているという。昨年の同時期、まだホリデイ・インとパートナーを組み彼らが経営を担当していた頃は、三百四十三万八千ドルにすぎなかった。

「悪くないな」とスティーヴに言った。「まだ駐車場がないことを考えるとね」けれども少し彼をいじめてやらずにはいられなかった。「あとはホテルをピカピカに磨きあげればいいだけだ」私は清潔であることにうるさいが、この前ホテルに行った時、この点に少し不満を感じたのだ。

「そうしようと努力してるよ、ドナルド」とスティーヴは怒りもせずに言った。「もうかなりよくなったよ」

午後十二時　コンクリートの打込みを見るため、ウォルマン・リンクまで歩いて行く。

今朝はどの新聞にも、私たちの記者会見の記事が載っていた。

リンクへ着くと、まるで軍事作戦でも行なわれているように、セメントを積んだトラックがずらりとリンクをとり囲んでいる。このプロジェクトを担当している建設会社ＨＲＨは最初から見事に作業を進めてきたが、何と言っても圧巻は今日のこの光景だろう。何千キロものコンクリートが、トラックから次々にこの巨大なリンクへ流し込まれていくのだ。さながら世界一大きなケーキにアイシングを塗るのを見ているようだ。

記者会見は昨日だったにもかかわらず、カメラマンや撮影班の人たちの姿が、いたるところに見られた。これこそみなが待ち望んでいたイベントなのだ。

午後一時半　不動産と新税法についての記事を書くために取材している、フォーチュン誌の記者のインタビューに応じる。その号の表紙には私の写真が載るという。私はマスコミに登場するのが好きだと世間からは思われているが、実はそうではない。もう何度となく同じ質問をされているし、自分の個人生活について話すのは苦手なのだ。しかしマスコミにとりあげられることが取引の際に役立つことがわかっているので、取引について話すのはかまわない。ただし取材の相手はなるべくしぼるようにしている。ノーマは毎週世界各国からの取材の依頼を、二十件も断わらなければならない。またインタビューに応じる時は、いつでも短時間で終わらせるようにしている。今回も、記者は二十分足らずで帰って行った。こうして制限しないと、マスコミを相手にしゃべるだけで一生が終わってしまいかねない。

午後二時四十五分 画家として成功し、名が売れている友人が電話をかけてきて、美術展のオープニングに招待してくれる。私はこの友人が大好きだ。というのも、彼は私の知っている何人かの芸術家と違って、全く見栄を張らないからだ。

二、三カ月前、彼がアトリエによんでくれたことがある。そこで話していると、彼が唐突に言った。「昼めし前に、僕が二万五千ドルかせぐのを見たいかい?」「見たいとも」何のことか訳がわからないまま、私は答えた。彼は絵の具の入った大きなバケツを持ち上げ、床の上に広げたキャンバスの上に、絵の具を少しかけた。それから別の色の絵の具が入ったバケツをとって、それもキャンバスにはねかけた。これを四回くり返したが、その間二分とかからなかっただろう。終わると私のほうを向いて言った。「これでいい。たった今二万五千ドルかせいだんだ。さあ、昼めしに行こう」

彼はにやにやしていたが、本気でもあった。彼が言いたかったのはつまり、美術品収集家の多くは、彼が二分間で仕上げた絵と、本当に大事に思っている絵との違いがわからないだろうということだ。収集家たちは、彼の名前を買うことにしか興味がないのだ。

私は前から現代美術の大半はいんちきだと思っている。名をなしている画家の多くは、芸術家としての才能よりむしろセールスと宣伝の才にたけているのだ。あの日の午後の友人の作品について、私が知っていることを収集家たちが知ったら、どういうことになるだろう、と時々考える。画壇というのはまことに奇妙な世界だから、そのことがわかると彼の絵はますます価値が上がるかもしれない。もっとも友人ははたしてそうなるかどうかあえて確かめてみようとは思わないだろうが。

午後四時　スタッフと会議室に集まって、ウェスト・サイドの敷地のプロジェクトの最新プランについてもう一度検討する。明日の朝、市当局にこのプランを見せることになっているのだ。都市計画委員会のハーブ・スターツは来られないが、おもだった部下が出席するという。

この会議にはロバート、ハーヴィ・フリーマン、アレグザンダー・クーパーと彼のチームなど約十五人が参加している。アレックスは建築家でもありプランナーでもある。最初の建築家のヘルムート・ヤーンが市当局とうまくやっていけないことがわかったので、二カ月前に彼を雇い、ヤーンのかわりにプロジェクトの設計を任せたのだ。ヤーンが市と折り合いが悪かったのは、彼のドイツ的なやり方のせいか、彼がニューヨークよりむしろシカゴを本拠地にしていたせいか、あるいは彼が調子がよすぎたせいか、よくわからない。ともかく彼は都市計画委員会と協力して仕事を進めることができなかった。

一方アレックスのほうは自分自身都市計画に携わっていたことがあり、その部署ではほとんど伝説的存在になっていた。また彼はバッテリー・パーク・シティの設計者でもあり、このプロジェクトは新聞雑誌で大好評を博していた。こうしたことから、彼はヘルムート・ヤーンよりこの仕事に適している、と実際家である私は考えたのだ。

私たちはここ数カ月間、毎週こうして集まっては、大ざっぱなプランについて長々と話し合ってきた。プランには住居用ビルや道路、公園、ショッピング・モールなどをどこに配置するかという点も含まれている。アレックスは今日の会議に、これまでに決まったレイアウトの初期計画案としての図面を持ってきた。南の端には、世界一高いビルの隣りにNBCの新しいスタジオがある。そこから北に向かって、住居用ビルが続く。それらの東側には大通り、西側には長さ八ブロックにわたる大規模なショッピング・モールがのびており、その向こうが川になっている。どのアパートも眺めは素晴らしい。これは重要なことだと思う。

私は新しいレイアウトがとても気に入った。アレックスも満足そうだ。このプロジェクトを成功させるカギは高層ビルだと私は思っているが、指定用途地域《ゾーニング》（用途地域上の規制）のことを考慮しなければならないこともわかっている。いずれはどこかで譲歩せざるをえないだろう。しかしもし経済的に有利だと私が考える案を市が認可してくれなければ、行政者が変わるのを待って、もう一度働きかけてみるつもりだ。この土地はますます価値が上がっていくことは確実なのだ。

午後六時　早い時間の夕食会によばれているため、みんなに断わって会議室を出る。この夕食会には絶対に遅刻するわけにはいかない。イヴァナと私は、オコナー枢機卿に招かれて聖パトリック寺院で夕食をともにすることになっているのだ。

午後七時　これまでにさまざまな人に会っているが、聖パトリック寺院のプライベート・ダイニングルームで枢機卿のほか、高位の司教や司祭五、六人と一緒に食事をするとなると、緊張せざるをえない。

私たちは政治や不動産、ニューヨーク市のこと、その他いくつかの話題について話し、素晴らしい夜を過ごした。帰る時、私は枢機卿に強い感銘を受けたことをイヴァナに話した。彼は非常にあたたかい人柄であるだけでなく、すぐれた政治的直観力をもつ有能な実業家でもあるのだ。

金曜日

午前六時半　ニューヨーク・タイムズのページをめくっていると、ウォルマン・リンクにコンクリートを流し入れているところの大きな写真が目にとまった。第二部の一面に載っている。この話題についての興味はいまだに続いているらしい。

午前九時十五分　ウェスト・サイドの敷地のプロジェクトのことで市当局者たちと会う。昨日の会議の出席者はほぼ全員顔を見せている。その他にこのプロジェクトの評価を行なう直接の責任者であるレベッカ・ロビンソンとコン・ハウを含む、四人の都市計画担当者が参加した。

アレックスがプレゼンテーションを行なったが、そのやり方は実に巧みだった。彼は公園のこと、ウォーターフロントへの交通の便のよさ、交通をスムーズに流れさせるために私たちが考案した方法など、市が気に入りそうな事柄をもっぱら強調した。人口密度の問題、つまり建物の高さがどれくらいになるかという点については、まだ検討中だと言うだけにとどめた。

プレゼンテーションが終わると、とてもうまくいったという点で、みんなの意見が一致した。

午前十時半　オフィスに戻り、トランプ・パークの建設工事の進行状況についての話し合いに参加する。トランプ・パークは、セントラル・パーク・サウスに建つバルビゾン＝プラザ・ホテルの鉄骨構造体を利用して建設している分譲マンションである。ここは立地条件に恵まれているので、建て直された建物は大いに人気をよぶだろう。

話し合いにはこのプロジェクトの建築家フランク・ウィリアムズ、プロジェクト・マネージャーのアンドルー・ワイス、セールス担当の業務執行副社長ブランシュ・スプレイグらが参加した。フランクはもの柔らかだが、非常に才能のある建築家だ。ブランシェット――私はブランシュをこう呼んでいる――はなかなか大した女性だ。絶えず口を動かしていないと気がすまないたちで、セールスがうまいのはそのためかもしれない。私はよく彼女をからかって、きみと一緒に暮らしたら大変だろうな、と言ってやる。だが本当を言うと、彼女をとても気に入っている。

まず最初に、窓枠を何色にするかを検討した。こうした細かい点が、建物の外観や雰囲気に大きな影響を与えるのだ。半時間近く話し合った末、ようやく石材の色と調和する薄いベージュがいいということに決まった。私自身アース・カラー（天然の土や石の色。赤味がかったものから茶系統まで幅広い）が好きだ。原色より色あいが豊かで、エレガントだからだ。

午前十一時　フランク・ウィリアムズが帰り、話し合いはトランプ・パークで目下行なわれている取り壊し作業のことに移る。アンディの話では作業はまだ終わっておらず、請負業者から〝割増し金〟として十七万五千ドルの請求書が届いたところだという。割増し金とは、最初に取り決めた計画の変更をこちらが要求するたびに業者が元の料金に上のせして請求する金額のことだ。こうした業者に対してはよほど強気でのぞまないと、いいように金をむしりとられてしまう。

私は受話器をとり上げ、トランプ・パークでの取り壊し作業の責任者を呼び出した。彼が電話に出ると、こう言った。「スティーヴ、ドナルド・トランプだ。もたもたしないでさっさと作業を終えるんだ。予定より遅れてるじゃないか。きみが直接作業の指揮をとらないとだめだ」相手は言い訳をし始めたが、私はそれをさえぎった。「理由なんか知りたくない。ともかく早く作業を終えて出て行ってほしいんだ。それからスティーヴ、あの割増し金にはまいるな。今度からあの件についてはアンディと交渉するのはやめて、直接私に言ってきてくれ。もしこの仕事でいい加減なことをやったら、もう今回で終わりだ。もう二度ときみには頼まないからな」

次に私が気になっているのは、床工事のことだ。コンクリートの作業員は何人いるか、とアンディに尋ねた。「わかった、じゃ命がけでやってみるぞ」半分本気で言った。コンクリート作業員は荒っぽい連中が多いのだ。私は作業員の中のナンバー・ツーに電話した。「いいかい、私はきみのボスから、ぜひこの仕事をやらせてくれと頼まれたんだ。本当は他の業者にやらせることに決めてたんだが、絶対にいい仕事をするというので、彼を雇った。だが昨日現場に行ってみると、きみたちが補修している個所はもとのコンクリと高さが合っていないじゃないか。場所によっちゃ、六ミリもずれてるぞ」

相手が黙っているので、話し続けた。「私ほど将来きみたちに仕事のチャンスを与えてやれる人物は他にいないんだぞ。他のやつらがみんな破産しても、私だけは建設を続けられる。だからとにかくこの仕事はちゃんとやってくれ、いいな」

今度は相手も返事をした。「作業にあたっている連中はみんなプロです。一番腕のいいやつらに仕事をさせてるんですよ、トランプさん」

「そりゃいい」と私は言った。「じゃあとで電話して、どんな具合か知らせてくれ」

午後十二時　アラン・グリーンバーグから電話がある。ホリデイが買収ターゲットとしての自社の魅力を減じるため、多額の負債を背負いこむことになる〝ポイズン・ピル〟戦術をとったという。私はいっこうに動じない。もし私がホリデイ・インを買収することに決めたら、どんなポイズン・ピルもそれを阻止することはできない。

株価は相変わらず暴落を続けている。昨日は八十ポイント下がり、今日はさらに二十五ポイント下がった。だがホリデイ株は一ポイントしか下がっていない。私たちはすでに同社株の五パーセント近くを手に入れている、とアランが言った。

午後十二時十五分　ブランシュはアンディが帰ったあとも残り、トランプ・パークの広告のための印刷物を選んでくれと私に言った。六枚の見本を見たが、どれも気に入らない。彼女はすっかりむくれてしまった。

ブランシュは建物と、そこから見えるセントラル・パークの全景を線だけで描いた絵を使いたいと言う。私は彼女に言った。「線画を使うというアイディアはいいけど、この絵はだめだ。もっと建物をたくさん入れたほうがいい。セントラル・パークも結構だが、つまるところ私は公園ではなく、建物と部屋を売ろうとしてるんだから」

午後十二時半　ノーマが部厚い書類の束をかかえて入ってくる。ネヴァダ州の賭博場経営免許の申請手続きの一環として、それらにサインしなければならないのだ。私がサインしている間、ノーマが身元保証人はだれにしましょう、ときいた。私は少し考えてから、ピート・ドーキンズ将軍の名前を書くように言った。私の親友であるドーキンズは元陸軍フットボール・チームのスター選手で、素晴らしい男だ。現在は投資銀行のシアソンにつとめている。その他に、エクイタブル不動産グループの会長兼CEOのベンジャミン・ホラウェイと、チェース・マンハッタン銀行のコンラッド・スティーヴンソンの名前もあげた。「それから、オコナー枢機卿の名前も書いといてくれ」とノーマに言った。

午後十二時四十五分　イヴァナが電話をかけてくる。今オフィスに来ているが、秋に娘を入学させようと考えているもう一つの学校を一緒に見に行こうと言う。「いいじゃない、ドナルド、他に用事はないんでしょ」彼女は本気でそう思っているのではないかと時々思う。

「実は今ちょっと忙しいんだよ」と言ったが、イヴァナは納得しない。三分後には部屋に入って来て、せっつき始めた。私は書類のサインをすませ、二人で出かけた。

午後二時半　ビル・フーガジーから電話がある。私は彼のことをウィリー・ザ・ファッグと呼ぶが、彼はそれが気に入らないらしい。フーガジーはリムジンの商売をしているが、本当はブローカーになったほうがよかったのではないかと思う。おそろしく顔が広いのだ。彼はリー・アイアコッカの親しい友人の一人だ。枢機卿に、私と会って不動産のことを話し、親しくなってはどうかと勧めたのはフーガジーだ。

聖パトリック寺院での夕べのディナーはどうだった、ときかれたので、素晴らしかった、と答えた。電話を切る前に、週末に一緒にゴルフをする約束をした。

午後二時四十五分　トランプ・タワーの私の住居にあてている最上部のトリプレックス（三階分を使って一戸になっている高級アパート）の改修工事の責任者ジョン・ダレッシオが、工事の進行について相談するため、図面を持ってやって来る。子供たちの部屋があるトリプレックスの三階と、将来地上から六十八階の高所に公園を作ろうと思っているタワーの屋上を除いて、内部をすっかりこわしてしまった。正直言って、我ながら少しやりすぎではないかという気もする。まず、隣りのアパートも自分のものにして、スペースをこれまでの倍近くに広げた。私がやろうとしているのは、二十世紀というこの時代に可能なかぎり、ベルサイユ宮殿に近い豪華な家を造ることだ。材料はすべて特注だ。たとえば、リビングルームに使う総大理石製の円柱二十七本は、イタリアの腕のいい職人の手造りだ。昨日それらが届いたが、見事な出来だ。私には一流のものをつくらせるだけの資力がある。だから自分自身が住むアパートには、思い切り金をかけたい。どんなに費用がかかろうと、最高のものがほしいのだ。
私はジョンと一緒に図面を検討し、変えたい個所に印をつけた。それから仕事の進み具合はどうか、と尋ねた。「まあまあだ。ほぼ予定どおりに進んでるよ」と彼は言う。「がんばってくれよ、ジョン。気合を入れてやってくれ」と私は言った。

午後三時半　ギリシャの海運王が電話をかけてくる。「海運業の景気はどうですか？」ときいた。ある取引のことでお話ししたいのだが、と向こうは言う。どんな取引かについては言わないが、相手によってはそれをきかないほうがいい場合もある。大きな話でなければ、わざわざ私の時間を無駄にはしないだろう。私たちは会う日どりを決めた。

午後四時　社有機の販売とリースを手がけている男から電話がある。私は大半の企業が使っているG-4を買うことを考えている。電話の相手に、飛行機は買うつもりだが、本当にほしいのは727型機なので、手に入ったら連絡してくれ、と言っておいた。

午後四時半　ニック・リビスがオーストラリアから電話してくる。世界最大のカジノの建設と運営を任せてもらうための交渉は、順調に進んでいるという。ニックは状況を詳しく説明し、来週の月曜にはもっといろいろわかるだろう、と言った。「うまくいきそうだな。帰る前にまた電話してくれ」と言っておいた。

午後四時四十五分　トーク・ショーのホスト、デイヴィッド・レターマンがこのトランプ・タワーのアトリウムに来ている、とノーマが教えてくれる。ニューヨーク見物に来た二人の観光客のある一日を撮影しているという。挨拶をしにうかがいたいということですが、とノーマが言う。

私はレターマンの番組を見るほど夜遅くまで起きていることはまずないが、彼の人気のほどは知っている。どうぞ来てくれと言うと、五分後レターマンが入ってきた。カメラマンと数人のアシスタント、それにルイヴィルから来たという感じのいい夫妻も一緒だ。みんなで軽い冗談を言い合った。私は、ルイヴィルは実にすてきな町だ、みんなでこの町を買い取ろうではないか、と言った。トランプ・タワーのアパートはいくらくらいで買えるのか、とレターマンがきくので百万ドルも出せば、ワンルームのアパートが手に入るかもしれない、と答えた。

こうして二、三分ふざけあってから、レターマンが言った。「正直に言ってくださいよ。金曜日の午後に突然われわれが電話すると、あなたはどうぞ上がっていらっしゃいと言う。で、今こうして私たちと話している。あなたはわりに暇なのでしょう」

「正直言って、そのとおりなんですよ、デイヴィッド。何もすることがないんです」と私は言った。

2　トランプの手札——取引の諸要素

私の取引のやり方は単純明快だ。ねらいを高く定め、求めるものを手に入れるまで、押して押して押しまくる。時には最初にねらったものより小さな獲物で我慢することもあるが、大抵はそれでもやはりほしいものは手に入れる。

取引をうまく行なう能力は、生まれつきのものだと思う。いわゆる天賦の才だ。べつに自慢して言っているわけではない。これは知能の高さとは関係ない。多少の知力は要するが、一番大事なのはカンだ。知能指数百七十、成績はオールAという、ウォートン・スクール一の秀才でも、これがなければ起業家として成功することはできない。

なかにはカンをもっていることに気づかない人もいる。自分の潜在能力を知ろうとする勇気がなかったり、チャンスに恵まれなかったりするためだ。ジャック・ニクラウスよりもゴルフの才が、あるいはクリス・エヴァートやマルチナ・ナヴラチロワよりもテニスの才がある人も世間にはいるはずだ。しかし一度もクラブやラケットを振ることがないので一生自分の才能に気づかない。スター選手の活躍ぶりをテレビで見るだけで終わってしまう。

これまでに行なった取引を考えてみると、失敗したものや見送ったものも含めて、いくつかの共通した要素があることに気づく。といっても近頃しきりにテレビに登場する不動産コンサルタントたちのように、私の教えを実行すれば一夜にして億万長者になれる、と約束することはできない。残念ながら人生はそううまくはいかない。一攫千金をねらう人は、逆に一文無しになるのがおちだ。天賦の才に恵まれ、カンがよく、成功すると思われる人には私の助言にしたがってほしくない。私の強敵が出現することになるからだ。

大きく考える

私は物事を大きく考えるのが好きだ。子供の頃からそうしてきた。どうせ何か考えるなら、大きく考えたほうがいい。私にとってはごく単純な理屈だ。大抵の人は控え目に考える。成功すること、決定を下すこと、勝つことを恐れるからだ。これは私のような人間には、まことに都合がいい。

私の父はブルックリンとクイーンズに低・中所得者用住宅を建てていた。だが私はそのころからもっとグレードの高い土地を求めていた。クイーンズで働いている時は、フォレスト・ヒルズの土地がほしかった。けれども年がいって分別がついてくると、フォレスト・ヒルズは所詮五番街ではないことに気づいた。そこでマンハッタンに目を向けた。ごく若い頃から、私は自分が何を望んでいるかはっきりわかっていた。

安定した収入を得るだけでは満足できなかった。私は自己主張の場がほしかった。何かでかいもの、思い切り努力するかいのあるものを建てたいと思った。石造りの建物を売買したり、どこにでもあるようなありきたりの赤レンガ造りの家を建てる人はたくさんいる。しかし私はマンハッタンのウェスト・サイドにあるハドソン川沿いの百エーカー近い地所を大々的に開発したり、パーク街と四十二番通りの角のグランド・セントラル駅の隣りに、巨大なホテルを新築するといった大きな仕事に魅力を感じていた。

アトランティック・シティにひかれたのも同じ理由からだ。ホテルを建ててもうけるのもいい。だが大きなカジノのついたホテルを建て、宿泊料金の五十倍もうけられればもっといい。ホテルとカジノでは、収益のケタが違うのだ。

大きく考えるためのカギは、あることに没頭することだ。抑制のきく神経症と言ってもよい。これは起業家として成功した人によく見られる特質だ。彼らは何かにつかれたように、何かにかりたてられるようにある目的に向かって進み、時には異常とも思えるほどの執念を燃やす。そしてそのエネルギーをすべて仕事に注ぎこむ。普通の人は神経症で動きがとれなくなるが、彼らはそこから活力を得るのだ。

このような特質がより幸せな、あるいはより質の高い人生をもたらすとは限らない。だが自分がめざすものを手に入れるうえでは、これは大いに役に立つ。ニューヨークの不動産業界という百戦錬磨のつわものを相手にする世界では、特にそれが言える。こうした手ごわい連中を向こうにまわし、彼らを打ち負かすことに、私はたまらない魅力を感じる。

最悪を予想して、最高を手に入れる

私はギャンブルが好きだと思われている。だが私はばくちを打ったことは一度もない。私にとってばくち打ちとは、スロット・マシンをする人間にすぎない。私はスロット・マシンを所有するほうを好む。賭博場の経営はもうかる商売なのだ。

私は積極果敢な考え方をすると人は言う。だが実際には、私は消極的な考え方を良しとする。商売ではきわめて慎重なほうなのだ。つねに最悪を予想して取引にのぞむ。最悪の事態に対処する方法を考えておけば、つまり最悪を切り抜けることができれば、何があっても大丈夫だ。うまくいく場合は、放っておいてもうまくいく。このルールに従わなかったのは、USFLに関する取引を行なった時だけだ。私は一か八かで人気のないリーグの弱小チームを買った。反トラスト訴訟によりもう少しでうまくいくところだったが、結局失敗してしまった。失敗した場合の策は何も考えていなかった。肝心なのは、あまり欲の皮をつっぱらせないことだ。毎回ホームランをねらうと、三振する確率も高くなる。私はあまり高いリスクをおかさないよう心がけている。たとえそのために三塁打か二塁打、あるいはごくまれに単打に終わってしまうことがあってもだ。

その良い例がアトランティック・シティでの経験だ。数年前に、私はこの町のボードウォークの近くの一等地をまとめて買った。個々の売買は、用地全体を手に入れることを条件としていたので、全体を買い上げるまでは大した金を出す必要はなかった。

用地が手に入っても、建物の建設を急ぐことはしなかった。そうすると維持費をより長期にわたって払うことになる。だが数年間をかけて何億ドルもの金を費やす前に、まず賭博免許を確保しておこうと思ったのだ。時間はかかるが、リスクは少なくてすむ。

ボードウォークでの賭博場経営免許を取得すると、ホリデイ・インがパートナーになることを申し出た。「あの連中と一緒にやる必要なんかない。利益の半分を手放すのは損ではないか」という人もいた。だがホリデイ・インは私が用地買収に使った金を払い戻し、建設費をすべて負担し、五年間損失保証をすると約束した。リスクを自分一人で負担してカジノを百パーセント所有するか、金は一銭も出さないかわりに利益の半分で満足するか。どちらを選ぶべきかは明白だった。

私とは対照的に、同じアトランティック・シティにカジノを建設したバロン・ヒルトンは、大胆な方法をとった。なるべく早くカジノをオープンするため、免許を申請すると同時に、総額四億ドルの建設工事に着手したのだ。ところがホテルがオープンする予定の二カ月前に、免許申請が却下された。その結果、ぎりぎりになって彼はホテルとカジノを私に売り渡すはめになった。彼はせっぱつまっており、選択の余地はあまりなかった。私はここをトランプ・キャッスルと命名した。今日トランプ・キャッスルは、世界で最も隆盛なカジノつきホテルの一つになっている。

選択の余地を多くする

私は融通性をもつことで、リスクを少なくする。一つの取引やアプローチにあまり固執せず、いくつかの取引を可能性として検討する。最初は有望に見えても、大抵の取引には何か不都合な点が出てくるからだ。さらに一つの取引にのぞむ場合、これを成功させるための計画を少なくとも五つ六つは用意する。どんなによく練った計画でも、途中で何が起こるかわからないからだ。

たとえばトランプ・タワーの建設許可がおりなければ、オフィス・タワーを建てて成功していただろう。アトランティック・シティで賭博免許の申請が却下されていれば、買収した用地を別のカジノ経営者に売却して、利益を上げていただろう。

この最もよい例が、マンハッタンで最初に手がけた用地買収である。私は西三十四番通りにあるペン・セントラル鉄道の操車場跡地を手に入れた。当初の予定ではニューヨーク市から資金を調達して、ここに中所得者用住宅を建設するつもりだった。ところが市が財政難に陥り、公共住宅建設のための補助金が突然打ち切られてしまった。だが私はいつまでもくよくよしてはいなかった。第二の計画に切り換え、この跡地を理想的なコンベンション・センター用地として宣伝し始めたのだ。二年間粘って宣伝をつづけた結果、ついに市はこの用地をコンベンション・センターに指定し、ここに会議施設を建設した。

もちろんこの用地が市の指定を受けなければ、私は第三の案を考えていただろう。

市場を知る

市場に対するカンの働く人と働かない人がいる。たとえばスティーヴン・スピルバーグはこのカンをもっている。クライスラーのリー・アイアコッカもそうだ。ジュディス・クランツも彼女なりのカンをもっている。ウディ・アレンも自分が選んだ観客に対するカンをもつ。彼とは対極に位置するシルヴェスター・スタローンも同じだ。スタローンを批判する人もいるが、彼の実績は認めるべきだ。四十一歳という若さで、ロッキーとランボーという映画史上に残る偉大な人物像を二つも作りあげたのだから。彼はいわば磨いていないダイヤモンド、つまりカンがすべてという天才である。彼は観客が何を望んでいるかを心得ており、それを提供する。

私にもそのようなカンがある、と自分では思っている。だから複雑な計算をするアナリストはあまり雇わない。最新技術によるマーケット・リサーチも信用しない。私は自分で調査し、自分で結論を出す。何かを決める前には、必ずいろいろな人の意見をきくことにしている。私にとってこれはいわば反射的な反応のようなものだ。土地を買おうと思う時には、その近くに住んでいる人びとに学校、治安、商店のことなどをきく。知らない町へ行ってタクシーに乗ると、必ず運転手に町のことを尋ねる。根ほり葉ほりきいているうちに、何かがつかめてくる。その時に決断を下すのだ。

私は有名なコンサルティング会社より自己流の調査によって、はるかに多くのことを学んできた。コンサルティング会社に依頼すると、ボストンからコンサルタントの一団がやってきてニューヨークのホテルの一室に陣どる。そして長々と調査を行なって莫大な料金を請求する。しかし結局何の結論も出さない上、調査にひどく時間がかかるので、有利な取引を逃がしてしまうことになる。

その他に、私が本気でとりあわない相手は評論家だ。私の計画の邪魔になる時以外は、連中のことは気にしない。私の見るところでは、彼らは互いに相手を感心させるために評論を書く。そして彼らも他の人たちと同じように、流行に左右される。すっきりしたガラスのタワーをほめちぎるかと思うと、次の週には古き良き時代を見直し、ディテールや装飾をうんぬんする。だが大衆が何を望んでいるかがわかる評論家はほとんどいない。もし彼らが不動産開発を手がけたら、惨憺たる結果になるだろう。

評論家はトランプ・タワーが建設されるまではこれに懐疑的だったが、この建物は大衆には大いに受けた。先祖代々の資産を受け継ぎ、八十四番通りとパーク街に住むような上流階級ではない。イタリア系だが金はあり、美人の妻を持ち、まっ赤なフェラーリを乗り回すといった連中だ。私がねらったのはこの手の人たちで、彼らは大挙してトランプ・タワーに押し寄せた。

皮肉なことに、トランプ・タワーは最後には建築評論家たちからも絶賛された。トランプ・タワーは評論家の当時の好みに合わない要素をいくつもかかえていたので、彼らは好意的な批評を書きたがらなかった。しかしあまりに美しい建物なので、しまいには誉めざるをえなかったのだ。私はつねに自分のカンにしたがうが、正直なところ、誉められれば悪い気はしない。

レバレッジを使う

取引で禁物なのは、何が何でもこれを成功させたいという素振りを見せることだ。こちらが必死になると相手はそれを察知する。そうなるとこちらの負けだ。一番望ましいのは優位に立って取引することだ。この優位性を私はレバレッジ（てこの力）と呼ぶ。レバレッジとは相手が望むものをもつことだ。もっといいのは、相手が必要とするものをもつこと、そして一番いいのは、相手がこれなしでは困るというものをもつことだ。しかし常にこちらがそうしたものをもっているとは限らない。したがってレバレッジを利用するためには、想像力とセールスマンシップを働かさなくてはならない。つまり、この取引は得になる、と相手に思わせるのだ。

一九七四年に、東四十二番通りにあるコモドア・ホテルの買収許可をニューヨーク市から得るため、ホテルを閉鎖することを公表するよう、ホテルの所有者を説得した。これが発表されると、閉鎖されたホテルの存在はグランド・セントラル地区にとって、またニューヨーク市全体にとって大きな汚点となることを、私はあらゆる人に指摘した。

ホリデイ・インは、アトランティック・シティで私と提携するか否かを検討していた時、他の提携候補よりも私のほうが建設工事が進んでいると思ったために乗り気になった。実際には工事はそれほど進んではいなかったのだが、私は自分も工事現場で一緒に作業しかねないほど、あらゆる手を尽くしてカジノが完成間近であるような印象を与えたのだ。工事はほどなく終わるとホリデイ側は最初から信じていたので、その印象を強めることで私はレバレッジを得ることができた。

ウェスト・サイドの操車場跡地を買った時、このプロジェクトをテレビジョン・シティと命名したのは偶然ではない。またこの名前がしゃれていると思ったからでもない。こう名づけたのは、ある点を強調するためだった。つまりテレビのネットワーク、特にNBCをニューヨーク市に引きとめておくことは、市にとって重要だという点である。NBCをニュージャージー州に奪われることは、心理的にも経済的にも、大きな打撃となる。

ともかく、このレバレッジなしに取引をしようとしてはいけない。

立地の価値を高める

不動産に関する最も大きな誤解は、成功のカギは一にも二にも立地条件にある、という考えだ。これを口にするのは不動産をよく知らない人間である。成功するためには、必ずしも特等地は必要ない。必要なのは第一級の取引だ。レバレッジを作りだすことができるのと同様、宣伝と人間心理の応用により、場所のイメージも高めることができる。

トランプ・タワーのように五十六番通りと五番街に位置している場合には、それほど宣伝に力を入れる必要はない。それでも私はトランプ・タワーを超高級な建物として宣伝することでさらにその価値を高めた。一方、二ブロック離れた近代美術館の上に建てられたミュージアム・タワーは、売れ行きがかんばしくなかった。この建物は最後まで人びとの心をとらえることができず、トランプ・タワーに比べてはるかに低い値段しかつかなかったのだ。

立地は流行とも関係がある。二等地でも一流の人たちを集めれば、それだけで価値が上がる。トランプ・タワーの後で、私は三番街と六十一番通りにある土地を安く買って、トランプ・プラザを建てた。はっきり言って、場所としては三番街は五番街にはとても及ばない。しかしトランプ・タワーのおかげでトランプの名前にネームバリューが生じており、私はここに人目を引く豪華なビルを建てた。トランプ・タワーの最も条件の良いアパートが売り切れてしまって手に入らなかった金持ちやVIPがここを求めたので、思いがけず高い値で売ることができた。今日三番街は格の高い土地になっており、トランプ・プラザは大人気を博している。

要するに不動産業では、金を山と積んで最高級の土地を買う必要はないということだ。たとえ安くてもろくでもない土地を買えば失敗するのと同様、良い土地を高く買って失敗することもある。土地に金を出しすぎてはいけない。たとえそのために優良な土地を見送ることがあってもだ。立地というものを単純に考えることは禁物なのだ。

自分を宣伝する

どんなに素晴らしい商品を作っても、世間に知られなければ価値は無いに等しい。フランク・シナトラに劣らない美声の持主も世の中にはいるはずだが、だれにも知られないので自宅のガレージで歌っているだけだ。必要なのは人びとの興味を引き、関心を集めることだ。広報専門家を雇い、多額の金を払って商品を売るのも一つの方法だ。しかし私にとってはこれは市場を調査するのに外部のコンサルタントを雇うのと同じだ。自分でやったほうがずっと効率がよい。

マスコミについて私が学んだのは、彼らはいつも記事に飢えており、センセーショナルな話ほど受けるということだ。これはマスコミの性格上しかたのないことで、そのことについてとやかく言うつもりはない。要するに人と違ったり、少々出しゃばったり、大胆なことや物議をかもすようなことをすれば、マスコミがとりあげてくれるということだ。私はいつも人と違ったことをしてきたし、論争の的になることを気にせず、野心的な取引をしている。また若くして成功をおさめ、ぜいたくな生活をしてきた。その結果、マスコミは好んで私の記事を書くようになった。

私はマスコミの寵児というわけではない。いいことも書かれるし、悪いことも書かれる。だがビジネスという見地からすると、マスコミに書かれるということにはマイナス面よりプラス面のほうがずっと多い。理由は簡単だ。ニューヨーク・タイムズ紙の一面を借りきってプロジェクトの宣伝をすれば、四万ドルはかかる。そのうえ、世間は宣伝というものを割引いて考える傾向がある。だがニューヨーク・タイムズが私の取引について多少とも好意的な記事を一段でも書いてくれれば、一銭も払わずに四万ドル分よりはるかに大きな宣伝効果をあげることができる。

おかしなことに、個人的には不愉快に感じるような批判的な記事でも、ビジネスには大いに役立つこともある。その最適な例がテレビジョン・シティだ。一九八五年に私がこの地所を買った時には、ウェスト・サイドに住む人たちでさえ、この百エーカーの土地が存在することを知らなかった。この用地に世界一高いビルを建てると発表すると、マスコミは一斉にこれにとびついた。ニューヨーク・タイムズは一面にこの記事を掲載し、ダン・ラザーは夕方のニュースでこれをとりあげた。そしてジョージ・ウィルはニューズウィーク誌にこれについてのコラムを書いた。建築評論家はこぞって意見を述べ、新聞の論説委員もこれを論じた。みながみな、世界一高いビルに好意的だったわけではない。しかしともかくこれは大きな関心をよび、そのことだけでプロジェクトの価値が高まった。

もう一つ私が心がけているのは、記者たちとは正直に話すということだ。相手をだましたり、自己弁護しないように気をつける。こういう態度をとると、マスコミを敵にまわすことになるからだ。記者に意地の悪い質問をされた時は、見方を逆にして何とか肯定的な答をするよう努める。たとえば世界一高いビルがウェスト・サイドにどのような好ましくない影響を与えるかときかれたとしよう。私はこれを逆手にとり、ニューヨーク市は世界一高い建物を持つにふさわしい町であり、再びこの栄誉を手にすることは市のステータスを高めることになる、と答える。なぜ金持ちだけを相手に建てるのかときかれれば、私の建設工事の恩恵を受けるのは金持ちだけではない、と説明する。失業手当を受けている何千人という人びとに仕事を与えることになるし、新たなプロジェクトを建てるたびに納税者の数も増えるからだ。またトランプ・タワーのような建物はニューヨーク再興に一役かっていることも指摘する。

宣伝の最後の仕上げははったりである。人びとの夢をかきたてるのだ。人は自分では大きく考えないかもしれないが、大きく考える人を見ると興奮する。だからある程度の誇張は望ましい。これ以上大きく、豪華で、素晴らしいものはない、と人びとは思いたいのだ。私はこれを真実の誇張と呼ぶ。これは罪のないホラであり、きわめて効果的な宣伝方法である。

断固戦う

肯定的な面を強調するのが好ましいのは確かだが、時には対決するしかない場合もある。私は決して気難しい人間ではない。良くしてくれた人には、こちらも良くする。けれども不公平な扱いや不法な処遇を受けたり、不当に利用されそうになった時には徹底的に戦うというのが私の信条だ。そのためにますます事態が悪化することもあるので、このやり方をみんなに勧めるわけにはいかない。だが私の経験では、自分の信念のために戦えば、たとえそのために人と仲違いすることになっても、結果的にはよかったと思うことが多い。

トランプ・タワー建設にあたって、デベロッパーに普通与えられる税制上の優遇措置を市が不当に拒否した時、私は六つの法廷で市と争った。莫大な費用がかかる上、こちらに勝ち目はないし、たとえ勝ったとしても政治的には何の意味もないと言われた。しかし結果がどうであれ、戦う価値があると私は思った。幸い私が勝ったので、いっそう戦ってよかったと思った。

かつてアトランティック・シティのトランプ・プラザ・ホテル・アンド・カジノで私のパートナーだったホリデイ・インがカジノを経営していた時、その業績は常に市のカジノの、下から五十パーセントで低迷していた。そこで私は徹底的に戦い、ついにカジノの所有権を奪回した。それからホリデイ・インを全面的に買収する計画を立て始めた。

たとえ私のほうから攻撃をしかけなくても、私の足をすくおうとねらっている人はたくさんいる。成功した人間に対しては嫉妬やねたみがつきまとうのだ。他人の成功を邪魔することに達成感を感じる連中が世間にはいる。こうした人びとを、私は人生の敗者と呼ぶ。本当に能力があるのなら私と戦ったりせず、もっと建設的なことをしているだろう。

言葉だけでなく実行する

世間をだますことはできない。少なくともそう長くは無理だ。期待感をあおり、大々的に宣伝してマスコミにとりあげられ、ひと騒ぎすることはできる。しかし実際にそれだけのものを実行しなければ、やがてはそっぽを向かれてしまう。

ジミー・カーターのことを思い出す。大統領選でレーガンに敗れたあと、カーターは私に会いにやって来た。ジミー・カーター図書館への寄付をつのっているのだという。どれくらい入り用かときくと、彼はこう言った。「ドナルド、五百万ドルほど出してもらえるとありがたいんだが」

私は仰天して返事もできなかった。

しかしこの経験はあることを教えてくれた。それまで私はなぜジミー・カーターが大統領になることができたのかわからなかった。その答は、彼は大統領としての資質には欠けているが、普通の人には考えられないようなことを要求する度胸と図々しさ、そして根性をもっているという点だ。大統領に選ばれたのは、何よりもこの能力のためなのだ。だがカーターが大統領には不適任であることに国民はすぐ気づき、再度立候補した時には、完敗した。

ロナルド・レーガンも同じような例だ。彼は実に如才なく巧みにふるまい、国民の心を完全につかんだ。しかし七年たった今、あのスマイルの下にはたして実体はあるのかと、人びとは疑問を感じ始めている。

不動産業界でも同様の例がいくつもある。話は大きいが、それだけのものを実行できない連中がわんさといるのだ。トランプ・タワーが成功すると、そのアトリウムをまねしようとするデベロッパーが次々に現われた。彼らは建築家に設計を依頼し、図面ができあがると見積りを始めた。

するとブロンズのエスカレーターに百万ドル、滝に二百万ドル、大理石に数百万ドルかかることがわかった。これらを合わせると莫大な金額になることに気づき、意気込んでいたデベロッパーたちは急にやる気をなくし、アトリウム建設をあきらめてしまった。

最後にものを言うのは金である。業界のトップという特別な地位にいて、最高の建築物を建てるために惜しみなく金をつぎこむことのできる私は幸運だ。私はトランプ・タワーを強引に宣伝したが、これは宣伝する価値のある最高の商品だったのだ。

コストを抑える

私は必要なことには金を出すが、必要以上には出さない主義だ。低所得者用住宅を建設していた時、最も重要だったのは安く、迅速に適切な家を建てることだった。それを賃貸しし、いくばくかの金をもうけることができるようにだ。私がコストに敏感になったのは、この時からだ。いい加減に金を使うことは決してしなかった。ちりも積もれば山となるから、一セントでも粗末にしてはいけないことを父から学んだ。

今でも下請業者の請求額が高すぎると思うとたとえ一万ドルでも五千ドルでも電話でクレームをつける。「わずかな金のことでなぜ騒ぎたてるのだ?」という人もいる。だが私は、二十五セントの電話代をかけて一万ドルの金を倹約することができなくなったら、その時は引退する、と答える。

どんなに素晴らしい計画を立てても、妥当なコストで実現しないかぎり意味がない。アトランティック・シティにトランプ・プラザを建てた時、銀行は新規の建設工事に融資することをしぶった。というのは、それまでのカジノ建設工事は常に予算を何千万ドルも超過していたからだ。しかし私たちはトランプ・プラザを予算内で、スケジュールどおりに完成させた。その結果、シーズンが始まるメモリアル・デーの週末に間に合うようにオープンすることができた。一方、ペントハウス誌のオーナーであるボブ・グッチオーネは、七年前からボードウォークのトランプ・プラザの隣りにカジノを建設しようとしている。だが今のところ建っているものといえば、半分できあがった錆びた鉄骨だけだ。グッチオーネは何千万ドルという金をもうけそこない、維持費を無駄にしているのだ。

注意していないと、小規模な工事でもどんどん費用がかさんで収拾がつかなくなることがある。七年近くの間、私は市がセントラル・パークにあるウォルマン・リンクを再建しようとするのを、オフィスの窓から眺めてきた。七年たっても工事は全く進行せず、何百万ドルもの金が無駄になっていた。その後、市はコンクリをはがし、もう一度工事をやり直そうとしたので、ついに私は見ていられなくなり、工事を引き受けることを申し出た。スケート場はわずか四カ月で完成し、工事費は市がかけた費用の何分の一かですんだ。

楽しむ

私は自分を偽らない。人生はもろいもので成功したからといってそれが変わるわけではないことを承知している。変わらないどころか、成功すると人生はいっそうもろくなる。予想外のことがいつなんどき起こるかわからない。だから私は自分が成し遂げたことにあまり執着しないようにしている。私にとって金はそれほど大きな動機ではなく、単に実績を記録するための手段にすぎない。本当の魅力は、ゲームをすること自体にあるのだ。ああすればよかったと後悔したり、これから何が起こるだろうと心配したりはしない。これから述べる数々の取引は、結局のところどんな意味をもつのかと問われると、返事に窮する。ただそれをやっている間楽しかったと答えるしかない。

3　生い立ち

成長する過程で私に最も重要な影響を与えたのは、父フレッド・トランプだ。父からは非常に多くのことを学んだ。この厳しい業界でいかにたくましく生きるか、どうすれば人を動かせるかといったことだ。また効率のよい仕事のやり方も教わった。つまり、いかにして取りかかり、やり遂げ、しかもそれをうまくこなし、そして手を引くかについてだ。

しかし同時に、私は父の仕事にはかかわりたくないという思いも、早くから植えつけられた。父はクイーンズとブルックリンで、家賃の統制管理された住宅の建設を手がけていた。仕事は順調だったが、利益を上げるのはかなり大変だった。私はもっとスケールが大きく、華やかでエキサイティングな仕事をしてみたかった。それに、フレッド・トランプの息子としてではなく、自分自身として世に知られたければ、結局は外に出て成功しなければならないことにも気がついていた。父が自分のよく知っている、そして得意な仕事をつづけることに満足していたのは、私にとって幸いだった。そのおかげで、私はマンハッタンで自由に身を立てることができたのだ。とはいえ、私は父のもとで学んだ教訓を決して忘れることはない。

父はホレーショ・アルジャーの物語に登場するような、腕一本でたたきあげた人物である。フレッド・トランプは一九〇五年、ニュージャージーに生まれた。父親は子供の頃スエーデンからアメリカへ渡ってきた移民で、そこそこに繁盛しているレストランを経営していた。しかし大酒飲みで荒れた生活をしており、父が十一歳の時に世を去った。父の母エリザベスは、三人の子供を養うためお針子として働きだした。父フレッドは真中だったが、長男として一家の大黒柱となった。そしてすぐに、地元の果物屋の配達から靴磨き、建設現場での木材の運搬など、ありとあらゆる半端仕事を引き受けるようになった。父は建築に興味をもち続け、高校生の時、夜学に通って大工仕事と図面の見方、見積りを学んだ。建築のことを学んでおけば、いつでも生計を立てられると思ったのだ。十六歳の時には、最初の建築を行なった。隣人のために造った車二台を収容できる枠組構造の木造ガレージだ。当時、中産階級の人びとが車を持ち始めていたが、ガレージのある家はほとんどなかった。まもなく父は、一軒五十ドルでプレハブのガレージを建設する新商売を始め、順調にこれを軌道にのせることができた。

父は一九二三年に高校を卒業したが、家族を養わなければならなかったので、大学へ行くことは考えもしなかった。父はクイーンズの住宅建設業者のもとで、大工の助手として働きだした。父は他の職人より腕が立ったし、その他にも有利な資質をもっていた。まず第一にめっぽう頭がきれた。今でも五桁の足し算を間違わずに暗算することができる。父は夜学で学んだ知識と基本的な良識とを組み合わせて、ほとんど教育を受けていない仲間の大工たちに、仕事の手っ取り早いやり方を教えた。たとえばスチール製の直角定規を使ってたるきを組む方法などだ。

こうした資質に加え、父は常に向上心をもち、仕事に没頭した。仲間の職人たちはおおむね、仕事があるというだけで満足していた。だが父は働きたいと思うだけでなく、よい仕事をしたい、腕を上げたいと思っていた。そして最後に、父は仕事が大好きだった。物心ついた頃から、私は父によくきかされたものだ。「人生で一番大切なのは、自分の仕事に愛着をもつことだ。何かに熟達するにはそれしかないんだから」

父は高校を卒業してから一年後に、クイーンズのウッドヘイヴンに初めて一戸建ての家を建てた。建築費は五千ドル弱だったが、それを七千五百ドルで売却した。父は自分の会社をエリザベス・トランプ&サンと名づけた。当時はまだ未成年だったため、法律上の書類や小切手にはすべて母親のサインが必要だったからだ。父は最初の家を売るとすぐに、その利益をもとにまた家を建てた。そして同じようにして、ウッドヘイヴン、ホリス、クイーンズ・ヴィレッジといった、クイーンズの労働者階級の住む地域に次々に家を建てていった。それまで狭い、窮屈なアパートにしか住んだことのなかった労働者たちに、父はまったく新しい生活様式をもたらした。つまり郊外風のレンガ造りの住宅を、低価格で提供したのだ。それらの家は、建設が追いつかないほどの早さで飛ぶように売れた。

直観的に、父は事業を拡大することを考え始めた。一九二九年には、より富裕な人びとにねらいを定めて、これまでよりはるかに大きな住宅の建設にとりかかった。小さなレンガ造りの家の代わりに、三階建てのコロニアル様式、チューダー様式、ヴィクトリア様式などの邸宅を、クイーンズの一地区に建設した。やがてこの地区はジャマイカ・エステーツとして知られるようになり、父はここに自分の家族の家も建てた。やがて大恐慌が始まり住宅市場も打撃を受けると、父は他の事業に目を転じた。倒産した住宅金融会社を買い取り、一年後にそれを売って利益をあげた。次に、ウッドヘイヴンにセルフサービスのスーパーマーケットを建てた。この手のスーパーとしては最初のものだ。肉屋、洋服屋、靴屋といった地元の小売店がみなここの売り場にテナントとして入った。一カ所であらゆるものが手に入る便利さが受けて、この事業はたちまち成功をおさめた。しかし父は建築業へ戻りたいという思いが強く、一年足らずで店をキング・カレンに売り払い、大きな利益をあげた。

一九三四年頃には大恐慌もようやくおさまり始めていたが、金融は依然として厳しかった。そこで父は再び低価格の家をつくることにした。今度はブルックリンの貧困地区フラットブッシュを建設場所に選んだ。土地が安く、将来性があるとみたのだ。この時も父の直観は当たった。三週間で七十八戸の家が売れ、続く十二年間に、父はクイーンズとブルックリンの全域にさらに二千五百戸を建設した。父は大成功を収めはじめたのだ。

一九三六年に、父は私のすばらしい母メアリ・マクラウドと結婚し、家庭を築いた。父は成功したおかげで、自分が受けられなかった大学教育を、弟に与えてやることができた。父の援助のもとに叔父ジョン・トランプは大学へ通い、マサチューセッツ工科大で博士号を得た。そしてその後、物理学教授となり、わが国有数の科学者の一人に数えられるようになった。父は自分が大学の学位を取得しなかったせいか、学位をもつ人びとに対して、畏怖にも似た尊敬の気持ちを持ち続けた。そうした人びとはそれほどの敬意に値しない場合がほとんどだったのだが。父は大抵の学識者より知力の点で、はるかにまさっていたし、もし大学へ行っていたら、きっと優秀な成績をおさめていただろう。

私は昔風の家庭で育った。父が一家の稼ぎ手として権力をもち、母は主婦に徹していた。といっても、母はブリッジに興じたり、電話でおしゃべりをして日を過ごしていたわけではない。五人の子供の世話をするほか、料理や掃除をし、靴下を繕い、地元の病院でボランティアとして働いた。私たちは大きな家に住んでいたが、自分たちを金持ちだと考えたことはない。みな一ドルの価値を、勤労の大切さを知るように育てられた。一家の結束は固く、今でも私の最も親しい友は家族である。両親は全く見栄を張らない。父はいまだに、ブルックリンのシープスヘッド・ベイ地区のZ街にある、奥まった質素な狭いオフィスで働いている。オフィスのあるビルは父が一九四八年に建てたものだ。父はどこかよそに移るなどとは、考えたこともないのだ。

第一子である姉のメアリアンは、マウント・ホーリオーク大学を卒業後、しばらくは母と同じ道を歩んだ。つまり結婚し、息子が成長するまで家庭にいたのだ。しかし姉も父の積極性と向上心とを大いに受けついでいた。そこで息子のデイヴィッドが十代になると学校へ戻り、法律の勉強を始めた。そして優等で卒業すると、まず民間会社に勤め、その後五年間米連邦地検で連邦検察官として働き、四年前に連邦判事となった。わが姉ながら、なかなか大した女性である。妹のエリザベスはやさしく聡明だが、姉ほどの野心はなく、マンハッタンのチェース・マンハッタン銀行で働いている。

家族の中で一番つらい思いをしたのは、長男である兄のフレディかもしれない。父はすばらしい人だがビジネスに徹しており、非常に強引で頑固だ。兄はまさに正反対だった。すばらしくハンサムでパーティが大好き。人好きのする温かい性格の持主で、人生を心から楽しんでいた。兄には一人として敵はいなかった。当然父は長男に仕事を継がせたいと強く望んでいた。だが残念ながら、フレディはビジネスには向いていなかった。兄は気が進まないまま父と一緒に働きだしたが、不動産業に対する適性はなかった。押しの強い請負業者や荒っぽい部品製造業者とわたりあえるようなしぶとさに欠けていたのだ。父は強い人間だったので、二人の間には必然的に軋轢が生じた。大抵の場合、折れて引き下がるのはフレディのほうだった。

ついにこのままではうまくいかないことがだれの目にも明らかになり、兄は一番やりたいこと、つまり飛行機操縦士になるために家を出た。そしてフロリダへ行き、職業パイロットとなって、TWAで働いた。兄は釣りや船遊びも大好きだった。兄にとってはこの頃が人生で一番幸せな時期だったのかもしれない。だが、私は八歳も年下であったにもかかわらず、兄にこう言ったことをおぼえている。「しっかりしろよ、フレディ。一体何をしてるんだ？　役にもたたないことばかりして」こんなことを言わなければよかったと、今は後悔している。

フレディがしていることについて、父や私がどう思おうと関係なかった。大切なのは、彼がそれを楽しんでいたということだ。しかしそれに気づくには私はまだ若すぎたのかもしれない。そのうち兄は人生に幻滅を感じ始めたのだろう。酒を飲むようになり、生活はどんどんすさんでいった。そしてついに四十三歳で世を去った。兄はすばらしい人だったが、ついに自分の本領を発揮できずに終わってしまった。それを考えると残念でならない。兄はさまざまな能力に恵まれていたが、わが家独特のプレッシャーには耐えられなかったのだ。もっと早くそのことに気づいていたらと悔やまれる。

私の場合は幸いなことに、ごく早い時期からビジネスにひかれていた。父を恐れる人は多かったが、私は父を怖いと思ったことは一度もない。私は臆することなく父に立ち向かい、父もそれを尊重してくれた。私たちの関係は、ビジネスライクと言ってもいいものだった。もし私がこのようなビジネス志向の人間でなかったら、父とこれほどうまくやっていけなかったのではないかと思うことがある。

私は小学生の頃からすでに、自己主張の強い攻撃的な子供だった。二年生の時、音楽の先生の目に黒あざをこしらえたこともある。音楽のことなど何も知らないくせにと思って、パンチをお見舞いしたのだ。このためにもう少しで放校処分になるところだった。このことを決して自慢には思っていない。だが私が小さい頃から物事に敢然と立ち向かい、非常に強引なやり方で自分の考えをわからせようとする傾向があったことを、この一件ははっきり示している。ただし今はこぶしの代わりに頭を使うところが違っている。

私は幼い頃から、近所のガキ大将だった。人から非常に好かれるか、非常に嫌われるかのどちらかで、これは今も変わっていない。けれども仲間うちでは大いに人気があり、みなのリーダー格になることが多かった。思春期には、もっぱらいたずらに精を出した。なぜか騒ぎを起こしたり、人を試したりするのが好きだったからだ。校庭や誕生パーティの席で水の入った風船や紙つぶてを投げて大騒ぎを演じたものだ。攻撃的だが、悪質ないたずらではなかった。弟のロバートはあるエピソードについて話すのが好きだ。弟はこの時に私が将来どの道に進むかがはっきりわかったという。

ロバートは二歳年下で、私よりはるかにおとなしく、のんびりしているが、小さい頃から私ととても仲が良かった。ある日、私たちは子供部屋でブロック遊びをしていた。私は高い建物をつくりたかったが、ブロックが足りなくなってしまった。そこで「少し貸してくれないか」と弟に頼んだ。「いいよ。だけど終わったら返してくれよ」と弟は答えた。結局私は自分のブロックと弟のブロックを全部使って、みごとな建物をつくりあげた。私はそれがいたく気に入り、全体を糊づけしてしまった。ロバートはこうしてブロックをすっかり失ったのだった。

十三歳になると、父は私を軍隊式の私立学校へ入れることにした。軍隊式訓練が私のためになると思ったのだ。私はあまり気が進まなかったが、やがて父の考えが正しかったことがわかった。私はニューヨーク北部にあるニューヨーク・ミリタリー・アカデミーの八年生に編入した。そして最上級学年までここで過ごし、その間に規律を身につけ、自分の攻撃性を建設的に使うことを学んだ。最上級学年の時には、士官候補生の隊長に任命された。

教官の中で特に私に強い影響を与えたのはセオドア・ドバイアスだ。彼は元海兵隊の教練軍曹で、非常に頑強で荒っぽかった。フットボールのヘルメットをかぶってゴールポストに激突したら、自分の頭ではなくポストを折ってしまいそうな男だ。彼はだれにも口答えをさせなかった。まして、恵まれた家庭に育った子供たちが生意気な返事をすることなど、絶対に許さなかった。統制を乱すような行動をとる者を、ドバイアスは殴りつけた。それも力一杯殴るのだ。私はすぐに、腕力でこの男と戦おうとしても無駄だと気づいた。そのことに気づかずこの手段をとった何人かの運の悪い生徒は、たたきのめされた。クラスメートの大半はこれと反対に、意気地のない態度をとった。どんなことについても、決してドバイアスには逆らわないようにしたのだ。

私は、頭を使ってこの男とうまく付き合うという第三の手段をとった。ドバイアスを味方につけるにはどうすればいいか考え、多少の策略を用いた。運動が得意だったことも役に立った。ドバイアスは野球のコーチで、私はチームのキャプテンだったからだ。しかし私は野球だけでなく、彼のあしらい方も身につけた。

基本的には、彼の権威に敬意を払うが彼を恐れてはいないということを、それとなく知らせた。このかねあいはなかなか微妙だった。強い男にありがちだが、ドバイアスは相手が弱いとみると、高飛車に出る傾向があった。一方、こちらも強いが彼を攻撃するつもりはないことがわかると、対等な男として扱ってくれた。そのことに気づいて以来――意識的に考えたというより、直観的にわかったのだが――私たちはとてもうまくいった。

私は士官学校ではかなりいい成績をとっていたが、あまり一所懸命に勉強したとは言えない。授業にさほど興味をもっていなかったことを思うと、比較的楽にいい成績をとれたことは幸運だった。私は早い時期に、学校で学ぶことはすべて、本番のための下準備にすぎないことを悟っていた。本番とは、大学を卒業してから私が手がける何かである。

私はよちよち歩きができるようになった頃から、父と建築現場へ出かけていた。ロバートと私は一緒についていって、ソーダ水のあきびんを探して時を過ごす。そのびんを店に持って行って金をもらい、預金するのだ。十代の頃は、休暇で学校から帰省すると父のあとをついてまわり、商売のことをつぶさに学んだ。業者との交渉、現場めぐり、新たな建設用地を手に入れるための交渉などだ。

家賃が統制管理された住宅を建設する、という父の商売では、たくましく冷徹でなければ成功することはできない。利益をあげるためにはコストを低く抑えなければならないので、父は常に価格に気を配っていた。モップや床用ワックスを買う場合でも、プロジェクトのより大きな製品を扱う業者に対するのと同様に、手抜きのない交渉をした。父の強みは、すべてのもののコストを熟知していたことだ。どの業者も父をだますことはできなかった。たとえば、配管工事が四十万ドルかかるとわかっていれば、どの程度まで値切れるかがわかる。つまり三十万ドルにするよう交渉しようとは思わない。この値段では向こうは商売にならないからだ。しかし業者の言いなりに六十万ドルで手を打つようなこともないわけだ。

安い値段で仕事を請け負わせるための父のもう一つの手は、業者に自分を信頼させることだった。父は相手に低い価格を提示したあと、こう言う。「いいか、私は必ず支払う。それも期日どおりにだ。だが他のやつらでは金が入るかどうかわからないぞ」さらに父は、自分との取引では迅速に仕事が終わり、すぐに次の仕事に移れることも力説した。そして最後に、自分は休みなく建設を行なっているから、将来の仕事も保証できる、と話した。相手は父の言い分に説得されることが多かった。

父はまた、信じがたいほど厳しい現場監督だった。毎朝六時には現場に姿を見せ、作業員たちにはっぱをかける。その仕事ぶりはまるで一人芝居のようだった。父の期待どおりの仕事をしていない者がいると、自分が代わってそれをする。父はどんな仕事でもこなすことができた。

ある筋書が毎度のようにくり返されるのを見るのはおもしろかった。たとえばフラットブッシュで、二人の競争相手が近くで建物を建て始めたのと時を同じくして、父も建設を始めたとする。父は必ず、競争相手より三、四カ月早く工事を完成させる。父が建てた住宅はまた、必ず他の二つの建物より見栄えがする。より広々した美しいロビーがつき、アパートの部屋自体も広いのだ。家を貸すのがさほど容易ではない時期でも、父のアパートにはすぐに人が入る。そのうち競争相手のどちらか、あるいは両方ともが、建物が完成する前に破産する。すると父はそれを買い受けるのだ。私はこれが何度となくくり返されるのを見てきた。

一九四九年、私がまだ三歳の頃、父はショア・ヘイヴン・アパートメンツの建設を始めた。これは一連の大型アパート団地の最初のもので、これにより父は、やがてニューヨークの外側の行政区の最大手地主の一人となった。父はこれらのプロジェクトを実に効率的に建設したので、莫大なもうけをあげることができた。当時、政府はまだ低・中所得者向けの住宅建設に対する融資を行なっていた。たとえば、父はショア・ヘイヴン建設のため、連邦住宅局（FHA）から千三十万ドルの融資を受けた。この融資額は、建築主の利益七・五パーセントを含め、このプロジェクトのコストとして公平かつ適正であると住宅局が判断した額にもとづいている。

父は請負業者を叱咤激励し、資材供給業者と粘り強く交渉することにより、このプロジェクトを予定より早く、また予算よりほぼ百万ドル安く完了することができた。〝ぼろもうけ〟という言葉は、父のような人びとが、努力と才能によって稼ぎだした利益のことを言いあらわすのにつくられたようなものだ。だがやがてこのような利益は認められなくなった。

しかしそれまでに父は、高品質の低・中所得者向けアパートを何千戸も建設した。今ではこうした建物を建てようとする者はいない。割りが合わないし、政府の補助金もなくなったからだ。父がクイーンズとブルックリンに建てたアパートはいまだにニューヨークで最も品質がよく、適正な価格で住める住居という評価を得ている。

一九六四年にニューヨーク・ミリタリー・アカデミーを卒業すると、私はほんの一時期だが、南カリフォルニア大学の映画科に入ろうかと考えた。映画のもつ魅力に引かれ、サム・ゴールドウィンやダリル・ザナック、そしてとりわけルイス・B・メイヤーにあこがれたからだ。こうした人びとは偉大なショーマンだと思っていた。けれども最後には、不動産業のほうがはるかに面白いという結論に達した。

まずブロンクスにあるフォーダム大学に入学した。家の近くにいたいというのが主な理由だ。大学を運営しているイエズス会修道士たちとはとてもうまくいった。だが二年後、どうせ大学教育を受けるなら、最高のところで自分を試したほうがいいと思うようになった。そこでペンシルヴェニア大学の大学院ウォートン・スクールに願書を出し、入学した。当時は、実業界で身を立てようと思う者は、ウォートンへ行くべきだと考えられていた。ハーヴァード・ビジネス・スクールは多くのCEO、つまり大企業の経営者を輩出してはいる。だが本物の起業家にはウォートン出身者が圧倒的に多い。たとえばソール・スタインバーグ、レナード・ローダー、ロン・パールマンなど数えあげればきりがない。

ウォートンで学んだ一番重要なことといえば、学業成績にあまり感動してはいけないということだろう。クラスメートたちは特にすぐれた、あるいは恐るべき人たちではなく、私が十分張り合うことのできる相手であることがすぐにわかった。ウォートンで得たもう一つの重要なものは、ウォートンの学位だった。私に言わせればそんな学位は何の証明にもならない。だが仕事をする相手の多くは、これをいたく尊重する。この学位は非常に権威あるものと思われているのだ。というわけで、あらゆることを考えあわせると、やはりウォートンへ行ってよかったと思っている。

卒業した時もとてもうれしかった。私はすぐ家に戻り、本格的に父と一緒に働きだした。相変わらずいろいろなことを学んだが、この時期には別の道も考え始めた。

まず第一に、父の仕事は私には少し荒っぽすぎると思った。精神的にではなく、物理的に荒っぽいのだ。たとえば、家賃とりたて人と呼ばれる男たちと一緒に、貸家をまわった時のことをおぼえている。この仕事をするには体格がよくなければならない。支払いをしぶる人たちから家賃をとりたてようという時には、頭より体の大きさのほうがものをいうのだ。

私が最初に学んだことの一つは、ノックをする時、決してドアの前には立たないということだ。壁ぎわに立ち、手だけ伸ばしてノックする。最初にとりたて人からこの話を聞いた時、何のことか訳がわからなかった。「なぜそんなことするんだ?」と尋ねると、相手はばかじゃないかという顔で私を見た。「なぜって、脇によけていれば、危険にさらされるのは手だけですむからさ」こう言われても、まだよくわからない。相手は言った。「この仕事では、まずい時にまずい家をノックすると、撃たれることがあるんだ」

父は私を過保護に育てたわけではないが、この世界にはどうもなじめなかった。ウォートンを卒業したとたん、不快なばかりか、悪くすると身に危険が及びかねない世界に放りこまれたのだ。たとえば、窓からゴミを捨てる借家人がいた。焼却炉へ運ぶより簡単だからだ。私は焼却炉の使い方を教えるプログラムをつくったこともある。おおかたの借家人には何ら問題はなかった。問題のある人たちにだけ注意が必要なのだが、わざわざそうするだけの価値がないように私には思えた。

気に入らなかったもう一つの点は、利ざやがあまりに低いことだった。利益をあげるには経費を切り詰めるしかなく、ぜいたくが入りこめる余地はなかった。どの建物もほぼ同じなので、デザインは問題にならない。どれもがありふれたレンガ造りの正面を持ち、四方を壁に囲まれた直方体の家だった。レンガは赤レンガを使ったが、必ずしもそれを気に入っていたからではなく、黄褐色レンガより一個あたり一セント安かったからだ。

父が建設途中のトランプ・タワーの現場を見に来た時のことはいまだにおぼえている。タワーの正面は一面のガラス壁だったが、これはレンガよりはるかに高価だ。その上、手に入る一番高いガラス、ブロンズ・ソーラーを使っていた。父は一目見るなり、私に言った。「こんなガラスを使うことはないじゃないか。四、五階までこれを使って、あとは普通のレンガを使ったらどうだ。どうせ上を見あげる者なんかいないよ」これはまさにフレッド・トランプ的発想だった。父は五十六番通りと五番街の角に立って、数ドルを節約しようと考えているのだ。私は心を打たれたし、もちろん父の気持ちもよくわかった。だが同時に、なぜ自分が父のもとを離れたかという理由も、はっきり認識した。

父の商売を継ぎたくなかった本当の理由は、私にはもっと遠大な夢とビジョンがあったからだ。これは父の仕事が肉体的にも経済的にも厳しかったという事実より、はるかに重要だった。ブルックリンやクイーンズに家を建てていては、この夢を実現することは不可能だったのだ。

考えてみると、私のショーマン的な性格は母から受け継いだもののように思う。母はドラマチックで壮大なことが好きだった。ごく平凡な主婦だったが、自分を越えた大きな世界観ももっていた。エリザベス女王の戴冠式の時、スコットランド人である母はそれを見るためにテレビの前に釘づけになり、一日中動かなかったことをおぼえている。母は式の壮麗さと王室の華やかな雰囲気にただ心を奪われていたのだ。その日の父のこともやはり記憶に残っている。父はいらいらと歩きまわり、母に言った。「メアリ、いい加減にしてくれ。もうたくさんだ。消しなさい。あんなものニセ芸術家の集まりじゃないか」母は顔も上げなかった。この点では二人はまったく対照的だった。母は華やかさと壮大さを好む。だが父はきわめて現実的で、能力や効率のよさにしか心を動かされないのだ。

4 シンシナティ・キッド——慎重さが利益につながる

学生時代、同級生たちが新聞の漫画やスポーツ欄を読んでいる時、私は連邦住宅局の抵当流れ物件のリストに読みふけっていた。抵当流れになっている政府融資による公営住宅のリストを研究するとは、少し変わっていると思われるかもしれない。だが、こうして私はスウィフトン・ヴィレッジのことを知ったのだ。これは私がまだ在学中に父と共同で手がけた仕事で、私にとってははじめての大きな取引だった。

スウィフトン・ヴィレッジはオハイオ州シンシナティにある千二百戸の住宅団地で、当時窮状に陥っていた。八百戸の空家があり、デベロッパーは破産し、政府が担保権を行使していた。要するにこのプロジェクトは大失敗だったのだが、私たちにとってはこれは都合がよかった。これにより、またとない機会が得られるのだ。

抵当流れ物件について政府機関と取引する場合、相手はできるだけ早く売ってしまおうとすることが多い。政府機関にはこうした物件を運営する能力がないのだ。スウィフトン・ヴィレッジの場合には事態が極端に悪く、他に入札する者さえいなかった。

現在、サン・ベルト地帯へ行くと、同じような状況が見られる。石油ブームの頃、さかんに公営住宅団地を建設したのだが、今ではそれらの大団地の空家率が三十パーセントから四十パーセントにものぼっている。銀行が担保権を行使するので、デベロッパーには自滅の道しか残されていない。抜け目のないバイヤーには絶好の機会だ。信じがたいほど好条件の取引ができるからだ。

父と私は最小限のつけ値でスウィフトンに入札し、落札した。結局、二年前にかかった建築費の半分の六百万ドル足らずしか支払わずにすんだ。また支払額プラス十万ドルの融資をただちに受けることができたので、この余分な十万ドルを団地の修理費にあてた。自己資金を一銭も使わずに、このプロジェクトを手に入れたわけだ。私たちはこれを運営するだけでよかった。しかも適当に手を抜いた運営をしたとしても、家賃収入で容易に月々の返済をカバーすることができた。

父も私もこれが非常に大規模な仕事だということに引かれた。つまり、その仕事に多大な精力を注いでも、時間を浪費していると感じずにすむからだ。五十戸を管理するのも千二百戸を管理するのも、労力はほとんど変わらない。だが千二百戸のほうが収入ははるかに大きくなる。

取引が成立すると、あとは管理とマーケティングさえきちんとすれば成功は間違いなかった。重要なのは、家を貸すことだった。それも長期にわたって住む、しっかりした借り手を探さなければならない。私たちが買い取った時に団地に住んでいた人たちは、建物をひどく傷つけていた。入居者はケンタッキーの山奥から出てきた者が多く、みなひどく貧しかった。七、八人の子供をかかえ、財産はほとんどなく、団地住まいの経験もない人たちだ。みな一部屋や二部屋のアパートにひしめきあって暮らし、子供たちは乱暴の限りをつくした。家は傷み、建物は荒れ放題だった。

入居者は家が荒れることなど気にもかけなかったばかりか、多くの人は家賃さえ払おうとしなかった。督促すると夜逃げする者もいる。こうした住人は家賃の支払いを逃れるためにトレーラーを借りる。そして夜中の一時、二時にアパートの前に乗りつけ、家財道具を積みこんで、夜の闇に姿をくらましてしまうのだ。どこへ行こうと勝手だが、その前に家賃だけは払ってもらわなければ困る。そこで解決策として、〝トレーラー番〟を置くことにした。つまり四六時中だれかがパトロールするのだ。

悪質な入居者を追い出してしまうと、より質の高い借り手を誘致するため、修理にとりかかった。これには相当の投資が必要で、工事完了時には、修理費は八十万ドルにのぼっていた。当時としては巨額の金だ。しかしそれだけの価値は十二分にあった。ニューヨークではたとえ改築しても、その分家賃を値上げすることは法律で禁じられている。しかしシンシナティでは、すぐにスウィフトン・ヴィレッジのアパートの家賃を上げ、はるかに高い額を支払ってもらうことができた。

まず最初に手がけたのは、窓に美しい白いシャッターを取り付けることだった。これは大したことではないように聞こえるかもしれないが、このシャッターのおかげで、冷たい赤レンガの建物に温かさと心地よさが感じられるようになった。これはとても重要なことだ。これはまた、想像以上に経費がかかった。とにかくアパート数が千二百戸にのぼり、その各々に八つから十の窓がついているのだ。シャッターの次は、安っぽく趣味の悪いアルミの玄関扉をはずし、コロニアル風（南部の農場の邸宅のスタイル）の美しい白い扉にかえた。

私は団地全体が清潔で、管理が行き届いているよう気をつけた。前にも言ったように、私はとてもきれい好きだ。また清潔にしておくことは投資の際にも有利だと思っている。たとえば、車を売りたいとする。五ドルをかけて洗車し、ワックスをかけ、少し念入りに磨きあげると、それだけで四百ドルは高く売れる。うす汚れた不潔な車を売ろうとしている人を見ると、これはうまくいかない、とすぐわかる。ほんの少しの手間で、ぐんと見栄えをよくすることができるのだ。

不動産でも同じことが言える。手入れの行き届いた物件は、そうでない物件よりはるかに高値で売れる。といっても、ここ数年間、ニューヨークでは必ずしもそれがあてはまらなかった。不動産ブームで、どんな建物でもとぶように売れたからだ。しかし景気がいい時の売れ行きに気をよくしていてはいけない。市場は常に変化している。景気が沈滞しはじめると、清潔さが大いに価値をもつようになるだろう。

私たちは廊下にペンキを塗り、床を磨き、色づけした。空室は清潔に保ち、敷地の造園も行なった。さらに、当時シンシナティでは不動産の広告は珍しかったにもかかわらず、新聞に団地の美しい広告をのせた。やがて人びとが見学に訪れるようになり、口コミでうわさが広まった。そして一年もたたないうちに、団地は百パーセント埋まった。

この間に五、六人の管理人を雇い、最後にようやく望みどおりの人物を見つけることができた。雇った管理人の中には、正直だが間の抜けた者もいた。その一人は、床にペンキを塗っていて、文字どおり部屋の隅に自分を塗りこめてしまったものだ。また頭はいいが団地の管理については何の知識もない者もいた。幸い私は人を判断するのが早いので、無能な者を長く雇っておかずにすんだ。

しまいに有能な男が見つかった。仮にアーヴィングと呼んでおこう。年は六十五歳で、なかなか大した人物だった。アーヴィングほどいんちきのうまい男にはお目にかかったことがない。だが彼は弁の立つ、如才ないセールスマンだったばかりか、管理人としても一流だった。日に一時間しか働かないが、それだけで大抵の管理人が十二時間かかってする以上の仕事をやり遂げてしまう。このことから、重要なのは仕事にどれだけ時間をかけたかではなく、その間に何を成し遂げたかであることを学んだ。

ただアーヴィングの問題は、彼が全面的に信頼のおける人物ではなかった点だ。それは最初から感じていたが、彼を債務保証契約に入れさせようとした時に自分の直観が正しかったことがわかった。私は金を扱う従業員は必ずこの契約に入れさせることにしている。私の保険代理人が調査の後、電話をかけてきて言った。「ドナルド、債務保証契約なんて冗談じゃないよ。この男は詐欺師だぞ」アーヴィングはあらゆるいんちき商売や詐欺を行ない、何度も警察の厄介になっていることがわかったのだ。

人が盗みを働いているのを見つけたら、たとえとられた額の十倍の費用がかかろうと、厳しく追及するというのが私の信念だ。盗みは最低の行為だと思う。しかしアーヴィングに関してはジレンマがあった。彼はこれまでに雇ったどんな正直な管理人よりはるかに有能なのだ。彼がとりしきっているかぎり、彼の下の者は決して盗みは働かないだろう。ということは、こちらはアーヴィングだけを見張っていればいいということだ。私はよく彼をからかって言ったものだ。「きみの給料は五万ドル、プラスきみがかすめとれるだけの金だ」すると彼は大いに驚いたふりをするのだった。

もしアーヴィングの盗みの現場をとらえていたら、その場でクビにしていたところだが、そういうことは一度もなかった。けれどもおそらく彼は年にすくなくとも五万ドルは盗んでいただろう。だがそれでも、彼を雇ってこちらは得をしたのではないかと思う。

ある日オフィスに行くと、従業員の女の子が泣いていた。事のしだいはこうだった。彼女たちは、知人が亡くなった時に花を贈るためにみんなで金を出し合い、香典基金と称する貯金を行なっていた。基金は八十ドルほどになっていた。女の子になぜ泣いているのかと尋ねると、「あのアーヴィングのやつが、私たちの香典基金を盗ったんです」と言う。

私はアーヴィングをつかまえてきいた。「アーヴィング、なんてことだ、彼女たちの金を盗ったのか？」当然ながら彼は否定した。そしてあの女どもをとっちめてやると言って、たっぷり三十分間わめきちらした。しかし私は、女の子たちは本当のことを言っていたのだといまだに思っている。アーヴィングは天才だった。問題はあったが、あの才能は並みではなかった。

アーヴィングの仕事ぶりの例をあげよう。その前にまずこの話の主がはげ頭の太った小男で、度の強い眼鏡をかけ、ぶよぶよの手をしていることを理解してほしい。生まれてこのかたペンより重い物は持ったことがなく、運動能力はゼロという感じの男なのだ。けれども、彼には驚くべき話術の才があった。

すでに述べたように、最初のうちは家賃を払おうとしない入居者がかなりいた。アーヴィングは時々自分で家賃をとりたてに行くことがあった。彼はベルを押し、人が戸口に姿を見せると、突然狂ったようになる。顔をまっ赤にし、思いつくかぎりの罵詈雑言を浴びせ、ありとあらゆるおどし文句を並べたてる。あくまでも演技なのだが、効果のほどはめざましく、大抵みなその場で家賃を支払った。

ある日アーヴィングが集金にまわっていた時のこと。ある家のドアをノックすると、十歳くらいの女の子が出てきた。アーヴィングはその子に言った。「父ちゃんに家賃を払えって言いな。さもないとケツを蹴とばしてやるってな」この調子でまくしたてていると、母親が何事かと顔を出した。ところがたまたま、この母親が大した美人だった。アーヴィングは女と名のつくものにはめっぽう弱い。相手がこのようなとびきりの美人とくればなおさらだ。アーヴィングはさっそく彼女にモーションをかけ始め、夕食に誘った。トラックの運転手か土木作業員の夫を持つこの女性は、アーヴィングのような男に会うのは初めてらしく、どう対処していいかわからない様子だった。だが彼女はアーヴィングには何の興味も示さず、結局彼はあきらめ、私たちはここを立ち去った。

およそ一時間後、アーヴィングと私が彼のオフィスにいると、百キロはあろうかという怪物のような大男がとびこんできた。男は自分の娘の前でアーヴィングが悪態をついたことに激怒しており、さらに妻に言い寄ったことでアーヴィングをしめ殺しかねないほど殺気だっていた。

多少とも分別があるなら、アーヴィングは命からがら逃げ出すだろう、と私は思った。ところが、彼は両手を振りまわし、金切り声で相手を罵倒し始めた。「ここから出て行け。おまえを殺してやる。八つ裂きにしてやる。この両手でな。この手は凶器として警察に登録されてるんだぞ」

この時の相手の男の顔は忘れられない。男は言った。「外へ出な、このでぶ野郎。叩きのめしてやる」いよいよアーヴィングは大変なことになった、と私は内心思った。しかしアーヴィングはそうは思わなかったらしい。「いつでも相手になってやる。だがおれが殴り合いをするのは法にふれるんだ」

アーヴィングを見れば、その手が登録された武器などではないことは一目瞭然だ。しかし、アーヴィングはライオンの調教師のようなものだった。四百キロはありそうな堂々たるライオンが歩きまわっている檻の中に、体重七十キロほどの調教師が楽しげに入って行くのを見たことがあるだろう。調教師が少しでも弱さや怯えを見せれば、ライオンはたちまち彼に襲いかかるに違いない。しかし彼がムチを鳴らし、威厳を見せて歩くと、驚くことにライオンは言いなりになる。この大男に対してアーヴィングがやったのは、まさにこれだった。ただし彼のムチは口だった。

結局、男はオフィスを出て行った。怒りはおさまっていなかったが、とにかく帰って行ったのだ。アーヴィングは恐れを見せないことで自分の命を救ったともいえる。私はこの一件に強い感銘を受けた。恐れてはならない。するべきことをする。一歩も引かず堂々と立ち向かう。そうすればなるようになるのだ。

アーヴィングがスウィフトン・ヴィレッジをうまく運営するようになると、私はそこで過ごす時間をしだいに少なくしていった。シンシナティでは、私の存在はもうさほど必要ではなくなったのだ。そこでスウィフトンを訪れる回数を最初は週一回に、しまいには月一回にまで減らした。

最初の頃に、私はスウィフトンの比較的新しい入居者の一人と、特に親しくなっていた。ポーランドの強制収容所にいたという、年輩のユダヤ人だ。アメリカへ来て肉屋で働き、やがてその店を買い取り、知り合った時には十四軒ほどの精肉店を所有していた。彼は妻と二人で、スウィフトンのアパートを二戸借りて一つにつなぎ、居心地のよい住居をつくって満足して暮らしていた。私はこの人をとても尊敬していた。世慣れていて身を守るすべを心得ており、たくましく世を生きぬいてきた人物だからだ。

スウィフトンを買ってから数年たったある日、ここを訪れた時に偶然この友人に出会った。「どうしていらっしゃいます、お元気ですか？」と私は尋ねた。「ああ、元気だよ」彼は答えてから、私を脇へ引き寄せてささやいた。「ドナルド、あんたは友達だから言うんだが、ここは売ったほうがいい」そこで私は「なぜ？」ときいた。

「ひどく環境が悪くなってるんだ。この団地じゃなくて、この辺一帯がな。たちの悪いやつらが増えてるんだ。人の喉を切り裂いて、けろっとしてそのまま行っちまうような連中だ。実際、楽しんで喉を切るようなやつらさ」これは彼が言ったとおりの言葉だ。私はこれを忘れたことはない。

ところで、私は尊敬する人には素直に耳を傾ける。これもマーケティング研究のためではなく、直観でそうするのだ。そこでシンシナティ滞在の予定を二日のばし、あたりを車で回ってみた。その結果、確かに粗野な人びとが増えており、不穏な気配がただよっているのが感じられた。

私は団地を売りに出した。すぐに引き合いがあった。私たちはスウィフトン・ヴィレッジですでに十分もうけをあげていた。団地の規模の割りに負債が少なく、家賃収入はしまいには年間七十万ドルに達していたからだ。しかしこれを売却することによって、私たちは本当の大もうけをすることができた。

買手はプルーデント不動産投資信託だった。当時は不動産投資信託（REIT）、つまり不動産に投資する共同事業組合が活況を呈していた時代だった。REITでありさえすれば、銀行は金を貸した。ただ問題は、REITを運営している人間の多くが、見識もなければ有能でもなかったことだ。私は彼らのことを、働かずにもうける連中と呼んでいた。現地に出向くこともせずに、プエルトリコにあるプロジェクトに投資するようなことをする。そのうち、買ったつもりの建物は、建ってもいないことがわかったりするのだ。

プルーデントの場合、買い取るかどうかの最終決定を下す前に、物件を視察し評価するために、若い男をよこした。私と同年輩の男だったが、まるでティーンエージャーのように見えた。正直言って私はプルーデントがこれほど重大な決定をこの男に委ねたことに驚いた。

彼の一番の関心事は、昼食を食べに行くことだった。全国で五指に入ると言われているメゾネットというレストランが、シンシナティの繁華街にあると聞いていたのだ。彼はどうしてもここで食事をしたかったらしい。こちらに来ると電話してきた時、昼食の予約をとっておいてくれと言った。私は承諾した。

彼の飛行機は少し遅れ、正午頃到着した。私は出迎え、スウィフトン・ヴィレッジへ案内して物件を見せた。その時はまだ入居率は百パーセントだった。彼が関心を示したのはそのことだけで、それ以外にはほとんど何もきかなかった。頭にあるのはメゾネットに行くことだけだったのだ。レストランはスウィフトンから三十分ほどのところにあり、われわれはそこで約三時間かけて昼食をとった。これは普段の私の仕事のしかたとは大違いだった。もしスウィフトンのような大規模な物件の視察に一日しかさけないとしたら、私ならまず絶対に昼食は抜く。そして買い付けようとする物件についてできるだけ多くのことを知ろうとするだろう。

食事が終わった時はもう四時近くになっており、そのまま彼を飛行場まで送り届けなければならなかった。彼は満腹で、すこぶるご機嫌でニューヨークへ戻り、この話を進めることを強く勧めた。まわりの環境も良いので、スウィフトンは絶対に買い得だ、と上役に話したのだ。上役たちはこれを買うことに決定した。値段は千二百万ドル。こちらにとっては約六百万ドルのもうけになった。短期投資としては巨額の利益である。

取引が成立し、契約書にサインする頃には、暗雲が広がり始めているのがはっきりわかった。多くの入居者の契約期間が切れる時期になっていたが、みな契約を更新しようとはしなかった。私たちは売買契約に、契約書の表示はすべて契約書サイン時のものとする、という条項を入れた。普通はサイン時ではなく、取引終了時というのが契約条件となる。つまり、私たちはこの一項により、契約書サイン時における団地の入居率は百パーセントであることを請け合うが、三、四カ月後の取引終了時に同じ保証はできないことを明らかにしたわけだ。

さらに私は、向こうが取引を完了しない場合は、巨額の違約金を払うという一項を契約書に入れることを要求した。これも異例のことだ。大抵の取引では、買手は十パーセントの前渡し金を出し、取引が完了できない場合は、この前渡し金だけが没収されるのだ。

はっきり言って、プルーデント側はその名のとおりもっとプルーデント、つまり慎重であるべきだった。けれどもすでに述べたようにREITはどこもみな、やみくもに前進することしか頭になく、手当たりしだいに取引をしていた。もちろん、あまり急ぐとろくな取引はできない。取引が終了した時、団地には空家が何十戸もあった。

5　マンハッタンへ

私は一九六八年にウォートンを卒業して以来、マンハッタンに注目していた。しかし当時ニューヨークの不動産市場は過熱気味で価格が非常に高く、私が望むような取引は見つからなかった。つまり私の手の届くような値段の優良物件ということだ。父はかなりの財産を築いていたが、子供たちに多額の信託資金を与えるのは好ましくないと考えていた。私は大学を卒業した時、二十万ドルほどの財産を持っていたが、そのほとんどはブルックリンとクイーンズの建物に投資してあった。というわけで、私は待った。父の仕事を手伝いながら、できるだけマンハッタンで多くの時間を過ごすようにした。

一九七一年に転機が訪れた。マンハッタンにアパートを借りることにしたのだ。三番街と七十五番通りにあるビルの中のワンルームのアパートで、窓から見おろすと隣りのビルの中庭の水タンクが見えた。私はふざけてこのアパートをペントハウスと呼んだ。たまたまビルの最上階に近かったからだ。アパートが広く見えるよう部屋を仕切ってみた。だが何をしても、そこは暗い薄汚れた小さなアパートであることに変わりなかった。それでも、私はそこが大いに気に入っていた。このアパートへ引っ越した時は、十五年後にセントラル・パークを見晴らす五番街と五十六番通りにあるトランプ・タワーの、最上部のトリプレックスへ引っ越した時より興奮したものだ。

それもそのはずだ。クイーンズに住み、ブルックリンで働いている若者が、突然アッパー・イースト・サイドにアパートを持ったのだ。

最も重要なのは、引っ越しのおかげでマンハッタンをよりよく知るようになったことだ。私はただ訪問したり、商用でやってきた時とはどことなく違う態度で、通りを歩き始めた。やがて良い不動産物件もすべて知るようになった。クイーンズ出の若造ではなく、街の人間になったのだ。自分はあらゆるものに恵まれているような気がした。つまり若くてエネルギーにあふれ、マンハッタンに住んでいるのだ。仕事場はブルックリンにあり毎日通勤していたが、そんなことは問題ではなかった。

私が最初にしたのは、ル・クラブへ加入することだった。これは当時ニューヨークで最も注目を集めていたクラブで、隆盛時のスタジオ54と同様、選考が厳しいことでも知られていた。東五十四番通りにあるこのクラブの会員には、世界で最も成功した男や最も美しい女がいた。七十五歳の富豪がブロンドのスエーデン美人を三人引き連れてやって来るという類のクラブだ。

クラブへ入会したいきさつは忘れることができない。ある日私はル・クラブへ電話した。

「ドナルド・トランプという者ですが、クラブの会員になりたいのです」相手の男は笑って言った。「冗談だろう」もちろんだれも私の名前など聞いたこともなかったのだ。次の日、また別の手を思いついてもう一度電話した。「会員名簿をいただけますか？　知っている人がいるかもしれないので」「残念だがそれはできないんだ」男は答えると、電話を切った。

次の日また電話をかけた。「クラブの会長さんとお話ししたいのです。さしあげたいものがあるので」どういうわけか、男は会長の名前とオフィスの電話番号を教えてくれた。そこで電話をかけ、丁重に自己紹介した。「ドナルド・トランプという者ですが、ル・クラブに入会したいのです」「会員に友人とか家族がいるのかね？」と会長がきいたので、「いいえ、だれもいません」と答えた。

「ではなぜ入会できると思うんだね」会長が尋ねた。私はひたすらしゃべり続けた。しまいに相手が言った。「それじゃこうしよう。きみはなかなか好青年のようだし、若手の会員が入るのもいいかもしれない。21クラブで一緒に一杯やらないかね」

翌日の晩、私たちは飲むために会った。ただしちょっとした問題が一つあった。私は酒はやらず、何もせずにただ坐っているのは苦手なのだ。ところが誘ってくれた相手は酒好きで、しかもやはり酒好きの友人をともなって来ていた。それから二時間、二人が酒を飲んでいる間、私は手持ち無沙汰で坐っていた。しまいに私は言った。「そろそろお送りしましょうか？」「いや、もう一杯だけやろう」二人が答えた。

私はこうした状況には慣れていなかった。父はまじめいっぽうの堅物だ。毎晩七時に帰宅し、夕食をとり、新聞を読み、テレビのニュースを見る、という判で押したような生活をしてきた。私も父に劣らず堅物だ。したがってこういう世界は全くなじみがなかった。マンハッタンで成功している人物はみな大酒飲みなのだろうか。もしそうなら、私は大いに有利だ、と思ったのをおぼえている。

十時頃になって二人はやっと飲むのをやめ、私はかかえるようにして二人を家まで送って行った。それから二週間たっても、会長からは何の連絡もなかった。ついにこちらから電話すると、向こうは私のことをおぼえてもいなかった。そこでまた振り出しに戻り、21からやり直した。ただし今度は会長もあまり飲まず、私を会員に推薦してくれることに同意した。ただ一つだけ気がかりなことがある、と会長は言った。きみは若くてハンサムだが、年配の会員には美しい若い夫人がいる者もいる。きみがその夫人たちに手を出しはしないかと心配だ、というのだ。そんなことはしないと約束してくれ、と彼は言った。

私は耳を疑った。母も父同様おかたい人物で、父を心から愛している——最近二人は結婚五十周年を祝ったところだ。こういう環境で育った私に、この男は他人の妻を盗むの盗まないのという話をしているのだ。

ともかく私は約束し、クラブへの入会を許された。これは社交生活の上でも仕事の上でも、大いにプラスになった。私は大勢の若く美しい独身女性と知り合いになり、毎晩のようにデートした。けれども真剣なつきあいにまで発展することはなかった。みな美人だが、まともな会話のできる者はあまりいないのだ。みなうぬぼれが強かったり、一風変わっていたり、わがままだったりした。そして大抵は見かけ倒しだった。たとえば、私はデートの相手をアパートには連れて来られないことにすぐ気づいた。彼女たちの基準からすると、私の家は人が住めるような代物ではないのだ。彼女たちの世界では、外見がすべてだった。私が最後に結婚した相手は大変美しい女性だったが、彼女は父や母と同じく堅物でもあった。

この同じ時期に、仕事に成功した裕福な人びととともル・クラブを通じて大勢知り合いになった。私は夜出かけるのを楽しんでいたが、仕事のことも忘れなかった。ニューヨークという町がどんなふうに機能しているかを知り、いずれ取引相手になるような人びとと親しくなった。また懐ろの豊かな人びと、特にヨーロッパや南米の金持ち連中とも知り合いになった。彼らは後にトランプ・タワーやトランプ・プラザの最も値の高いアパートを買ってくれた。

ロイ・コーンに初めて会ったのも、ル・クラブでだった。彼の評判は耳に入っており、戦うことを恐れぬ男というイメージをもっていた。ある晩、偶然彼と隣り合わせのテーブルに坐った。互いに紹介され、しばらく言葉を交した後、私は彼を挑発した。人を試すのが好きなのだ。「僕は弁護士は好かない。やつらのすることといえば、取引を成立させずに引きのばすことだけだ。答を求めればノーとしか言わず、どんな時でも戦うより妥協しようとする」ロイは、同感だと言った。その言葉が気に入り、私はさらに続けた。「とにかく僕のやり方とは違うんだ。僕は折れるよりは戦う。一度でも折れると、たちまち弱気という評判がたつからだ」

ロイは興味を引かれたようだったが、私が何を言いたいのかわからなかったらしい。彼はしまいに言った。「これは具体的な話ではないんだろう？」

私は答えた。「いや、実はそうなんだ。政府が僕の会社をはじめいくつかの会社を、公民権法違反のかどで訴えてね。われわれが黒人に団地のアパートを貸すのを拒否したというんだ」私はその日の午後、父と二人でウォール街の著名な法律事務所の弁護士と話し合い、妥協するように助言されたことを話した。大抵のビジネスマンは政府に訴えられると、一も二もなく折れてしまう。たとえそのような言いがかりは打ち負かせると思っても、悪い評判がたつのを恐れるからだ。

妥協するなどと思っただけで腹が立った。実際私たちは黒人にも家を貸しているのだ。断わるのは生活保護受給者だけで、これは白人でも黒人でも同じだった。

私たちが望んだ入居者は、家賃を必ず払い、清潔で隣人と問題を起こさず、収入が少なくとも家賃の四倍はある人たちだった。そこで私はロイにきいた。「僕はどうするべきだろう？」

ロイは答えた。「私の考えでは、この件を法廷へ持ちこんで争うべきだと思う。きみが差別を行なったという事実を向こうに立証させるんだ。しかしきみが実際に黒人の入居者を受け入れている以上、これを立証するのは難しいだろう」さらにロイは続けた。「黒人であれ白人であれ、望ましくない入居者に家を貸す義務はない。それに政府がきみの事業に口出しする権利もない」

その時、ロイ・コーンこそこの事件を扱うのに最適な人物だと感じた。当時私はかけだしの若造にすぎなかったが、ロイはやりがいのある戦いが好きだったので、私の事件を引き受けてくれた。ロイと私は法廷に出て、政府の言いがかりに対抗した。結局政府側は訴訟内容を立証することができず、こちらは何ら罪を認めることなく、ちょっとした妥協で事件を解決に持ちこむことができた。つまり、私たちは入居者を差別せず、あらゆる人に家を貸すという広告を、一定期間地方紙に載せることに同意したのだ。これで訴訟の件は片がついた。

この間に、ロイについていろいろなことを知った。彼はその気になると、素晴らしい手腕を発揮した。何のメモも持たずに法廷に立つことができるのだ。驚異的な記憶力をもっており、そらで弁論を展開する。準備ができている時には鋭い切れがあり、まず立ち向かえる者はいなかった。しかし、いつも準備ができているわけではない。準備不足の時でも頭のさえでうまく乗りきってしまうこともあった。けれども残念ながら、さんざんな結果になることもある。そこで私は、出廷の前には徹底的に彼に質問することにした。もし準備ができていないようなら、延期を申し出るのだ。

ロイが立派な人格の持主だと言うつもりはない。彼は清廉潔白とは言いがたい人間だ。大人になってからの人生の三分の二は何らかの罪状で起訴されていたと言ったことがある。私は驚いてきいた。「ロイ、一つだけ教えてくれ。それはみんな本当にやったことなのか？」彼はにやっとして言った。「きみはどう思う？」いまだに本当のことはわからない。

ロイはとにかくたくましい人物だった。彼にとっては誠実さの次にタフであることが最も重要だったのではないかと思う。たとえば、ロイの友人はみな彼がゲイであることを知っていた。仕事の場以外で彼を見かけると必ずハンサムな若者と一緒だった。しかしロイは決してそのことにふれなかった。ゲイというイメージが嫌いだったのだ。普通の人はゲイと言えば軟弱な男を想像する、と彼は思っていた。そしてそんなふうに見られるのを避けるため、あらゆる手をつくした。ゲイの権利のことが話題にのぼると、ロイはまっ先にそれに反対した。

ロイは手ごわい男だったが、友人はたくさんいた。私もその一人だったとはばかることなく言える。彼は心底誠実な男だった。彼にとってそれは名誉の問題だったのだ。彼はまた非常に頭が切れたので、味方にすると心強かった。たとえ個人的に見解が食い違っていても、法廷ではベストを尽くして弁護してくれる。私を弁護することが彼にとって必ずしも有利ではない場合でもそうだ。彼には全く表裏がなかった。

ロイと対照的なのは、誠実さのかけらもないくせに、自分がいかに高潔な人間であるかを宣伝してキャリアを築きあげる数多くの〝尊敬すべき〟人物たちだ。彼らは自分にとって何が有利かということしか頭にない。友人が邪魔になれば背後からつき刺すようなことを平気でする。私がロイ・コーンを好きなのは、彼がまさに正反対だからだ。ロイは他の人がみな去ってしまった後もひとり病床にとどまり、文字どおり死ぬまで付き添ってくれるような人物だ。

ともかく私はマンハッタンに移ってから多くの人と知り合い、さまざまな物件のことも知るようになった。けれどもやはり、望む価格で買えるものは見つからなかった。やがて一九七三年になると、マンハッタンの不動産業界は突然不況に見舞われた。不動産市場はいずれ沈静化するだろうとは思っていた。何事にもサイクルがあり、不動産も例外ではないからだ。それにしても、事態がこれほど悪くなるとは予想していなかった。こうなったのは、さまざまな要因が重なったためだった。まず連邦政府が住宅補助金の支払い停止を発表した。それまでは多額の補助金を、特にニューヨーク市に対して出していたのだ。同じ時期に金利が上がり始めた。金利はそれまで何年にもわたって安定していたので、それが変動しうるということさえ忘れられていたほどだった。さらに悪いことに、急激なインフレが起こった。それは建築の分野で特にはなはだしかった。他でインフレの気配がない時でも、建築コストは上昇することがあるのだ。

しかしなんといっても一番大きな問題は、ニューヨーク市自体にあった。市民が不安にかられるほど、市の負債はふくれあがっていた。人びとは初めて、市が破産するのではないかとうわさするようになった。不安は不安を呼び、ほどなくニューヨークは危機的状況に陥った。市民たちは市に対する信頼をまったく失ってしまった。

新たな不動産開発を促すような状況ではなかった。一九七三年の最初の九カ月間に、市は五つの行政区におよそ一万五千戸の新しいアパートと一戸建て住宅を建てる許可を出したが、一九七四年の最初の九カ月間には、この数が六千戸に減少した。

私もニューヨーク市の将来に懸念を抱いたが、夜も眠れないほどではなかった。もともと楽天家だし、正直なところ市の問題は私にとって絶好の機会のように思えた。私はクイーンズ育ちだったため、道理も何もなく、マンハッタンこそ住むのに一番よい場所、世界の中心であると思いこんでいた。短期的には市は問題をかかえているかもしれないが、いずれ事態は好転すると信じて疑わなかった。ニューヨークに代わる都市などあろうはずがないのだ。

私が以前から興味をもっていた物件の一つに、五十九番通りから七十二番通りまで続く、ハドソン川沿いの広大な鉄道操車場跡地があった。ウェスト・サイド・ハイウェーを走るたびに、その敷地にどんな建物が建てられるだろうと想像をふくらませた。マンハッタンにある百エーカーに及ぶウォーターフロントの未開発地が膨大な可能性をもつことは、天才でなくてもわかるだろう。しかし市が財政危機のまっただ中にある時に、このような広大な土地を開発しようと考える者はいなかった。

条件のいい土地を安く買って損をすることはまずない、というのが私の信念だ。当時ウェスト・サイド一帯は住むには危険な場所と考えられていた。横丁という横丁には生活保護者対象の簡易宿泊所が建ち並び、どこの公園にも麻薬の売人がいた。セントラル・パーク・ウェストからコロンブス街にかけての八十四番通りの一ブロックがいかに物騒な地域かという記事をニューヨーク・タイムズ紙が何回にもわたって掲載していたことを覚えている。

しかしあたりに目をやれば、この環境がたやすく改善できることがすぐわかった。西八十四番通りのような荒れた横丁でさえ、セントラル・パークの近くには褐色砂岩造りの古い堂々とした建物が建っていた。またセントラル・パーク・ウェストやリヴァサイド・ドライヴといった通りには、素晴らしい眺望が楽しめる広々したアパートの入った美しい古い建物があった。人びとがこの地域の価値に気づくのは、時間の問題だった。

一九七三年夏のある日、ペン・セントラル鉄道についての新聞記事をたまたま目にした。同鉄道は巨額の負債を背負いこんで破産を申請していた。記事によると、ペン・セントラルの管財人は、同鉄道の財産を処分するため、ヴィクター・パルミエリという人物が代表をつとめる会社と契約したということだった。財産の中には、西六十番台の通りにある例の操車場跡地と、西三十番台の通りにある跡地が含まれていた。パルミエリがペン・セントラルと交した契約によると、彼の会社が買手を見つけた場合、売り値の一パーセントが会社に支払われることになっていた。

ヴィクター・パルミエリという人物のことは聞いたことがなかったが、ぜひ知り合いになりたいと思った。そこで会社に電話して言った。「もしもし、ドナルド・トランプという者ですが、六十番通りの跡地を買いたいのですが」こうした単刀直入なやり方が最も効果があることが多いのだ。

おそらく向こうは私の率直さと熱意を気に入ってくれたのだろう。まだ何も建ててはいなかったが、私にはより有利な立場にいる人が考えもしないような物件を求めようとする積極性があった。

私はパルミエリに会いに行った。私たちは最初から気が合った。彼は人当たりのいい魅力的な男で、イタリア系にもかかわらずWASP《ワスプ》のような風貌をしていた。私は六十番台通りの跡地はきわめて立地条件が悪いこと、まわりの環境に問題があり、市も問題をかかえていることを彼に話した。そしてこの物件に興味をもつとは、私はどうかしているに違いないと言った。何かを買いたい時は、それが大して価値のないものだと売手に思わせたほうがこちらにとっては有利なのだ。

次に私は、これほど広大な未開発の土地に用途地域の指定を受けるのは、政治的にきわめて難しいことを指摘した。自治体の理事会は開発に反対するだろうし、都市計画委員会や予算委員会との折衝も難航するだろうともいった。

三つ目のおそらく一番重要な手は、パルミエリと彼の仲間に自分を売りこむことだった。経験や実績をセールス・ポイントにするわけにいかなかったので、もっぱらエネルギーと熱意とを宣伝した。

パルミエリは人を信頼するたちだ。彼は私に賭けてみることに決め、しまいには六十番台通りの跡地だけでなく、西三十四番通りの跡地も開発するように勧めた。実を言うと、私は少し売りこみすぎたのかもしれない。でもそうする以外になかったのだ。当時私は二十七歳で、私も父もマンハッタンでは建築の実績がなかった。パルミエリがいかに私を気に入ってくれようと、私たちの会社が有力な大手企業だと信じなければ、一緒に仕事をしようとは思わなかっただろう。パルミエリに会った時は会社に正式な名前がなかったので、これをトランプ・オーガニゼーションと呼ぶことにした。〝オーガニゼーション〟という言葉には、何やら大企業のような響きがある。トランプ・オーガニゼーションが、ブルックリンのZ街にある部屋数二、三室の小さなオフィスで営業していることを知っている人はいなかった。

さらに私は、政治家とつきあいがあることも宣伝した。たとえば一九七三年十一月にニューヨーク市長に選ばれたエイブラハム・ビームだ。父は実際ビームと同じ民主党クラブに所属しており、顔見知りだった。すべてのデベロッパー同様、父と私はビームや他の政治家に寄付していた。ニューヨーク市では、デベロッパーが政治家に寄付するのはごく普通のこととして認められているのだ。私たちの寄付額が他のデベロッパーより多かったわけではない。実際、私たちが個人的に彼を知っていたせいか、ビームは私たちに特別な恩恵を与えていると思われるのを極力避けようとしていたふしがある。

ビームが市長在任中の四年間、私は西三十四番通りの跡地をコンベンション・センターにするための運動を続けた。ここは候補地としては他を圧倒しており、やがて私たちはニューヨーク市のほとんどの大物実業家たちの後押しを得るまでになった。だがそれでもビームは、市長の座を去る数週間前まで、この用地を支持しようとしなかったし、公式の認可も出さなかった。最終的にここをコンベンション・センターの用地に選んだのは、一九七八年に新しく市長に選ばれたエド・コッチだった。私の知るかぎりドナルド・トランプとエド・コッチが個人的に親しいと言った者はいない。だがこの件についてはもう少し先で話そう。

パルミエリと最初から親しい関係を築くことにより、私は単なる買手というだけでなく、彼と一緒に仕事をすることができた。これは私にとって好都合だった。たとえばパルミエリは六十番台通りと三十番台通りの跡地を購入する独占的オプションを私に与えることに同意した。ただし用途地域指定の認可、およびペン・セントラルの破産処理にあたっている裁判所の承認が得られればという条件つきである。その他にもいろいろな条件があったが、私が資金を提供することはその中に含まれていなかった。ペン・セントラルは開発にかかる費用さえも負担することに同意した。これは注目すべきことだった。売手が買手の費用を支払うというのだ。しかしこれについては当時の状況を考える必要がある。今日ではありえない取引のように聞こえるかもしれないが、だれも建設に手をだすことを望まず、市が瀕死の状態にあったその頃は、今とは大きく事情が違っていたのだ。

パルミエリは私がマスコミの信頼をとりつける手助けもしてくれた。バロンズ誌の記者になぜトランプを選んだかときかれた時、彼は答えた。「あの物件は非常なリスクをはらむブラックホールのようなものだった。あの敷地に関心をもつさまざまな人と面接したが、開発に必要な意欲や後ろだて、想像力をもつ人物はいなかった。そこへこのトランプという若者があらわれたのだ。彼は事業家としては十九世紀的な人間だと言える。スケールが実に大きいのだ」

実際は何の進展もないのに、私がさかんに自分の計画をマスコミに売りこんでいた頃、ニューヨークのある大物不動産業者が私の親友にこういったという。「トランプはいろいろでかいことを言ってるようだが、実績はあるのか？」

これを聞いて私はひどく憤慨し、一年以上この男と口をきかなかった。だが今振り返ってみると、彼が正しかったことがわかる。私が言っていたことはすべて、計画倒れに終わっていたかもしれないのだ。もし私がこの最初のプロジェクトに成功していなかったら、また西三十四番通りの敷地にコンベンション・センターを建てるよう市当局を説得することにも失敗し、さらにグランド・ハイアットの開発にも着手していなければ、おそらく今頃はブルックリンに戻って家賃を集めていただろう。これらの最初のプロジェクトには私の将来がかかっていたのだ。

一九七四年七月二十九日、トランプ・オーガニゼーションはペン・セントラルからウォーターフロントの二つの地所を購入するオプションを獲得したと発表した。西五十九番通りから西七十二番通りにいたる土地と、西三十四番通りから西三十九番通りにいたる土地である。価格は六千二百万ドル。頭金はなし、という条件だ。この取引についての記事は、ニューヨーク・タイムズ紙の一面に載った。

当初の計画では、それらの敷地に中所得者向けの住宅を建てるつもりだった。家賃は一部屋百十ドルから百二十五ドル。今考えると驚くほど安いが、当時としては比較的高めの値段だった。資金はミッチェル＝ラーマ・プログラムによって調達するつもりだった。市はこのプログラムを通じて、建設業者に低金利の長期返済と減税の特典を与えていた。これは中所得者向け住宅の建設を促進するために始められたものだった。

計画を発表する前の月、パルミエリや彼の部下数人と一緒にエイブ・ビームに会い、私たちの開発計画に対する彼の考えを聞いた。ビームはこれに賛成のようだった。だが計画が公表されると、彼は都市計画委員会、予算委員会、地元の自治体の理事会を含む市の諸機関がこれを検討するまで、態度をはっきりさせようとしなかった。彼は抜けめのない政治家らしく、態度を決める前に風向きをうかがっていたのだ。

私が計画を公表するやいなや、操車場跡地に対する他の応札者たちが突如姿をあらわした。たとえば、ブルックリンでスタレット・シティ団地を建設した時にパートナーだったスタレット・ハウジング社だ。同社は融資や市の認可が得られればという条件つきで、この敷地に一億五千万ドルという値をつけた。一見したところでは、こちらのほうが私のつけ値よりはるかに高い。

私は負けず嫌いで、勝つためには法の許す範囲ならほとんど何でもすることを隠しはしない。時には競争相手をけなすのも取引上の駆引きの一つだ。この場合には、スタレットのつけ値は不当であり、取引の成立にこぎつけるのは無理だろうと本気で思っていた。また、たとえ取引が成立しても、開発はうまくいかないだろうとも思っていた。応札するだけならだれにでもできる。さまざまな条件をつける場合はなおさらだ。もちろん私の応札についても同じことが言える。ただし私はその頃には十分な時間と精力を費やし、自分が真剣であり、この事業に意欲を燃やしていることをパルミエリたちに理解させていた。

結局、スタレットに賭けるという冒険をおかすより、六千二百万ドルという私のつけ値で手がたく事を運ぶほうが合理的だということを、パルミエリに納得させることができた。

皮肉なことに、私が開発計画を発表し、競争相手を打ち負かしてから一年もたたないうちに、ニューヨーク市の経済状態はさらに悪化した。

一九七五年の二月、公共住宅融資のために債券を売った都市開発公社という州の機関が、一億ドル以上の債券について償還不能に陥った。

九月、ビームは財政危機のため、市は事実上すべての新築住宅建設に対する融資計画を中止する、と発表した。

十一月には、州当局も以後五年間、低・中所得者向け住宅へのいかなる融資も停止すると発表した。すでに仮認可を受けていた数多くの都市開発事業も含めてである。

朝起きると、必ずと言っていいほど市の財政危機についての新たな見出しが目にとびこんできた。だがそれでも私は市の将来について本気で心配していたとは言えない。けれども住宅建設補助金を一切受けられないことがはっきりしたので、別のやり方を試みることにした。

私はかねがね西三十四番通りの敷地はコンベンション・センター建設用地として最適だと考えていた。問題は、他の人がほとんどみな別の考えをもっていたことだ。まず市当局は、多数の著名な地元ビジネスマンの支持を得て、ハドソン川沿いの四十四番通りにある敷地を開発しようと三年以上かけて調査していた。市は計画段階だけで千三百万ドルを費やしたことを認めているが、私の知人の話では、その額は実際は三千万ドル近くにのぼっているという。

市が新規の住宅事業への融資中止を発表した数週間後、ビームは四十四番通りの敷地の開発費も凍結すると発表した。私は即座にサミュエル・H・リンデンボームを雇った。彼は用途地域制度の専門家で、四十四番通りの事業に関わってきた有能な弁護士だ。

コンベンション・センター計画推進のためにもう一人、ルイーズ・サンシャインも雇った。政界に有力なコネをもつ熱意にあふれた女性で、一九七四年にヒュー・ケアリーが知事に立候補した時、彼の財務担当責任者をつとめていた。また州民主党の会計係でもあった。ルイーズは最初のうち、無報酬に近い形で働いてくれていたが、後にわが社の重役になった。

私が計画推進チームを編成している間に、市と州は別の案を考えていた。マンハッタン南の世界貿易センターに向きあうバッテリー・パーク・シティにコンベンション・センターを建設するという案だ。私に言わせれば、西四十四番通りもバッテリー・パークもセンター建設用地としてはまったく不適当だ。だがそう思っているだけでは始まらない。それよりこちらの敷地が最適だということを示す必要がある。公けの場で論戦をはりたかったが、なにせこちらは無名の存在だ。私の推薦地に世間の注意を向け、支持を得るには、顔を売らなければならなかった。

私は初めての記者会見をすることにした。ルイーズと、ニューヨークの大物広報担当行政官のハワード・ルーベンスタインの助力により、何人かの有力者の支持をとりつけることができた。州上院の多数党院内総務マンフレッド・オーレンスタインや、ニューヨーク政界で大きな影響力をもつ、労使交渉の専門家セオドア・キールといった人たちだ。キールは記者会見で次のような名セリフを吐いた。「バッテリー・パークにコンベンション・センターを建設するのは、墓地にナイトクラブをつくるようなものです」私たちは〈三十四番通りに奇跡を〉と書いた大きな垂れ幕を掲げた。そして私は鈴なりの記者たちを前に、コンベンション・センターを一億一千万ドルで建ててみせると公言した。これは市が西四十四番通りにセンターを建設するための費用として見積もっている額より、少なくとも一億五千万ドル低い額だ。

当然ながらこの発言はみんなを驚かせ、新聞でもとりあげられた。しかし政治家でこれに賛同の意を表す者はほとんどいなかった。政治家は自分の懐が痛むわけではないから、経費の問題には大して関心がないのだ。その時初めてそれを知ったが、その後も何度となくその事実を思い知らされることになった。

自分の敷地を宣伝するにあたり、コンベンション・センターを建設することの重要性を行く先々で指摘した。市の財政危機を考えると、センター建設計画そのものを破棄するのが最良の策だと言う人が多かったからだ。

私に言わせれば、これは全くの近視眼的発想だ。たとえば、大抵の会社は売上げが落ちると広告費を削る。だが本当は売れない時こそ広告が必要なのだ。コンベンション・センターについて私が主張したのは、基本的にはそういう趣旨のことだった。センターの建設こそ市のイメージ回復にぜひ必要であり、これはひいては財政立て直しにもつながると説いたのだ。

さらに耳をかしてくれる人には誰彼となく、私の候補地がいかにすばらしく、他の敷地がいかに不適当かを話してきかせた。四十四番通りではセンターを水の上に張り出して建てなければならない。したがって経費が余計にかかる上、さまざまな問題が起こり、結局時間がかかることになる。また四十四番通りの敷地は狭すぎて拡張の余地がない。それに水上にセンターを建てればそこへ行くために老朽化したウェスト・サイド・ハイウェーの下をくぐらなければならない。さらに最後の切り札として、四十四番通りの敷地に建てるには航行禁止許可なるものが必要であることを指摘した。これはある特定の水路の上に建設を行なう際に受けなければならない国の許可で、これを取得するには議会での決議が必要だ。私は短期間に、航行禁止許可についてのちょっとした権威になった。

バッテリー・パークの敷地についても強硬に反対した。ここは市の最南端に位置しており、立地条件はさらに悪い。ミッドタウンから離れすぎていてホテルや娯楽施設から遠く、電車やバスの便が非常に悪いことを指摘した。またバッテリー・パークにコンベンション・センターを建てるには、ウェスト・サイド・ハイウェーの大がかりな改修工事を行ない、ホテルの部屋数を少なくとも二千室増やす必要があると結論づけた公式の調査結果も配布した。

私が一番強調したのは、西三十四番通りの敷地の立地条件がいかに素晴らしいかという点である。ハイウェーの右、つまり東側に位置しているため足の便がよい。また他の候補地より地下鉄やバスに近い。さらに、ここなら住人を立ち退かせる必要がないので、より安くセンターを建設することができる。またこの敷地は広いため、将来拡張する余地も十分ある。

その頃市会議員ロバート・ワグナーの授業を受けている大学院生のグループが各候補地の調査を行ない、私の敷地が最も条件がよいという結論を出した。私はその調査結果を手に入れ、すぐにそれをワグナー・レポートと名づけた。ワグナーはそのことをあまり喜ばなかったらしいが、気にしなかった。

まもなくすべてが私の思う方向に動きだした。だが最も肝心な人たちの支持だけは、どうしても得られなかった。その筆頭がエイブラハム・ビームである。ビームは西四十四番通りをあきらめると、今度はバッテリー・パークを後押し始めた。そして私がいかに自分の敷地のよさを説いても、態度を変えようとしなかった。もう一人の強力な反対者は、助役のジョン・ズコッティで、彼はことあるごとに私の敷地を酷評した。おそらくセンター建設用地として不適当な敷地に自分の人生の数年間と公費数百万ドルを無駄につぎこんだことを、認めたくなかったのだろう。私は公けの場でそのことを指摘し、ズコッティは利己的で心が狭いと言ってやった。その他にもいろいろ非難の言葉を並べたところ、ズコッティは大いに怒った。この舌戦はマスコミにさんざんとりあげられたが、結局そのことが私の敷地に有利に働いたのではないかと思う。私の敷地のさまざまな利点がそれによって宣伝されたからだ。

結局私たちは粘り勝ちした。こちらがどうしてもあきらめないので、反対者はしだいに根負けして姿を消していったのだ。一九七七年にビームは再び二つの候補地の調査委員会を設置したが、委員会はわれわれの敷地が最適という結論をだした。これにより、ビームはその年の終わりに市長の座をおりる直前に、ようやく私たちに対する支持を表明した。だが署名はしてくれなかった。

一九七八年一月にエド・コッチがかわって市長の座につき、独自の調査を開始した。また振り出しにもどってしまったと思ったが調査は迅速に進められ、再びわれわれの敷地が最もすぐれているという結論が出された。一九七八年四月、ついに市と州は三十四番通りの敷地を買い上げ、ここにコンベンション・センターを建設することを発表した。私は勝ったのだ。だがこれは金銭的な勝利ではなく、象徴的な勝利にすぎなかった。膨大な時間をつぎこんだにもかかわらず、実際のもうけはわずかだったからだ。それまでの努力に比してその額はあまりに少なかった。

ペン・セントラルとの取引がまとまったので、市がペン・セントラルと取り決めた土地の価格千二百万ドルから割り出した八十三万三千ドルの報酬が私に支払われることになった。私は最後にもし市がコンベンション・センターにトランプの名をつけることに同意するなら、手数料は放棄してもよいと申し出た。この取引をしようとしたことで私は非難されたが、弁解する気はない。トランプ家の力がなければ、現在ニューヨークに新しいコンベンション・センターは建っていなかっただろう。

さらに重要なのは、もし市が私の希望をいれて私に建設をまかせてくれていたら、巨額の費用を節約できたことだ。ところがエド・コッチは、私が敷地の売却の手配をしたので、この上建設も私に担当させるのはまずいと考えた。私にはどうしてもこの理屈がわからなかった。しまいに私は、こちらにとって実にばかげた取引を市に申し出た。建設をすべて二億ドル以下で完了させ、もし予算を超過した場合には、超過分を私が負担するというものだ。こんなふうに進んで危険をおかそうという建設業者は、そうはいないのではないかと思う。

ところが市と州当局は、自ら事業の監督をすることに決めた。その結果、建設史上に例がないほどはなはだしい工事の遅れと、莫大な予算超過をみることになった。リチャード・カーハンという男が都市開発公社の総裁に任命され、最終的にコンベンション・センター建設の監督にあたることになった。リチャード・カーハンは好人物だったが、第二のロバート・モーゼスになろうという夢を抱いていた。彼にそれだけの経験と才能があるかどうかはさだかではなかった。

カーハンはまず、建築家としてI・M・ペイを雇った。I・M・ペイは素晴らしい評判の持主だが、私の見るところでは、何か問題が持ち上がった場合最も金のかかる解決策を選ぶことが多いように思う。そのためコストが際限なくふくれあがってしまう。設計にとりかかると、ペイはただちにセンターを立体骨組（大スパン架構・大空間構造）によって建設することを決めた。建築のプロならだれでも知っていることだが、これは技術的に非常に難しく、またコストの超過を招きやすい構造システムだ。コンベンション・センター建設に必要とされるような大型の立体骨組の場合はなおさらだ。

私は最初からカーハンと配下の者たちに、センター建設と並行して屋内駐車場をつくるべきだと主張した。駐車場のないコンベンション・センターなどありえないと思ったのだ。しかし屋内駐車場を計画に含めると、市の環境影響評価上の認可を受けにくくなる、というのが彼らの考えだった。そこで私は言った。「いいかい、そういう認可は後になればますます取るのが難しくなる。駐車場の建築確認申請を建物と別に今すぐ出すべきだ。せめて準備だけでも始めておかなければ」しかし彼らは私の言うことに耳をかさなかった。その結果、駐車場はつくられず、近い将来に建設される見込みもない。

入口の位置をどこにするかという点にも、配慮が欠けていた。入口を西側に置けば、センターはハドソン川に面し、美しい眺めが前方に開けることになる。ところが彼らは東側に入口を設けた。その結果、建物は交通の激しい十一番街に面することになった。

こうした不手際が行なわれるのを見て私は腹が立ち、いらだたしい思いにかられた。一九八三年に大幅な工事の遅れと予算超過のため、センター建設がのっぴきならない状態に陥っていることが明らかになった時、私はウィリアム・スターンに手紙を書いた。スターンは当時、リチャード・カーハンに代わって都市開発公社の総裁だった。手紙で私はこのプロジェクトを監督することを、再度申し出た。そしてこれ以上予算を超過させることなく、早急に工事を完了させる、と約束した。

しかし申し出は受け入れられなかった。そしてセンター建設工事はさらに泥沼へはまりこんでいった。昨年ようやく完成した時には、予定より四年遅れ、当初の予算を少なくとも二億五千万ドル超過していた。金利、つまり長期にわたる建設の維持費を加算すると、総工費は十億ドルにのぼったと思われる。これは実に七億ドルの予算超過である。

この建設は市にとって不名誉なものだった。これについてだれも騒ぎたてなかったことがいっそう情けなかった。一九八六年のオープニング・セレモニーに招待された時、私はそれを断わった。市と州はお粗末なプランニングとひどいコストの超過により、きわめて有望な敷地とプロジェクトを台無しにしてしまったのだ。たとえ最終的にコンベンション・センターが成功をおさめたとしても、それを建設するために不当に浪費された巨額な金がもどってくるわけではない。

私は三十四番通りの敷地に多大な時間とエネルギーをつぎこんだが、実を言うと六十番台通りの敷地のほうがここよりはるかに価値は高いと終始思っていた。だが困ったことに、六十番台通りを開発するのは、三十四番通りを宣伝するよりずっと難しいことが判明した。地域の反対はさらに強く、用途地域上の規制はより複雑だった。そして銀行は、いまだに破産の危機に瀕している都市での大規模な住宅プロジェクトに融資することをしぶった。

一九七九年、六十番台通りの敷地のオプションが期限切れになったが、残念ながら更新するのはやめ、当面見込みのありそうな他の取引に注意を向けることにした。

最初の取引はコモドア・ホテルの買収で、これもパルミエリとペン・セントラルがかかわっていた。

6　グランド・ハイアット・ホテル――よみがえった四十二番通り

　ウェスト・サイドの二つの敷地の開発をなんとか具体化させようとしているうちに、ヴィクター・パルミエリたちとの関係も親しさを増していった。一九七四年末のある日、パルミエリのオフィスを訪れていた私は、半ば冗談のつもりできいた。「ウェスト・サイドの二地区のオプションは手に入れた。ところで、ペン・セントラルがただ同然で売るという土地は、ほかにないかな」

「実は、きみが気に入りそうなホテルがいくつかある」パルミエリが言った。

　話を聞いてみると、ペン・セントラルはミッドタウンに古いホテルをいくつか持っているという。ビルトモア、バークレー、ルーズヴェルト、コモドアの四つで、それぞれ数ブロックずつ離れて建っていた。最初の三つのホテルはまずまずの経営内容だった。ということは、これらは高い買物につく可能性が高い。本当に経営難に陥っていると言えるのはコモドアだけで、ここは赤字を続け、何年も前から財産税を滞納していた。

　パルミエリが教えてくれたこの話は、私にとって耳よりなものだった。ニューヨークのどまん中の四十二番通りとパーク街の角、しかもグランド・セントラル駅の隣りに建っているコモドアは、四つのホテルの中で最も立地条件に恵まれている。すぐにそう思った。

パルミエリから話を聞き、その足でコモドアを見に行った時のことはいまだに覚えている。ホテルとその周辺一帯は荒廃しきっていた。建物の半数はすでに債権者によって差し押えられている。コモドアのレンガ造りの正面はひどく汚れており、ロビーもさながら生活保護者対象の簡易宿泊所のように薄汚かった。一階にはやすっぽい蚤の市がたっている。ショーウィンドーを板で打ちつけた店がその両脇に続き、その戸口には浮浪者が寝ころがっている。大抵の人にとっては気が滅入るような光景だ。

しかしホテルに向かって歩きながら、私は全く別のものに目をとめていた。時刻は朝の九時頃で、グランド・セントラル駅や地下鉄の駅から、何千という通勤者が通りへ出てきていた。コネチカット州やウェストチェスターから通ってくる人びとで、きちんとした身なりをしている。たとえ市が破産の危機に瀕していても、ここの立地は最高だった。市が文字どおりつぶれてしまわないかぎり、何百万人という裕福な人びとが毎日ここを通るのだ。問題はこの地域全体ではなく、ホテルにあった。もしコモドアを変身させることができれば、成功は間違いない。足の便のよさだけをとってもそれは確実だった。

私はパルミエリのオフィスにとって返し、コモドアを買い取る気があることを告げた。パルミエリは喜んだ。この話が商売になるなどと考えるのは、私ぐらいのものだったからだ。

それから父のところへ行って、ミッドタウンにある大きなホテルを買い取るチャンスを手に入れたと話した。最初父は私が本気だとは信じなかった。後に父はその時の心境を記者にこう語っている。「クライスラー・ビルでさえ管財人の手に委ねられているという時期にコモドアを買うなんて、タイタニックの切符を苦労して手に入れるようなものだと思った」

私もばかではない。大きな可能性があることはわかったが、危険も承知していた。大ホームランをとばしそうな予感がする一方、もし失敗したらデベロッパーとしての生命は終わりだという気もしていた。買収計画にのりだした最初から、私はリスクを最小限におさえるよう努め、金銭面ではそれに成功した。だが時がたつにつれ、交渉はしだいに複雑かつ困難になっていった。私はますます多くの時間と労力をこの計画につぎこむようになり、お金とは関係ない面でリスクが高まっていった。というのも、大風呂敷を広げるのにも限度があるからだ。いずれは不動産業界やマスコミ、それに父に、口だけでなく実現もできることを証明してみせなければならない。

コモドア買収は、基本的にはいかに言葉巧みに交渉を進めるかがカギだと思っていた。だが取引を始めてみるとそれは最初考えていたよりずっと難しいことがわかった。まず、パルミエリたちには、ホテルを売るには私が最良の相手だと思わせ続けなければならない。しかも、支払いはできるだけ先にのばしたい。また実際に取引が成立する前に、事業に参加してくれる経験豊かなホテル経営者を見つける必要があった。こうしたパートナーがいたほうが、銀行の融資を受ける場合に信用を得やすいからだ。だが有能なパートナーと組むだけでは不十分だった。この事業は市にとってもプラスになることを市当局に納得させ、前例のない大幅な減税を認めさせなければならないのだ。当時は環境に恵まれた地区でのプロジェクトにさえ、銀行は金を出ししぶっていた。だが市が税制面で優遇してくれれば、私の計画に融資するよう銀行を説得するのはずっと楽になるはずだった。

おかしなことに、市が財政難に陥っているという事実が、私の最大の武器になった。パルミエリには、死に瀕した街のうらぶれた一角にある経営不振のホテルを買おうというようなデベロッパーは、私以外にはないと主張できた。銀行に対しては、市の再建に協力する意味で、銀行には新規事業に融資する道義的責任がある、と指摘できた。そして市に対しては、大規模な税の軽減を認めることは、市にとってもさまざまな利益をもたらす、と筋道たてて説明することができた。つまりこちらはホテル再建により建設とサービスに関連した何千という新たな雇用をうみだし、環境の悪化をくい止めることができる。そして最終的に市は、ホテルがもたらす利益をすべて享受することができるのだ。

一九七四年の秋も深まった頃、パルミエリと本格的な交渉に入った。ペン・セントラルはその八、九カ月前に、二百万ドルをかけてコモドアの改装を行なっていた。これはいわば大事故を起こした車にワックスを塗るようなものだった。改装後も、ペン・セントラルは一九七四年度のコモドアの収支が大幅な赤字になることを予想していた。しかもこれはホテルが滞納している税金六百万ドルを含めない場合の話である。破産宣告を受けた会社にとって、コモドアは金食い虫のような存在だった。

まもなく、取引の骨子ができあがった。簡単に言うとその主旨は次のようになる。私は一千万ドルでホテルを買い取るオプションを所有する。ただし、税の軽減が認められ、銀行融資を受けることができ、パートナーとして適当なホテルが見つかれば、という条件つきである。つまりすべての要件が整うまで、購入は見合わせるということだ。それまでに、払い戻し不能の手付金二十五万ドルを支払って、独占的オプションを手に入れることになった。ここで一つだけ問題があった。私はまだ成功の見通しのほとんどたっていない取引に、たとえ二十五万ドルといえども支払うのは気が進まなかったのだ。一九七四年当時、私にとって二十五万ドルといえば大金だった。そこで時間かせぎをすることにした。契約書が作成されたが、私は弁護士に法律上の細かい問題点を見つけさせては、あれこれ文句をつけた。その一方で、取引の他の条件を整えることに力を注いだ。

まず第一に必要なのは、人目をひく斬新なデザインだった。見る人がわくわくするようなものでなければならない。私はダー・スカットという、若い才能ある建築家と会うことにした。金曜の晩、マックスウェルズ・プラムの店で彼とおちあった。私はすぐにスカットの熱意ある態度が気に入った。こちらの構想を話してきかせると、スカットはその場でメニューの紙にスケッチをかき始めた。

最大のポイントは、これまでにない全く新しいイメージのものをつくることだった。コモドアが不振に陥った最大の原因は、この建物が陰気で暗く、薄汚れて見えることにある。私は最初から、レンガの上を新たな壁でおおってしまおうと考えていた。コストの点で可能ならブロンズ、さもなければガラスがいい。洗練されたモダンな外観で、街ゆく人びとの目をひくようなきらめきと新鮮さにあふれた建物にしたかった。スカットは私の考えていることを理解してくれたようだった。

食事がすんでから、スカットと別の友人をアパートに連れて帰った。当時まだ住んでいた、三番街の小さなアパートである。スカットに、部屋の家具についての感想を求めた。人によっては「なかなかいいよ」のひと言ですませてしまっただろう。しかしスカットは違った。「たくさんありすぎる」と言うと、家具をあちこち動かし始めた。そしていくつかを廊下に出してしまった。動かし終わると、アパートは前よりずっと広く見えるようになっていた。私はすっかり満足した。

私はスカットを雇うことに決め、市当局や銀行へのプレゼンテーション用に、デザインのスケッチを依頼した。作成にあたっては、なるべく図面に金をかけたように見えるようにしてくれと頼んだ。プレゼンテーションの見栄えがいいと、大きな効果をあげることができるからだ。

一九七五年の春には、デザインもかなりできあがっていた。四月半ばのある晩、スカットが電話をかけてきた。所属していた設計事務所、カーン＆ジェイコブズ／ヘルムート、オバタ＆カッサボームをクビになったという。スカットが上司とうまくいっていないことは知っていた。私はこのためにプロジェクトを遅らせたくはなかったが、これだけの規模のプロジェクトを推し進めるためには、大手の事務所の名前と力が必要だった。スカットが新しい事務所を見つけるまでしばらく時間がかかるだろうと思っていたが、彼はすぐにグルゼン＆パートナーズという会社に所属した。おかげで私にとって都合のいい状況が生まれた。オバタ事務所はぜひこの仕事を続けたいと希望したし、スカットも当然ながら、プロジェクトを引き続き担当することを望んだからだ。両者の争いのおかげで設計料を値切るチャンスができ、これを大いに利用した。私は最終的にスカットを選び非常に安い設計料を彼に支払った。その時、この仕事をやったことが後で大きな成功につながるだろう、と彼に言った。「これは壮大なプロジェクトだ。この仕事できみは一躍スターになれるぞ」スカットは設計料については不満だったが、私が彼の将来について語ったことは正しかった、と後になって認めている。ハイアット・ホテルとそれに続くトランプ・タワーを手がけたことは、スカットのキャリアにとって大いにプラスになったのだ。

これと同時期にあたる一九七五年のはじめには、ホテルの運営をまかせるホテル会社を選ぶ作業にとりかかった。実を言うと、私はホテル業については何も知らなかった。それ以来いろいろ勉強し、今では自分自身でホテルの経営を手がけている。しかし当時はまだ二十七の若造で、ホテルに泊まったことすらほとんどなかったのだ。にもかかわらず広さ百五十万平方フィート（約十四万平方メートル）の巨大な建物を買い取り、部屋数千四百のホテルをつくろうとしていた。これは二十五年前に建設されたニューヨーク・ヒルトン以来の、最大のホテルである。経験豊かなホテル経営者が必要なのは明らかだった。大きなホテル・チェーンがいいのではないかと思ったが、この考えは間違っていなかった。ホテル・チェーンにはずばぬけた魅力はないが、全国的な予約システムが利用でき、優秀な人材を確保しやすく、基本的な経営ノウハウを手に入れることができるという利点があった。

私は最初からハイアットを最有力候補と考えていた。ヒルトンはやや古めかしい感じがしたし、同じ理由でシェラトンにもあまり心を動かされなかった。ホリデイ・インやラマダ・インでは品格が足りない。私はハイアットのイメージが気に入っていた。ハイアットのホテルはモダンな外観で、明るく清潔な上、きらびやかな印象だ。私が頭の中に描いていたコモドアのイメージにぴったりだった。さらにハイアットはコンベンションに力を入れている。グランド・セントラル駅に隣接するホテルにとって、コンベンションは大きな収入源になるに違いなかった。

ハイアットを有望視したもう一つの理由は、交渉する際にこちらが有利な立場に立てることだ。ヒルトンやシェラトンなどはニューヨークにすでに系列のホテルを持っている。したがってぜがひでも新しいホテルを建てたいと考えているわけではない。市が財政難にあえいでいるこのような時にはなおさらだ。一方ハイアットは他の都市では成功をおさめていたが、ニューヨークにはホテルがなく、ハイアットのシンボルとなるようなホテルを建てることを切望していると聞いていた。

一九七四年の末、ハイアットの社長、ヒューゴー・M・フレンド・ジュニアに電話し、会う約束をとりつけた。フレンドにはそれほど強い印象を受けなかったが、ハイアットがニューヨークに中核となるホテルの建設を望んでいることは本当だとわかった。そこでコモドアの共同経営者にならないかと話をもちかけた。ほどなく、付随条項をたくさん盛りこんだ、仮の合意にこぎつけることができた。我ながらよくやった、と得意になっていたところ、二日後にフレンドから電話があった。「申し訳ないが、やはりあの条件では合意できない」と言う。その後、これがお決まりのパターンとなった。新たな条件について話し合い、合意に達し握手して別れる。すると二、三日後には交渉は突如として振り出しにもどってしまうのだ。やがて、親しくなったハイアットの幹部の一人が電話をかけてきて言った。「ひとことアドバイスしたいんだが、ジェイ・プリッツカーと連絡をとって、直接交渉したほうがいいと思うよ」

プリッツカーという人物については、ほとんど何も知らなかった。それだけでも、当時の私がいかに若かったかがわかるというものだ。プリッツカー家がハイアットの大株主だということは漠然と知っていたが、他には何の知識もなかった。ハイアットにいる友人の話では、同社を事実上牛耳っているのは、プリッツカーだということだった。それを聞いて、なぜこれまでの交渉がまとまってはこわれたのか納得がいった。大事な取引をする場合は、トップを相手にしなければラチがあかないのだ。

その理由は、企業でトップでない者はみな、ただの従業員にすぎないからだ。従業員は取引を成立させるために奮闘したりしない。賃上げやボーナスのためには頑張るが、上司の機嫌をそこねるようなことはしないよう気をつける。したがって取引を上司に取り次ぐ際に、自分の立場ははっきりさせない。取引相手には乗り気の様子をみせても、上司にはこう言うだけだ。「ニューヨークのトランプという人物が、こんな話を持ってきました。いい点と悪い点はかくかくしかじかです。どうしますか」上司がその話を気に入れば、自分もそれを支持するだろう。だがそうでなければ、「私も同意見です。ただご報告したまでです」と言うだけだ。

その頃には一九七五年の早春になっていた。ジェイ・プリッツカーに電話したところ、私が連絡したことを喜んでいる様子だった。ハイアットの本拠地はシカゴだったが、プリッツカーは翌週ニューヨークに行く用があるので、その時に会おうと言った。私は空港まで迎えに行くことを申し出た。その頃はまだ運転手つきの車を使っていなかったので、自分の車で迎えに行った。あいにく気温が高く、車の中は猛烈な暑さだった。だがジェイは不快をおもてに出すことはしなかった。ジェイが仕事のことになるとすさまじい集中力をみせることを、この時知った。リラックスしている時は陽気な一面をのぞかせるが、いつもは頭の切れる手ごわい人物で、絶対に無用な危険はおかさなかった。幸い私はそうした性格は全く気にならなかったので、お互いにうまくやっていくことができた。ジェイのもう一つの特徴は、仕事をする上であまり人を信用しないことだった。その傾向は私にもある。したがって互いに気は許さなかったが、双方とも最初から相手に対する尊敬の気持ちはもっていたように思う。

まもなく交渉がまとまった。対等のパートナーとして私がホテルを建て、その後の運営はハイアットが担当することになった。こうして仮の合意に達することができたが、それより大きな収穫は、それ以後何か問題がもちあがるたびに、直接ジェイと交渉できるようになったことだ。今日までに、意見のくい違いは多々あった。しかしそれでも堅くパートナーとして結ばれているのは、ジェイと私が率直に話し合える関係にあるからだ。

一九七五年五月四日、私たちは合同記者会見を開き、両者がパートナーとしてコモドアを買収し、内部を取り壊して全面的改築を行なうことを発表した。ただし資金繰りがうまくいき、税の軽減措置が受けられれば、という条件つきである。ハイアットとの提携を発表したこと、スカットの手による初期計画案の図面が完成し建築費の概算見積りができたことにより、ようやく銀行を説得する材料が整った。ヘンリー・ピアスという、金融に強い不動産ブローカーもすでに雇い入れていた。そこでピアスと二人で銀行めぐりを始めた。

ヘンリー・ピアスは、ピアス、メイヤー・アンド・グリアという会社の社長で、実に素晴らしい人物だった。六十代の後半だったが、並みの二十代よりはずっとエネルギッシュで、このプロジェクトの資金調達に意欲的に取り組んだ。ピアスの粘り強さは、彼の年齢とともに大きな助けとなった。一緒に銀行に出向いて、すこぶる保守的な銀行家を相手に交渉するのだが、その大半はドナルド・トランプの名前など聞いたこともない人たちだ。実際は多くの面でピアスより私のほうが保守的だったのだが、昔からつきあいのある白髪頭のピアスが私の隣りにいると、銀行家たちはみな安心した。

銀行に売り込むにあたっては、ヴィクター・パルミエリに最初に会った時と同じやり方をとった。まずトランプ・オーガニゼーションがいかに優良な会社であるかを述べ、それまでの業績を説明する。一番強調したのは、私たちが期日どおりに、予算内で建てるという点だった。予算を超過すると、優良貸付けと見えたものが不良債権と化す恐れがあるため、銀行がこの点を極度に恐れていることを知っていたからだ。それから、私が建てようとしている、巨大な豪華ホテルの図面や模型を見せる。ホテルの再建が周辺地域の活性化をもたらし、何千という職場をうむことも説明した。さらにハイアット社がいかにずば抜けた業績を誇っているかを長々と述べ、市から大幅な税の軽減措置を受ける予定であることも話した。この税の話にはおおむねみな興味を示したが、残念ながらこの点で私たちは動きのとれない状態に陥っていた。銀行融資を受けるまで、市は税の軽減措置のことをまともに取りあげてくれない。だが軽減措置が認められなければ、銀行は融資に乗り気にならないのだ。

結局、別の角度から攻めることにした。まともな論法ではラチがあかないので、銀行側の罪の意識や道義的責任に訴えようとしたのだ。私たちは銀行家たちに言う。われわれのことはどうでもいい。しかし銀行はニューヨーク市に対して責任がある。市は今財政難で苦境に立たされているが、それでもニューヨークは素晴らしい町だ。しかもこれはわれわれの町だ。この町を信頼し、これに投資しなければ、いつまでたっても立ち直ることはできない。第三世界の国々や、郊外のショッピング・センター建設者に何百万ドルもの貸付けを行なうくらいなら、自分の町に多少の金を投資するのは当然ではないか。

けれども何を言っても無駄だった。一度、良い返事がもらえそうな銀行が見つかった。ところが最後のところで銀行側の担当者が技術上のささいな点を問題にして、取引をつぶしてしまった。この男は、感情というものをまったく持ち合わせていない、いわゆる企業人間だった。彼にとってこの話は単なる仕事にすぎなかった。五時になったら帰宅して、あとはもうどうでもいいのだ。たとえ殺人狂でも、真の情熱をもった相手と交渉するほうがまだましだった。ノーと言われても、話し合いによって考えを変えさせることもできる。こちらが大声をあげてわめきたてれば、向こうもやり返してくるが、最終的には話がまとまるということもある。だが機械にノーと言われたら、説得の余地がない。私たちはありとあらゆる論法でこの男を説きふせようとしたが、彼は一向に動じなかった。そして最後に、一語一語区切るようにしてはっきり言った。「答はノーです。ノーと言ったらノーです」この一件があってから、私はピアスに言ったのをおぼえている。「もうこの話はなかったことにしようか」しかしピアスはあきらめなかった。私は弁護士のジェリー・シュレージャーとピアスに励まされ、資金調達の努力を続けた。

銀行融資を受けるには、税の軽減措置を市に認めてもらうしかないことが、いよいよはっきりした。頼みの綱は、市が一九七五年の前半に導入した、事業投資奨励政策だった。これは景気が落ちこんでいる時に税の軽減措置をとることによって民間のデベロッパーによる開発を促進しようという目的で作られたものだった。一九七五年の半ば、資金調達のめどはまだたっていなかったが、ともかく市にかけあってみることにした。それだけでもばかげた行為だと考える人が多いだろう。だが私はそれをさらに進め、過去に先例がないほどの大幅な税の軽減措置を認めてほしいと申し出たのだ。仮に軽減幅を減らされても、こちらにとっては満足のいく線に落ち着くのではないか、という腹だった。賭け金の高いポーカーで、どちらもあまり強い手を持っておらず、互いにはったりをかけあわなければならないのと同じ状況だ。この頃には、私はもはや後には引けないところに追いこまれていた。今引きさがれば信用は丸つぶれだ。一方、市のほうもかつてないほど切実に開発の必要性に迫られていた。

一九七五年の十月に最初の陳情を行ない、率直に事情を説明した。コモドアが経営不振に陥り、赤字が増えつづけていること、グランド・セントラル駅一帯がスラム化しつつあること、ホテル・チェーンのハイアットがニューヨーク進出に乗り気だが、財産税の軽減を認めてもらわなければ、新しいホテル建設のための資金繰りのめどがたたないこと、などである。

市の経済開発担当者は、市とわれわれが実質的にパートナーとしてこの事業を行なうことができるような措置をとることに、同意した。これは、市が今後四十年間財産税の免除を認めるかわりに、市に対して毎年決められた手数料のほか、ホテルの利益の一部を支払うというものだ。具体的なやり方はなかなか手がこんでいた。まず、私が一千万ドルでペン・セントラルからコモドアを買い取る。そのうち六百万ドルは、税の滞納分として、ただちに市に支払われる。次に私が一ドルで市にホテルを譲り、市は九十九年の契約でそれを私にリースする。私は財産税のかわりに賃貸料を支払うが、その額は初年度の二十五万ドルから始まって徐々に引き上げられ、四十年目には年二百七十万ドルになる。このほかに、ホテルの利益の一パーセントを市に支払う。最終的には、私は市と取引した時点の評価額にもとづくホテルの財産税に相当する金額を、市に対して支払うことになる。

この取り決めは市の予算委員会の承認を受けなければならず、この件を討議するための最初の委員会が一九七五年十二月末に開かれた。その一週間前に、私はパルミエリに会いに行った。そして、税の軽減措置を市に真剣に検討してもらうためには、コモドアの経営が行き詰まっていて、これ以上長くは持ちこたえられそうにないことをはっきりさせたほうがいいと言った。パルミエリも私の意見に同意した。十二月十二日、パルミエリはペン・セントラルが一九七五年にコモドアの経営で百二十万ドルの赤字を出したことを発表した。そして一九七六年にはさらにそれを上回る赤字が予想されており、その結果同社は遅くとも一九七六年六月末までには、ホテルを永久的に閉鎖する考えであることを明らかにした。

二日後、もう一つ重大な発表が行なわれた。これは私にとって予想外のものだった。町の向こうのタイムズ・スクエアに新しく大型ホテルを建設しようとして過去二年にわたって資金調達の努力を続けてきたポートマン・アソシエーツ社が、結局銀行融資を受けられないため、計画をとりやめることを明らかにしたのだ。ある意味で、この発表は私にとって不利だった。ニューヨーク市で行なわれる建設事業に投資することは、銀行にとって利益になることをなんとか立証しようとしていたところだったからだ。しかしその反面、市に対してはポートマンの失敗を引き合いに出し、銀行融資を受ける唯一の道は市が税の軽減を認めることだ、と指摘することができた。

一九七六年に入り、市の予算委員会は、税の軽減措置のしくみを変えることを決定した。市が私からホテルを買い取ってそれをリースするという形をとらず、州の都市開発公社を通じてすべての取引を行なうことになった。手続き上の問題がその理由だが、これは実質的には私にとって有利な変更だった。市と違って公社には土地収用の権限が与えられており、法で定められた権利により、迅速かつ効率的に住民を立ち退かせることができるからだ。民間のデベロッパーの場合はこれを実行するのに数カ月から数年もかかるのだ。

しかし、予算委員会は四月になってもまだ結論を出さず、私に軽減措置を認めることに反対する声が高まり始めた。最も強硬な立場をとったのは、他のホテルのオーナーたちだった。ニューヨークのホテル協会会長のアルバート・フォーミコーラは、私に税の軽減を認めれば、財産税を全額支払っている他のホテルは、競争上不利になる、と主張した。ヒルトンのトップのアルフォンス・サラモネは、十年までは軽減措置を認めてもいいが、それ以降はどのホテルも同じ条件で競争すべきだ、と述べた。他のホテルの中では最も成功しており、さほど人をうらやむ必要のないハリー・ヘルムズリーさえ、私の要求は少々行き過ぎだと言った。予算委員会が決議を行なう直前に、三人の市会議員がコモドアの前で記者会見を行ない、この取引を非難した。私はこれを、自分に対する攻撃とはとらなかった。相手は政治家なのだ。この件に反対すれば有権者やマスコミに受けると思って、このような行動に出たのだろう。

反対の声が高まっていくことを気にはしたが、表向きは強気な態度をとり、一切批判には屈しなかった。後にある記者に、なぜ四十年もの軽減措置を受けられたのかときかれた時、「五十年にしてくれと言わなかったからだ」と答えた。

この取引に反対する人たちの主な主張は、市が私に対してあまりにも有利な条件を認めようとしている、というものだった。軽減の期間の問題だけでなく、市に支払うホテルの利益に上限を設けることもおかしい、というのだ。また、私が支払う賃貸料の最高額を、一九七四年の評価額にもとづく財産税と等しい金額と設定するなら、せめてそれを調整可能なものにすべき、という意見もあった。つまり、不動産の価値、そして評価額の上昇を賃貸料に反映させるべきだというのだ。

もし私が、この件を扱う市側の担当者だったら、同じことを主張していただろう。しかし、他のホテルのオーナーたちは声高に反対は唱えるものの、コモドアを買い取ろうと申し出る者はだれもいなかった。もっとも、みな私に独占的オプションがあると考えていたのも事実だ。市がその点に疑いをさしはさまなかったことも役立った。その数カ月前、ペン・セントラルとのオプション契約のコピーを提出するよう市の担当者に求められたことがある。私はそれを届けたが、署名欄には私の名前しかなかった。まだ手付金の二十五万ドルを払っていなかったので、ペン・セントラル側の署名はなかったのだ。けれどもだれもそのことに気づかなかった。それから二年近くたち、コモドア買収の記事を書こうとした記者が市に頼んで契約書の原文を見せてもらった時、やっとそのことが判明した。

予算委員会が三回目の決議を行なう二週間前、ようやく別の会社がコモドア買収に名乗りをあげた。申し出たのは、環境のよくない地域に安ホテルをいくつも持つ会社だった。同社はもし市がコモドアの所有権を得ればそれを買い取り、二、三百万ドルかけて改装する。そして利益はすべて市と分けあい、限度は設けない、と持ちかけた。これは申し出の内容がいい加減だった上、会社自体もいかがわしいものだったので、かえって私の立場がよくなったのではないかと思う。三流のホテル会社に二流の改装工事などさせたら、コモドアはどうなっていたかわからない。

決定打をはなったのは、パルミエリとペン・セントラルだった。コモドアが閉鎖され、板を打ちつけられるところだけは見たくない、とだれもが思っていた。だが五月十二日、ペン・セントラルは六日後にコモドアを閉鎖する、とパルミエリが発表した。ちょうど、予算委員会が四回目の決議を行なう前日のことだ。私に反対する人たちはただちに、これは委員会に圧力をかけるための戦術だと言いたてた。発表の絶妙なタイミングに私がうれしくなかったと言えばウソになる。だがペン・セントラルは夏までにホテルを閉鎖することをすでに半年前に明らかにしていたのだ。その半年間にコモドアの利用状況は、前年度の四十六パーセントに対し三十三パーセントに下がっていた。その上、一九七六年度全体の赤字額は、四百六十万ドルに達するものと予想されていた。

五月十九日、ニューヨークの新聞はこぞってコモドアの記事を一面に掲げた。最後まで残っていた入居者がホテルを去る様子や、何百人ものホテル従業員が新たな職を求めていること、そして地元商店主たちがコモドアの閉鎖による商店街への影響を懸念している話などが紹介された。こうした記事は私にとって大いに役立った。五月二十日、予算委員会は八対〇の満場一致で、私の申請どおり税の軽減措置を可決した。この措置により、四十年間に何千万ドルという金を節約できることになる。粘りに粘ったかいは十分あった。

反対者たちがどう思おうと、ニューヨーク・タイムズ紙は十日後に、市の決定を全面的に支持する社説をのせた。「もし軽減措置が認められなければ、コモドアは税金を滞納したまま閉鎖に追いこまれていたところだ。これは市の財政にとって損失であるばかりでなく、市の主要地区に醜い傷を残し、深刻な環境悪化をもたらしていただろう」

ところが信じられないことに、税の軽減措置を受けられることが決まってもなお、銀行はこの事業がうまくいくと認めてくれなかった。いま振り返ると、なぜこちらが示す数字を銀行が信用しようとしなかったのか不思議に思える。だが、当時市はそれほど深刻な状況にあったのだ。一九七四年に、コモドアの宿泊料は一泊平均二十・八ドルで、客室の利用率が四十パーセントを上回っていれば、収支はとんとんだった。改装後の新しいホテルでは、宿泊料を一泊平均四十八ドルにする計画で、利用率は平均六十パーセントを見込んでいた。大それた数字では決してなかったが、銀行側はわれわれの見通しが甘すぎると主張した。しかし一九八〇年九月にホテルがオープンした頃には市の景気も持ち直しており、宿泊料をシングル・ルーム一泊百十五ドルに設定することができたし、平均利用率も八十パーセント強を確保できた。一九八七年七月には宿泊料を百七十五ドルに上げた。現在、平均利用率は九十パーセント近くに達している。

結局、二つの金融機関から融資を受けることができた。一つはエクイタブル・ライフ・アシュアランス社で、さまざまな事業を手がけるほか、不動産を数多く所有していた。エクイタブル不動産グループの社長、ジョージ・ピーコックは、グランド・ハイアット建設のために三千五百万ドルを提供することに同意してくれた。市のためになるから、というのが、その主な理由だった。もう一つはバワリー貯蓄銀行で、四千五百万ドルを融資してくれた。その動機はきわめて実際的なものだった。同銀行の本店がたまたまコモドアから通りをへだてた向かい側にあったため、その地域一帯がさびれるのを防ぎたかったのだ。

コモドアを外側からすっかり造り変えるようなことをせず、手を入れる程度にとどめておけば、何百万ドルという金を節約できただろう。実際、ほとんどの人は大改造を行なって余計な金を使うことに反対した。コモドアのレンガ造りの正面を、反射率の高いガラスの壁ですっかりおおってしまうというプランを公表したとたん、評論家や文化財保存団体が怒りを爆発させた。クラシックな外観をもつグランド・セントラル駅や、道の両側に並ぶ、装飾を施した石灰岩とレンガ造りのオフィス・ビルなど、周辺の建築物との調和をまったく無視している、というのだ。

私に言わせれば、そうした建物と同じようなデザインにすることはまさに自殺行為だった。そこで、とやかく言う人たちに反論した。「その辺の建物がどんなに素晴らしいかなどという話は聞きたくない。クライスラー・ビルは抵当流れになっているし、あたり一帯は荒れはてている。明らかに何かがうまくいっていないんだ。私がコモドアの正面をこのまま残すなどと思ったら大間違いだ。そんなことは絶対にするつもりはない」

おかしなもので、その後状況は一変した。私のプランをあれほど嫌っていた評論家や文化財保存団体の多くが、今ではこれをきわめて高く評価している。反射率の高いガラスを選ぶことにより、四つの鏡の壁がつくりだされたことにみな気がついたのだ。現在、四十二番通りを渡ったり、パーク街のランプからグランド・ハイアットを見上げたりすると、ガラスの壁面にグランド・セントラル駅やクライスラー・ビルなどのおもだったビルがすべて映っているのが見える。ここに映っていなければ、みなまったく気づかずに通りすぎてしまうところだ。

新しいホテルのもう一つのドラマチックな要素は、ロビーだった。ニューヨークのホテルのロビーは、何の変てつもないつまらないものが大半だ。そこで、私たちのホテルのロビーは、人が行ってみたいと思うような、話題性のあるものにしようと決めた。まず床には、豪華な褐色のパラディジオ大理石を使った。手すりや柱は、美しい真鍮製のものにした。四十二番通りに面した側には、道の上に張り出すような形で、地上五十二メートルの高さにガラス張りのレストランを造った。この手のレストランとしては最初のものだ。もしコモドアをそれまでと同じような、古くさく陰気で、特徴のないビルにしていたら、まったく注目されずに終わっていただろう。そして今日のようにホテルが人でにぎわうこともなかったに違いない。

グランド・ハイアットは一九八〇年九月にオープンした。初日から大変な人気をよび、現在営業利益は年間三千万ドルを超えている。ホテルの運営はハイアット側の仕事なので、実質的には私の役目は終わっている。しかしホテルの所有権の半分は私のものだし、もともと私は物事を人まかせにするタイプではない。そのことが最初ちょっとしたいざこざのもとになった。私は時折自分の会社の重役に、ホテルの様子を見に行かせていた。家内を行かせることも多かった。だがハイアット側はそれを快く思っていなかったらしい。ある日、ハイアットの系列ホテルの総責任者であるパトリック・フォーリーが電話をかけてきて言った。

「ドナルド、実はちょっと問題があるんだ。ホテルの支配人がかんかんでね。きみの奥さんがやってきては、ロビーの隅にほこりがたまっているのを見つけ、ポーターを呼びつけて掃除をさせたり、ドアボーイの制服にちゃんとアイロンがかかっていないと言っては、洗濯に出すよう言いつけたりするというんだ。悪いことに、ここの支配人はそもそも女性が苦手でね。それに向こうの立場を弁護して言えば、彼は千五百人の従業員をかかえてホテルを運営しているんだ。命令系統をはっきりさせておかないと、こういう商売はどうしてもうまくいかない」

そこで私は答えた。「きみの言うことはよくわかる。たしかにそれは困った問題だ。でも私があのホテルの半分を持っている以上、不都合な点があるのにそれに目をつぶっているわけにはいかない」パットは、次の週に会わないかと言った。こちらとしても事態を丸くおさめたかった。私はパットが好きだし尊敬もしている。それに素晴らしい経営者だとも思っている。彼はアイルランド系特有の、社交的な人柄だ。パットがワシントンDCにあるハイアット・リージェンシーやフロリダのウェスト・パーム・ビーチなどに行ったとしよう。彼は従業員の名前をみな知っていて、家族のこともおぼえている。シェフの肩を抱き、ポーターにはその調子でがんばるように言う。プールの救助員やメイドにも気軽に声をかける。一時間ほどして彼が帰ったあとは従業員の士気はぐんと高まり、みな大いにやる気になっているのだ。

パットに会うと、彼は言った。「どうすればいいかわかった。支配人を替えよう。一番優秀なやつを持ってこよう。東欧系だからきみの奥さんと同じだ。とても融通のきく男だから、奥さんともうまくやっていけるよ。こうすれば奥さんはホテルに来て、だれとでも好きに話ができる。どちらも満足するというわけだ」

約束どおりパットは支配人を交替させた。新しい支配人のやり方は、素晴らしいの一言につきた。彼は次から次へとささいなことで電話をかけてきだしたのだ。「十四階の壁紙を替えたいのですが、承認してもらえますか」「レストランのメニューを新しくしたいのですが」「クリーニング屋をかえようと思っているのですが」こういった類の電話が週に二、三回はかかってくる。経営会議にも毎回出席するよう求める。こんな具合にいちいちこちらの意見をきき、ホテルの経営にかかわらせようとするので、とうとう音をあげて言った。「もう私にはかまわないで好きなようにやってくれ。とにかくこちらをわずらわせないでほしい」私はものの見事に向こうの策略にひっかかったのだ。新支配人は私たちと争わず、こちらに気をつかい、積極的で友好的な態度をとることにより、結局ほしいものを手に入れたのだから。

ハイアットとの提携はこのようにうまくいっているが、私が持っているグランド・ハイアットの所有権以上に大事なものが一つある。ハイアットとの契約の中のある条項で、独占契約条項と呼ばれるものだ。これはハイアットが私の許可なしにグランド・ハイアットと競合するようなホテルをニューヨークの五つの行政区内に建てることを永久に禁じる力を持つ。

私は最初ジェイ・プリッツカーと交渉している時に、この契約条項を入れてもらおうとした。だが彼は断わった。目先のきくジェイは、世界最大の都市での将来のホテル・チェーンの拡大を封じるような真似をするつもりはなかったのだ。ようやく契約締結にこぎつけた時、全員が席に着く前に、たまたま銀行の幹部と二人だけになった。そこで、今回の投資は銀行にとって規模もリスクも大きいが、ローンの安全性を高める一つの方法は、独占契約条項を盛りこむことだと話した。そうすれば、二年やそこらでハイアットがすぐそばに別のホテルを建てるといった事態を防げるからだ。銀行家は私の言わんとすることをすぐに理解した。彼はハイアット側の人びとのいる部屋につかつかと入っていって言った。「銀行はこのプロジェクトに何千万ドルもつぎこんでいる。莫大な金だ。ハイアットが今後ニューヨークに別のホテルを建てないという条項を入れないかぎり、銀行としてはこの貸出しを認めるわけにはいかない」

これは一つの賭けだった。ハイアットがノーと言えば、とたんに融資はご破算になるかもしれないのだ。しかし私にとって有利なのは、ジェイ・プリッツカーがその場にいなかったことだ。ハイアット側を代表していた重役はプリッツカーに連絡をとろうとした。だがプリッツカーはネパールに登山に行っており、連絡がとれなかった。銀行はハイアットに一時間の猶予を与え、この間に例の条項を入れることを承諾しなければ融資は取り消すとせまった。結論が出るのを待っている間に、私は自分で契約条項の文案を作成した。その内容は、ハイアットが二つの空港を含め、ニューヨーク一帯に競合するホテルを建てることを禁止する、というものだ。唯一の例外として、小さな高級ホテルの建設は認めたが、これはどっちみち採算がとれないだろうと思っていた。時間切れになる前に、ハイアット側は私が起草した文案に署名することに同意した。

私はこの独占契約条項がいかに重要であるかを説明した項目を、遺言の中に入れている。万一私の跡取りがあまり頭の切れるほうではなかった時のためだ。私がいなくなった後、ハイアットから人当たりのいい、口のうまい人物がやってきて、「競合しないような小さなホテルをケネディ空港あたりに建ててもかまいませんね」と言いくるめられては困るからだ。ハイアットはとにかくもっとホテルを増やしたいのだ。それに対してイエス、あるいはノーと言える権利を握っているのは、実に貴重なことなのである。

そのことはすでに証明ずみだ。プリッツカー家の長老で最近亡くなったA・N・プリッツカーは素晴らしい人物だったが、ニューヨークに来るとよく私のところに電話をかけてきた。彼は息子のジェイとはまったく違うタイプだった。二人とも頭脳明晰である点は共通していたが、ジェイがあまり社交的でないのに対し、A・Nのほうは非常に表情豊かで外向的で、まるでぬいぐるみのクマのような愛すべき人物だった。二人のコンビはまさに絶妙と言えた。A・Nはまったくのゼロから出発して、会社の基礎を築きあげた。銀行がA・Nに信用を供与したのは彼に資産があったからではなく、その人柄にほれこんだからだった。ジェイはさほど人好きのする性格ではないが、会社が確固とした基盤を持つようになった今では、銀行に気に入られる必要はない。ひどく手厳しいことを言うこともあるが、それでも銀行はジェイと取引することを望む。

ともかくA・Nはニューヨークへ来ると電話をかけてくる。「やあ、今ニューヨークに来てるんだ。ぜひきみのところへ寄ってちょっと挨拶したいんだが」そこで私は言う。「何を考えているのかわかってますよ。ニューヨークのどこかにホテルを建てたいんでしょう」するとA・Nは答える。「そうさせてくれよ。きみの商売の邪魔にはならないから。こっちは助かるし、だれにとっても悪い話じゃない」A・Nがこういう話を始めると、私はなんとかして話題をそらそうとした。A・Nが大好きだったので、ノーと言うにしのびなかったのだ。

私がこれほど親愛の情をいだく相手はめったにいない。A・Nは一九八六年にこの世を去った。シカゴで葬式が行なわれるという日に、私はたまたまオフィスで仕事上の重要な会談を行なうことになっていた。ぜひとも成功させたい取引についての交渉で、準備に何カ月もかけていたし、ほうぼうから人が集まることになっていた。だが私はシカゴに行くために、話し合いをキャンセルした。結果的にその取引は不成功に終わったが、悔いはない。どんな犠牲を払ってでも最後の別れをせずにはいられない友が、何人かはいるものだ。ハイアットとのパートナーシップが今にいたるまで揺るぎなく続いているのは、一つにはホテルの経営がうまくいっているからだ。しかしそれだけでなく、私がA・N・プリッツカーに終始深い愛情を抱いてきたことも理由の一つだと言える。

7　トランプ・タワー――ティファニー界隈

　フランクリン・ジャーマンとの最初の出会いは、決して幸先のよいものではなかった。一九七一年にマンハッタンにアパートを借り、街の中を歩きまわるようになった頃から、私はずっと五番街と五十六番通りの角にある十一階建てのビルに注目していた。そこではブティックのボンウィット・テラーが店を構えていた。その敷地の最大の魅力はロケーションの良さだったが、面積が並みはずれて広いことも気に入った理由の一つだった。この二つの条件が揃っている点で、これはまさにニューヨーク一価値のある不動産ではないかと思った。ここを手に入れれば、最高の土地に最高のビルを建てることができるのだ。

　ボンウィットを所有していたのは、ジェネスコ社だった。W・マクシー・ジャーマンが一九五〇年代末に創設し、巨大なコングロマリットに育てあげた会社だ。最初は一つの製靴会社だったが、マクシーは次々に他の製靴会社を買収していき、ついにはティファニーやヘンリー・ベンデル、ボンウィット・テラーを手に入れて、小売業にも進出したのだった。ところが、一九七〇年代の半ばになって、マクシーと息子のフランクリンとの間で、熾烈な争いが始まった。どちらも独自の考えをもった我の強い人間で、自分の思いどおりに会社を動かそうとした。争いは激しくなる一方で、ついに二人は株主総会の席で殴り合いまで演じた。私自身は父と非常に仲がいいので、この一連の出来事については信じられない気持ちだった。が、ともかくフランクリンは最終的に父を追い出し、支配権を握ることに成功した。そんなわけで、一九七五年にボンウィットの件で私が電話したのは、息子のフランクリンのほうだった。

当時の私には、過去の実績などと呼べるものは一つもなかった。グランド・ハイアットの計画を軌道にのせようとする一方、コンベンション・センター用地を売り込もうと奮闘している最中で、形になったものはまだ何ひとつなかったのだ。だがなぜかフランクリン・ジャーマンは会うと言ってくれた。私はフランクリンにボンウィット・テラーの店とビルをぜひ買いたい、と単刀直入に申し出た。売ってもらうのは難しいことがわかっていたので、何とか相手が興味を示してくれそうな条件をいろいろ出した。たとえば、工事中もボンウィットの店を閉めずにすむよう、店の上にビルを建てる、と言ってみた。実際には無理な話なのだが、要するにその地所を手に入れるためには何でもやろう、という意気込みだったのだ。

私がしゃべり終わらないうちから、こんな途方もない話は聞いたこともない、とフランクリンが思っていることがその顔つきからわかった。話を聞き終わると、彼は非常にていねいだがきっぱりした口調で言った。「これほどの土地をわれわれが売るとは、よもや思ってはいらっしゃらないでしょうね」私は彼と握手してその場を辞した。私であろうとだれであろうと、この地所を買い取ることは絶対にできないだろうと思った。この件についてはそれ以上どうすることもできなかった。

それでも、私はあきらめなかった。今度はフランクリン・ジャーマンに手紙を書くことにした。まず、会ってくれたことに感謝する手紙を書いた。それから二、三カ月たってから、考え直してもらえないだろうか、という手紙を出した。返事がないまま数カ月が過ぎたので、ぜひそちらにうかがってまたお目にかかりたい、と書いて出した。さらに時がたち、今度は前とはまったく違った形の取引を提案する手紙を書いた。向こうからは希望をもたせるような反応は何一つなかったが、私は執拗に続けた。あくまで粘るかどうかが勝敗のわかれめになることが予想以上に多いのを知っていたからだ。しかしこの場合には、フランクリンの態度は一貫して変わらなかった。だが、結局私の手紙が後で役に立つことになったのだ。

フランクリンと初めて会った日から三年近くたった。その間に、ジェネスコは深刻な財政難に陥り始めた。そのことを大して気にもとめていなかったが、一九七八年八月のある晩、ビジネス・ウィーク誌の記事を読んで、がぜん色めきたった。記事はジェネスコの経営トップの交替に関するものだった。銀行が同社を倒産の危機から救うため、ＣＥＯをかえるよう主張し、ジョン・ハニガンが新しいＣＥＯに任命されたという。彼は企業たて直しのエキスパートとも言うべき人物で、倒産寸前だったＡＭＦ＝ブランズウィック社を見事に再建したところだった。ハニガンが得意としていたのは〝刈りこみ〟と呼ばれるやり方だった。刈りこむと言えば聞こえがいいが、要するに会社を切り売りするのだ。つまり会社の資産を次々に売っては借金を払い、銀行の負債を返済していくやり方だ。ハニガンのような人間は、会社の従業員や製品に特に愛着をもっていない点が強みだった。そのおかげで、何の躊躇もなく思い切った策をとることができる。彼はタフで頭が切れ、何が重要かということだけを考えて行動する人物だった。

記事を見た翌日の朝、九時きっかりにジェネスコに電話し、ハニガンを呼び出した。ハニガンは新しいポストについたばかりだったが、驚いたことにこう言った。「何の要件かあててみましょうか」

「わかるのですか?」

「ボンウィット・テラーを売ってくれと何度も手紙をよこしたのはあなたでしょう。で、いつお会いしましょうか」

「できるだけ早いほうがいいのですが」

「三十分でこちらに来られますか?」

これは取引にはタイミングが重要であることを示すよい例だ。もし私が連絡する何日か、あるいは何週間か前に別の人が電話していたら、事態はまったく別の展開を示していたかもしれないのだ。だが実際には私がハニガンと会った。話し合いは実りあるものだった。ジェネスコが金に困っており、早急に現金を手に入れたいと希望していること、そしてハニガンがボンウィットだろうと他の資産だろうと売却することに何のためらいも感じていないことは明らかだった。いわば大規模なガレージ・セールのようなものだ。帰る頃には、この取引は予想外に早くまとまるかもしれないという気がしていた。

ところが、ここで妙なことが起こった。ハニガンが突然、私からの電話に出ようとしなくなったのだ。話し合いの後の数日間に十回から十五回はかけたと思うが、一度も取り次いでもらえなかった。きっと他に買い取り希望者があらわれたのだろう、いずれにしても困ったことになった、と思った。そこでルイーズ・サンシャインに、友達のマリリン・エヴァンズに話をしてくれるよう頼んだ。マリリンの夫デイヴィッドは、数年前に自分が所有していた製靴会社をジェネスコに売り、同社の株をかなり手に入れていた。したがってジェネスコに対してある程度発言権があったのだ。マリリンは、私のことについてハニガンと話をしてみると言ってくれた。それからすぐにハニガンから電話があった。途中で何があったのかは今もってわからない。が、ともかくハニガンはもう一度会おうと言った。今度は弁護士のジェリー・シュレージャーと一緒に行き、話をまとめることができた。取引としてはごく簡単なものだった。ジェネスコはボンウィットの建物は所有していたが、その下の土地の所有権は持っていなかった。土地は借地で、借地契約期間がまだ二十九年間残っていた。私は建物と借地権とを合計二千五百万ドルで買い取ることに同意した。

これはまだほんの第一段階にすぎなかった。頭の中に思い描いているビルを建てるためには、隣接する地所をいくつか買い、その後に用途地域指定上の適用除外措置をいくつも申請しなければならなかった。ニューヨークで不動産を扱う場合には、これは決して珍しいことではない。しかし私が再開発しようとしていたのは、目抜き通りに面し、広く人に知られた超一流の土地だ。したがって何をするにも大きな困難がつきまとい、行動の一つ一つが厳しい批判の目にさらされることを覚悟しなければならなかった。

当面の大きな課題は、取引の事実を伏せておくことだった。契約締結の前に、ボンウィットの地所が売りに出ていることを他の者が知れば、私に勝ち目はない。いったん公開市場で売りに出されれば、世界中から購入希望者が殺到し、言い値はうなぎのぼりに上がってしまうだろう。そこで、握手を交してからハニガンに言った。「急いで簡単な仮合意書を作成したいんだが。こちらはあの地所を二千五百万ドルで買うことに同意し、そちらは売ることに同意した——条件はしかるべき書類を作成することだけ、というものだ。こうすればどちらもこの取引から手を引くことができなくなる」驚いたことに、ハニガンは言った。「それはもっともな言い分だな」ハニガンは非常に頭の切れる男だが、ニューヨーク出身ではない。したがってこの地所がどれほどの価値をもつかを知らなかった。だがここはもし売りに出されれば、不況のさなかでも人びとが列を作って買い求めようとするほど貴重な土地だったのだ。

ジェリーと私はその場で仮合意書を作成した。ハニガンは文面に目を通したあと、一カ所だけ変更を加えた。売却は取締役会の承認を得たうえで行なう、という条項を入れたのだ。合意書を返してもらうと、私は言った。「こんな条項は認められないな。三、四週間後にもしあなたがこの取引を承認しないよう取締役会に言ったら、この合意書を作った意味は全くなくなってしまうじゃないか」それから、ボンウィットの店を売るのに取締役会の承認が必要なのかと尋ねた。必要ないというので、「それじゃこの条項は取ってしまおう」と言った。ハニガンは少し考えた後、同意した。私は取引をまとめ、さらにそれを保証する文書も確保することができたのだ。

仮合意書にハニガンの署名はもらったが、まだ正式な契約には至っていない時に、チェース・マンハッタン銀行のコンラッド・スティーヴンソンに会いに行った。父はいつもこの銀行と取引していたので、ボンウィット買収に必要な二千五百万ドルの資金を調達するには、まずここにあたってみようと考えたのだ。まずコンラッドに取引の概要を話した。ボンウィットのビルとその借地権を買い取る計画であること、土地の借地契約期間があと二十九年残っていること、そしてその土地に大きな超高層ビルを建てるつもりであることなどだ。コンラッドは言下に言った。「下の土地がきみのものでないかぎり、その借地契約期間では貸付けはできないな」要するに銀行は、二十九年後に借地契約が切れたら地主にとりあげられてしまうかもしれない土地を買うために資金を提供するのは、気が進まないというわけだ。けれども私はそう言われた場合のことも考えていた。「代替案を二つ用意してある。どちらもうまくいくと思うが」

第一の案は、あまり費用をかけずにオフィス・ビルにつくり変えるというものだ。ビルの一階にはテナントを入れる。残りの借地契約期間に払う地代は年額十二万五千ドルにすぎず、当時としても取るに足りない額だった。したがって今後三十年の間に借入金の返済をすませ、なおかつかなりの利益をあげる自信があった。だがコンラッドをすっかり納得させることはできなかった。当の私でさえ、この第一案は、最悪の場合のシナリオだと考えていた。

そこで第二案として、本当は建物と借地権だけでなく、土地も買いたいのだと説明した。そうすれば、借地契約が切れた時にとりあげられるかもしれないという心配なしに、大きなビルを建てることができる。土地の持主がエクイタブル・ライフ・アシュアランス社だと言うと、コンラッドは初めて興味を示した。エクイタブルとはすでに良好な関係ができているので話が進めやすい、という点で二人の意見は一致した。ハイアット建設資金の大部分を融資してくれたのがエクイタブルなのだ。ホテルの建設工事はすでに始まっており、すべては順調にいっていた。そしてだれもがこの取引は成功だったと考えていた。

次に、エクイタブル不動産グループの社長、ジョージ・ピーコックと会う手はずを整えた。ジャック・ハニガンと初めて顔を合わせてからわずか一カ月後の、一九七八年九月のことだ。話し合いの席で私はエクイタブルが所有しているボンウィットの土地の借地権を買い取ろうとしていることを告げた。そしてこれは私とエクイタブルが提携関係を結ぶよい機会であり、これは双方にとって大いにプラスになるだろうと話した。エクイタブルが土地を提供してくれれば、こちらは借地権を提供する。両者が対等のパートナーとして、このまたとない敷地に住宅とオフィス兼用の素晴らしいビルを建てようではないかと提案したのだ。

エクイタブル側はこのまま土地を保有し続け、ボンウィットの借地契約が切れた時点で建物の所有権を手に入れることもできる。だがそうすると、ニューヨークの地価の値上がりが始まるずっと前に結ばれた借地契約によって、わずかな地代収入しか得られないことになる、とジョージに指摘した。また、もう一つの案としてこちらは既存のビルに手を加えて、今後三十年にわたって利益をあげることも考えていると話した。この場合のもうけは最初の案によってもたらされるそれには及ばないが、それでもかなりの額になるはずだ。本当を言うと、このような計画のために銀行融資を受けられるかどうか、もはや自信がなくなっていた。けれども、エクイタブルとの提携だけが私に残された唯一の道だと思われたくなかったのだ。もしそれがわかれば、ジョージは交渉する上でより厳しい条件を出してくるだろう。幸い、ジョージはすぐに提携案にとびついた。だが私が考えているような巨大なビルを建設するのに必要な用途地域指定の承認を、私が受けられるかどうかについては、疑問に思っているようだった。しかし、私がコモドアの計画を軌道に乗せるのを実際に見ていたので、私を信頼する気持ちになったのだろう。ジョージのオフィスを出る時には、彼から提携の約束をとりつけていた。ただし、こちらが約束したことをきちんと守った場合にかぎり、という条件である。これでまたもや私は、条件つきの協定を結ぶことになった。

次にとりかかったのは、ボンウィットの借地権とエクイタブルの土地に関する先の二つの約束を利用して、ティファニーから三つ目の約束をとりつけることだった。具体的に言うと、ティファニーの店の真上の空中権がほしかったのだ。ティファニーは五番街と五十七番通りの角にあり、ボンウィットと隣接している。その空中権が得られれば、両方の地所にまたがる合併用途地域指定を手に入れることができ、もっと大きなビルを建てることが可能になるのだ。残念なことに、ティファニーには知り合いが一人もいなかった。オーナーのウォルター・ホーヴィングは小売業界では伝説的な存在だったが、気難しく、強引で移り気な人物とも言われていた。だが私は以前からホーヴィングには尊敬の念を抱いていた。彼は手がけるものすべてを成功に導いていたからだ。ロード・アンド・テイラー（大手デパート・チェーン）にしても、ボンウィット・テラーにしても、ホーヴィングが経営に携わると、一流と言われるようになった。ティファニーもホーヴィングがいるかぎり、最高の宝石店であり続けるだろうと思われた。パーティなどで見かけたことがあるが、文句のつけどころのない立ち居振舞いで、みごとな銀髪に仕立てのよいスーツを身にまとった姿には、堂々とした風格があった。映画でティファニーの社長役を演じる人物を探すとすれば、ウォルター・ホーヴィングこそまさにぴったりだった。

私は直接ホーヴィングにかけあってみることにした。電話をかけ、自己紹介した。敬意のこもった丁重な言い方をしたところ、会ってくれることになった。この頃には、ダー・スカットに頼んでおいたビルの模型ができあがっていた。私が建てたいと思っているビルと、ティファニーの空中権が得られなかった場合のビルの二つだ。私は両方の模型を持って話し合いにのぞみ、ホーヴィングに言った。「ティファニーの空中権を売っていただきたいのです。そうすればもっといいビルが造れるからです。そちらもそのビルのほうがずっとお気に召すと思います。空中権を売ってくだされば、ティファニーの店は永遠に安泰です。この先だれも店の上にビルを建てられなくなるので、店は絶対に取り壊される心配がありません」さらに、空中権を私に譲ったほうがいい理由をもう一つあげた。私に空中権がないと、市は法的規制上の理由から、ビルに境界窓をつけることを要求するだろう。これは金網のはまった小さな窓で、見ばが悪い。こんな窓のついた五十階建てのビルがティファニーのすぐ隣りにそびえたったら、美観は著しく損われる。だが私に空中権があれば、ティファニー側の壁面には美しいピクチャー・ウィンドー（大型の一枚ガラスはめ殺し窓）をつけることができるのだ。

　ここで、二つのビルの模型をホーヴィングに見せた。現在のトランプ・タワーとほぼ同じデザインの壮麗なビルと、もう一つの不格好なビルの模型である。これを前にして言った。「五百万ドルでどうでしょうか。それでティファニーを守ることができるのです。そのかわりに空中権をいただきます。もともとそちらは空中権をお使いになることなどないのでしょうから」

ホーヴィングはすでに二十五年近くティファニーの経営に携わっていた。当然ながら、彼は超一流の店に仕立て上げたティファニーに大きな誇りをもっていた。私はその誇りに訴えかけることにより、成功した。ホーヴィングはたちまち私の申し出を受け入れたのだ。「よろしい。きみが言った価格で取引しよう。きみが約束どおりの素晴らしいビルを建てることを期待するよ。私もそれを自慢にしたいからね。ところでちょっとした問題が一つある。これからひと月ほど家内と一緒に旅行に出てしまうので、帰ってくるまでこの件にあまり時間がさけないのだ」

私はとたんに心配になった。「ホーヴィングさん、それはとても大きな問題ですよ。もし空中権があれば、まったく別のビルが建てられます。ですから用途地域指定変更の申請もそれにもとづいてするつもりです。もしご旅行中に何らかの理由でお気が変わったら、それまでに進めていた計画や用途地域申請関係の作業が全部無駄になってしまいます」

ホーヴィングは、まるで侮辱されたかのような目で私を見た。「どうも私の言ったことがよくわかっていないようだな。私はきみと握手した。つまりきみと取引をしたんだ。これで一件落着ということだ」私は返す言葉もなかった。私がどういう世界で育った人間か知らなければ、この時の心理はわかってもらえないだろう。不動産業界にも立派な人間は確かにいる。けれども私が相手にしてきたのは、握手などしても無意味といった連中ばかりだった。

つまり署名のしてある契約書がないかぎり、約束を破ることなど何とも思わない低級な人種だ。

ウォルター・ホーヴィングはそういった連中とはまったく違ったタイプの人間だということに気がついた。取引の約束を破るのではないかとほのめかされたことを、ひどく心外に感じるような、根っからの紳士なのだ。彼はまた、人を見くだすような話し方をした。そこで私は、取引がこわれるかもしれないとほのめかしただけで、何か悪いことをしたような気分にさせられた。

ホーヴィングはそれから旅に出た。その直後にフィリップ・モリス社がグランド・セントラル駅の空中権を買い取った。ここのロケーションはティファニーよりずっと劣るにもかかわらず、私がティファニーの空中権を買うために提示した額よりはるかに高い価格で取引された。その後も、同じ月の間に空中権の売買が数件行なわれたが、いずれも取引価格は高額にのぼっていた。要するにニューヨーク市の景気が回復し、不動産の相場が高騰し始めていたのだ。ホーヴィングが約束を破るような人ではないことはわかっていたが、これらの取引のことを耳にしたらどう思うだろう、と心配せずにはいられなかった。

ホーヴィングが旅行から帰ってから数日後再び会って取引に関するいくつかの点を話し合った。案の定、話し合いの席に着くと、ティファニー側の重役二人がホーヴィングに市場の動きを説明して、取引から手を引くよう勧め始めた。私は困惑した。が、ホーヴィングは私以上に困惑した様子で言った。「諸君、私は一カ月以上前にこの青年と握手を交している。よかろうが悪かろうが、私が取引すると言った以上、取引は成立だ。これ以上同じ説明をくり返す必要はないだろうな」これでこの件には決着がついた。

その後、ホーヴィングが私との約束を守るためにさらに強硬な態度をとったことを、人づてに聞いた。ちょうど私と取引していた頃、ホーヴィングは別の、もっと大きな取引の話を進めていたらしい。ティファニーをエイヴォン社に売るという話だ。ティファニーほどの高級な店を売る相手としては、エイヴォンはやや格不足のような気がした。だが、提示された買収価格が破格の金額だったため、ホーヴィングが売る気になったのもやむを得なかった。ところが、エイヴォンは買い取りの条件の一つとして、私との空中権の取引をとりやめるよう求めたのだ。ホーヴィングはそれに対し、断固とした態度をとったという。空中権の取引が気に入らないなら、ティファニーを買ってもらわなくてもよい、とエイヴォンの重役に言ったというのだ。エイヴォン側はその要求をとり下げ、買収にふみきった。そして私も空中権を手に入れることができた。

ウォルター・ホーヴィングはまさに、人格高潔と呼ぶにふさわしい立派な人物だった。彼が小売商として一流だったのはこのためだ。またホーヴィングが去ったあとのティファニーがすっかり変わってしまったのも、同じ理由からだった。ちょっとした例を一つあげよう。ホーヴィングがいた頃、ティファニーでは得意客が来ると品物を自由に選んでもらい、サインだけもらって後日請求するという方法をとっていた。ごく簡単で、洗練されたやり方だった。ところがエイヴォンがティファニーを買収したとたん、会計担当者たちは次々に新しい方針を打ち出した。その一つが、小さな青いプラスチック製のティファニー・クレジット・カードの導入だった。それ自体は悪いことではない。だが問題は、店の得意客まで突然そのカードを使うよう求められたことだ。得意客は特別扱いされることを好むものだ。したがってこの措置はばかげているだけでなく、店に大きな痛手を与えることになった。

ホーヴィングは最初コンサルタントとしてティファニーにとどまることに同意していた。けれども新しいやり方に嫌気がさし、しばらくすると店を辞めてしまった。それにより、ティファニーはますます好ましくない方向に変わっていった。たとえば、ホーヴィングが経営に携わっているかぎり、行商人が店の前でニセものの腕時計や安っぽいアクセサリーを売って歩行者の通行を妨げたり、五番街の品位を落とすようなことは絶対になかった。行商人の姿を見かけると、ホーヴィングはあの威厳ある態度で店の者を叱りとばす。「あんなことをさせておいて、どういうつもりなんだ」すると数分もたたないうちに、行商人たちはいなくなるのだった。しかしホーヴィングが去るやいなや、十数人の行商人がたちまちティファニーの前に店をひろげ、そこに居坐ってしまった。そのことは私にとって貴重な教訓となった。私は警備の人間を大勢雇い、トランプ・タワーの前の通りがいつも清潔に保たれ、行商人などに占拠されないよう万全を期している。

ティファニーの空中権を手に入れた後、やるべきことが一つだけあった。五十七番通りに沿ってティファニーに隣接している区画を買い取ることだ。広さ四千平方フィート（約三百七十平方メートル）のこの狭い土地はボンウィットの借地だったが、私が考えているビルを建てるためには、どうしてもそこを手に入れる必要があった。用途地域上の規制によると、建物の裏手には最低三十フィート幅（約九メートル）のオープン・スペース、すなわち裏庭を設けることが義務づけられている。この土地を手に入れなければ、裏庭をつくるためにすでに設計ずみのビルの一部を削らなければならない。そんなことをしたら、すべてが台無しになる。

その土地の所有者はレナード・カンデルという人物だった。ボンウィットの借地権をそっくり買い取ることで、実質的にその土地の利用権は私にあった。が、ここでも問題は借地権の契約期間が残り少ないことだった。期限が切れるまでに二十年足らずしかなく、また契約条項により用途地域を変更することは事実上不可能だった。だが幸い、レナード・カンデルもホーヴィング同様、高潔な人だった。カンデルが不動産業に手を染めたのは一九三〇年代から一九四〇年代にかけてである。その頃彼はブロンクスにアパートをいくつも買った。しかし他のアパート経営者と違って、彼は家賃統制が実施されそうになると、ブロンクスを脱出した。そしてアパートをすべて売り払い、マンハッタンにある一等地の土地保有権、つまり建物の下の土地の権利を買収し始めた。不動産相場の上昇とともに、彼は財をなし始めた。しかもそれらの建物を運営する手間はかけずに、収入だけ得たのだ。一方、ブロンクスにとどまったアパート経営者たちは凋落の一途をたどった。カンデルが予期したとおり、家賃統制が事業に大きな打撃を与えたのだ。

私が父の仕事から手を引き、ブルックリンを後にしたのも、一つには家賃統制から逃れるためだった。したがってカンデルとは最初から相通じるものがあった。だが困ったのは、カンデルに土地を売る気が全くなかったことだ。価格が気に入らないとか、五十七番通りの土地に特別な愛着があるというわけではない。ごく単純にどんな土地も売りたくなかったのだ。長期的に見てマンハッタンの地価は一つの方向、すなわち上向きに動くに違いないから、というのがその理由だ。もちろんその考えは正しかった。というわけで、互いに気は合ったが、彼は決して首を縦に振ろうとはしなかった。そんなある日、ティファニーとの取引に思わぬおまけがついていたのを発見した。空中権売買の契約書を見直していたところ、ティファニーが一定の期限内に隣接するカンデルの区画を買い取るオプションを有する、という条項を見つけたのだ。

私はしめたと思った。これを使えばカンデルと話がつけられるかもしれない。そこでまたホーヴィングのところに出かけて行って彼に言った。「ティファニーは今後もカンデルの土地を買うことはないでしょうから、空中権の契約の一部としてこのオプションも私に譲っていただけませんか？」ホーヴィングに異存はなかった。契約書にオプションの件を盛りこむと、私はすぐその権利の行使にかかった。最初カンデルは、私にオプションを行使する権利はないと主張した。オプションはティファニーが所有しているもので、譲渡はできないというのだ。カンデルの言い分は正しかったのかもしれないが、法廷に持ちこめば、私にオプション行使の権利が認められる可能性もあった。

そのことをカンデルに指摘し、話し合ったところ、二十分ほどで双方ともに満足のいく合意に達することができた。私がオプションの行使をとりやめるかわりに、カンデルが借地契約の期間を二十年から百年に延ばす、というものだ。これだけの期間があれば十分融資が受けられる。カンデルはまた、借地契約を書き直して、用途地域の変更を禁ずる部分をすべて削除した。地代は少し引き上げられることになったが、これほどの一等地を長期契約で借りるにしては、まだかなり安いと言えた。私はカンデルと握手を交し、それ以来彼と親しいつきあいを続けている。

世の中何がきっかけになるかわからないところが面白い。カンデルももう若くはないため、二、三年前から財産の分与について考えるようになったらしい。一九八六年に入ってまもなく、カンデルから電話があった。セントラル・パーク・サウスにあるリッツ・カールトン・ホテルの下の土地の所有権を十五パーセント、私にプレゼントしたいというのだ。この土地はカンデルの資産の中でも最も値うちのあるものの一つだった。彼はさらに、約二十五年後にホテルとの契約が切れたあと、土地をどう使うかを決定する権利も私にくれた。カンデルの説明によると、彼はこの土地の価値を最もよく引き出してくれそうな人にこれを委ねたいと思ったのだという。そうすれば、過半数の所有権をもつカンデルの相続人の利益にもつながるからだ。カンデルはたいそう気前がいいと同時に、頭も切れるのだ。私はカンデル家の利益を守るために、全力を尽くすつもりだ。

五十七番通りにあるカンデルの土地を手に入れたのは一九七八年の十二月だったが、その頃には私は難しい立場にいた。計画に必要な土地や権利はすべて手に入れたし、取引のこともまだ外部に知られずにすんでいた。だが肝心のジェネスコとの契約がまだ成立していなかったのだ。一九七九年に入ってからも、最終的な点についての話し合いが双方の弁護士の間で続けられていたが、遅くとも二月までには、契約調印にこぎつけられるものと考えていた。ところが一月半ばになって、ついにジェネスコがボンウィットの地所を手放すかもしれないといううわさが、不動産業界に流れ始めた。思ったとおり、たちまち件の土地の購入希望者がジェネスコに殺到した。その中には、あり余るほどのオイル・マネーを持った、金持ちのアラブ人もいた。すると案の定、ジェネスコは急に私との取引から手を引く動きを見せ始めた。契約書の作成が進められている間にも、方法さえ見つかればジェネスコ側が取引をやめるつもりであることが明らかになった。

その時になって、ジャック・ハニガンからあの一枚の仮合意書をとりつけておいてよかったと、自分の運の強さに感謝した。それがなければ、契約を成立させられる可能性はまずなかった。合意書に法的拘束力があったかどうかはわからない。だが少なくともそれを根拠に訴訟を起こし、ボンウィットの土地売却を何年間か差し止めることはできた。当然ながら、私は約束が守られなければ訴訟に持ち込むつもりであることを、ジェネスコ側に伝えた。借金の取り立てに悩まされている同社には、時間の余裕がないことがわかっていたのだ。

一月二十日の朝、電話がかかってきた。私にとっては実にありがたい電話だった。ニューヨーク・タイムズのディー・ウェデマイヤーという記者からで、ボンウィット・ビルをジェネスコから買い取る契約を結んだといううわさは本当かどうか知りたい、という。逃げ道をまだ工作中のジェネスコは、ウェデマイヤーの質問に対してノー・コメントで通したらしい。私はリスクを計算の上で答えることにした。それまでは入札合戦になるのを恐れて、契約調印まで交渉を秘密にするよう極力努めてきた。しかしいまやうわさが飛び交い、売手は逃げ腰になっているのだ。そこで、買収の件でジェネスコと合意に達しているのは事実だとウェデマイヤーに告げた。そしてその敷地に新しくタワー・ビルを建てるつもりなので、ボンウィットの店は数カ月以内に閉鎖されるだろうと話した。

私のねらいは、公表することでジェネスコに圧力をかけ、契約に応じさせることだった。計算外だったのは、その記事に副次的な効果があったことだ。翌朝ウェデマイヤーの記事が新聞に載ったとたん、ボンウィットの有能な社員が新しい働き口を求めて次々にバーグドーフ・グッドマンやサックス・フィフス・アヴェニュー、ブルーミングデールなどに出て行き始めたのだ。ボンウィットはあっというまに優秀な社員を大量に失い、店の運営もままならなくなった。おそらくこの一件でジェネスコも観念せざるをえなくなったのだろう。突然同社は抵抗をやめた。そしてニューヨーク・タイムズに記事が掲載されてから五日後に、契約調印が行なわれた。ジェネスコの窮状が私の交渉を成功に導いたのだ。

しかしこれは両刃の剣でもあった。窮地に立たされたジェネスコは切実に、またできるだけ早く現金を必要としていたため、契約としては異例の要求を出してきたのだ。通常の不動産取引では調印時に契約金額の一割を手付金として支払い、残り九割を引渡し日に支払うのが普通だ。ところがジェネスコは契約締結時に契約金額の半分にあたる千二百五十万ドルを払い、残り半分を引渡し日に支払うよう要求した。弁護士はそのような要求には応じないよう勧めた。引渡し日までにジェネスコが倒産する危険性があるというのだ。万一そうした事態が起こった場合、絶大な権限をもつ破産担当の判事は、私の手付金を債権者への返済にあてしまうかもしれない。これほど多額の金をこのようなリスクにさらすのは無謀だというのが、弁護士の意見だった。

けれども私は別の見方をした。千二百五十万ドルもの大金を出すのはあまりうれしくはない。だが現金をたくさん支払えばジェネスコはそれだけ多くの借金を返済することができ、債権者の取り立てをおさえられることになる。それに、双方ともに引渡しまでの期間はなるべく短くしたいと考えているので、リスクをおかすといっても、その期間はさほど長くはない。契約締結から引渡しまでの期間は六カ月以上が普通だが、この契約では六十日に設定していた。

それに、私はすでにこの計画のためにかなりの時間と費用をかけていた。ジャック・ハニガンと最初に会った八月から設計に着手し、用途地域の変更を求める交渉を市と始めていたのだ。実際、ハニガンのオフィスを出るとすぐダー・スカットに電話し、ボンウィットの敷地に来てくれるよう頼んだ。そしてスカットが来るとビルを指さして、どう思うか尋ねた。場所は素晴らしいが、ここにどんなものを建てるつもりか、と彼はきいた。

「ニューヨークでもぴかいちのビルを建てたいんだ。すぐ設計にとりかかってくれ。規制の範囲内でどれだけ大きなビルが建てられるか知りたいんだ」と私は答えた。

計画の最初から、どこまで大きくできるかが最大の課題だった。これだけの一等地なので、アパートの戸数が多ければ多いほど投資収益率も良くなる。その上、ビルが高ければ高いほど眺めはよくなり、それだけ値段を上げることができる。近代美術館のアーサー・ドレクスラーなる人物が、「超高層ビルは金もうけの機械だ」と言っているが、これはまことに当を得た言葉だ。ドレクスラーは批判をこめてこう言ったのだが、私はこれにより大いに意欲をかきたてられた。

最初から、私の話を聞いた人はみな、石灰岩とレンガの古めかしい、背の低いビルが立ち並ぶ五番街に、ガラス張りの超高層ビルを建てるのは無理ではないかと言った。建築許可がおりないだろうというのだ。しかしハイアット建設の時にも同じことを言われたので、そうした忠告についてはあまり気にしなかった。採算性を別にしても、背の高いビルのほうがずっとインパクトが強いと思った。私の熱意はすぐにスカットにも伝わった。自治体の理事会の聴聞会で、計画中のビルは高すぎて日照がさえぎられるとだれかが言った時、スカットは半ば本気で答えた。「太陽がほしければ、カンザスに引っ越すことですね」

建物を新築する場合、その高さは容積率によって規制される。具体的にいうと、建物の延べ床面積は敷地面積に対してある一定の倍率以内でなければいけない。容積率の割増しが許可されることもあるが、ボンウィットの敷地の場合、認められる最大の容積率は二十一・六倍だった。当然ながら、私はこれを認めさせることをめざした。だが困難な闘いになることは目に見えていた。当初、スカットがティファニーの空中権やカンデルの区画を考慮に入れず、ボンウィットの敷地面積だけで容積率を計算したところ、最大容積率は倍率で八・五という数字が得られた。つまり一フロア当り一万平方フィート（九百二十九平方メートル）の床面積を持つ二十階建てのビルが建てられるという。私は即座に、一フロア五千平方フィートの四十階建てのビルにするようスカットに言った。そのほうが眺めがよくなるだけでなく、一フロア当りの住戸数が減って高級感が増す。そのため人びとはより高い金を払ってアパートを手に入れようとするからだ。

無論、私は低い容積率で満足するつもりはなかった。まずティファニーの空中権を手に入れれば、かなり容積率を増やすことができる。さらに、都市計画委員会が好ましいとみなす各種のアメニティー（住環境を良くする付帯施設、すなわち公園など）を提供することにより、デベロッパーは容積率の割増しを認めてもらうことができる。ボンウィットの敷地の場合、オフィスのみではなく、住宅部分を含む複合ビルを建てることで、規定以上の容積率を得ることができた。これはオフィス・ビルのみを建てると人の往来が激しくなり、混雑が増すという考え方にもとづいている。次に、スルー・ブロック・アーケード（一階を歩行者が往来できるもの）と呼ばれる、歩行者用の公共スペースを一階に設けることにより、さらに容積率を増やすことができた。三つ目の方法は、店舗スペースを法で義務づけられている以上の広さにとること、そして最後の方法は、ショッピング用スペースやアーケードの中に公園を作ることだった。

容積率の割増しにつながるものは何でも試みようと思い、数フロア分を吹き抜けにして周りを店舗で囲んだアトリウムを作ってはどうかとスカットに持ちかけた。採算性の点ではショッピング用のアトリウムを設けることは大きな賭けだ。室内ショッピング・モールは全国的に人気があったが、ニューヨーク市で成功した例はほとんどなかった。典型的な郊外型のショッピング・モールは小ぎれいで管理が行き届いており、安全で清潔だ。だからこそ人びとはゆっくりくつろいで買物をすることができる。ところがニューヨークっ子は猥雑な都市の生活が性に合っているらしく、大道商人を相手にけっこう楽しく買物をするのだ。

だがたとえアトリウムがさほど成功しなくても、これを造れば容積率の割増しが許可され、タワーを数フロア分高くすることができる。そうすればアトリウム建設費を十二分に埋めあわせるだけの収入増になる、と私は考えた。アトリウムがそれ自体、特別な魅力をもった場所として人気をよぶことになると気がついたのは、その後だいぶたってアトリウムが見事に完成し、世界の一流店がテナントとして集まり始めてからだった。

計画の初期の段階では、ビルそのもののデザインのほうに力を入れた。人びとの印象に残るような、スケールの大きなビルを建てたかった。しかしこれほど大きな建物の場合、デザインをよほど独創的なものにしないと、建築許可がおりないこともわかっていた。平凡な四角いガラス張りの箱型ビルでは、都市計画担当者たちにアピールすることはできない。スカットは作業にとりかかった。全部で四、五十枚の図面をかいただろうか。作業を進めながら、私はそれぞれの一番よいところをピックアップしていった。

最初の案は、石灰岩でできた長方形の土台の上にガラス張りのタワーを建てるというものだったが、これはあまり見栄えがしなかった。その後、外側にガラス張りのエレベーター三基をとりつけるというデザインを考えた。私自身は気に入ったが、これは内部のスペースをとりすぎ、その分商品としての居住スペースが狭くなることがわかった。最後に、通りから順次壁面が後退していく形で、隣りのティファニー・ビルの高さまでいくつもテラスを設けるという案を、スカットが思いついた。このように段型になっているとまわりの街並みにもとけこみやすく、超高層ビルの多くにみられるずん胴型より圧迫感が少ない。私とイヴァナはその点で意見が一致した。ビルの上部はのこぎりの歯のようなぎざぎざのデザインにした。

これにより、タワーは二十八面の壁を持つことになった。ちょうど階段を横に倒したような形である。

このデザインは、もっと一般的な形のものより建築費が高くつくことは明らかだったが、利点もたくさんあった。二十八面の壁を持つビルはどこから見てもはっきりそれとわかり、人目につく。また、いくつも面があるため、どの部屋からも最低二つの違った眺めが楽しめる。結局そのために、アパートをより高値で売ることができる。私はあらゆる点で満足のいく、最高のビルを造ろうとしていた。これはデザイン的にすぐれていると同時に、商品価値も大いにあった。この両方が揃ってはじめて成功といえるのだ。

次の課題は、このデザインに対する市の認可をとりつけることだった。まず用途地域の変更を認めてもらわなければならない。ある重要な点については、筋道だった説明をすることにより、こちらの希望を通すことができた。都市区画法によると、一階のスルー・ブロック・アーケードは南北の方向、つまり五十七番通りから五十六番通りへ抜けられるように造らなければならない。そうなると、ビルの入口は五番街ではなく、五十六番通り側に設けなければならないことになる。だがこの通りより五番街のほうが格が高いのは明らかだ。そこで私たちは、ボンウィットの敷地とマディソン街の間に立つＩＢＭビルに、すでに南北のスルー・ブロック・アーケードがあることを都市計画担当者に指摘した。これがある以上、もう一つ造っても余分になってしまう。一方アーケードの向きを東西方向にすれば、五番街からIBMのアトリウムまでつながり、結局マディソン街まで通り抜けできることになる。意外なことに、それが最良の策であることを全員が認めた。その結果、用途地域変更が受け入れられ、五番街側に豪華な入口をつくることができた。

最初から市が難色を示したのは、建物の大きさについてだった。私たちは、最大容積率の二十一・六倍で計算した延べ床面積を持つ、七十階建てのビルをつくる計画だった。まだボンウィットの敷地の引渡しも終わっていない一九七八年十二月という早い時点から、市は建物の規模が大きすぎるという見解を明らかにしていた。そして、容積率のアップにつながるさまざまな特典の利用を認めない方針であること、また五番街にある他の、より規模の小さい建物との調和を乱しはしないかと憂慮していることなどを知らせてきた。

幸い、敷地の引渡しが終わり、都市計画委員会ともっと具体的な交渉に入った一九七九年の初めには、こちらの主張をバックアップするための材料をいくつか揃えることができた。まず第一に、こちらは用途地域の変更を一切必要としない、「当然の権利としての」ビルを建てることもできるということを、市に知らせた。やり方はウォルター・ホーヴィングと交渉した時とほぼ同じだ。まず都市計画委員会に見せるため、「当然の権利としての」ビルの模型をスカットに作らせた。それはひどく醜い代物だった。隣りのティファニー・ビルの上に突き出すような形で八十階までまっすぐにそびえる、薄っぺらな四角いビルである。私たちは、もし市がこちらの案を認めなければ、この「当然の権利としての」ビルを建てるつもりだと主張し、模型や完成予想図を見せた。当然、都市計画担当者たちは渋い顔をした。私たちが実際にそれを建てるつもりだと思ったかどうかはわからない。そもそもそのようなビルが技術的に可能かどうかもわからなかったに違いない。が、ともかく彼らにはそれを確かめる術がなかった。

次に私が交渉の材料として持ち出したのは、ボンウィット・テラーそのものだった。これは降ってわいたような話で、計算外のことだった。最初の予定では、ボンウィットの店は取り壊してしまい、それによりこの店とのかかわりはなくなるはずだった。ところが、敷地買い取りの契約をすませた直後に、アライド・ストアーズ社が東はフロリダ州パーム・ビーチから、西はカリフォルニア州ビヴァリー・ヒルズまで全国に散らばっている、ボンウィット・テラーの残りの十二の支店をジェネスコから買い取った。それからまもなく、小売業界ではすご腕として知られている、アライド社の社長兼CEO、トマス・マチョセが会いに来た。

一九六六年にマチョセがアライドの経営を引き継いだ時には、同社は倒産の危機に瀕していた。だがマチョセは会社を立て直し、その後十年間に同社を全国有数の小売会社に育て上げたのだ。マチョセが私に話したところによると、買収したばかりのボンウィットの店の中には業績のよいものもあるが、ともかくマンハッタンに本店を持ち続けることがボンウィットにとって非常に重要だということだった。マチョセは、できれば五番街と五十六番通りの角に引き続き店を構えたい、と言った。五十年もそこで商売をしてきたからというだけでなく、それ以上の場所は他に望めないからだ。

今までと同じだけの広さを提供することは無理だと、私は即座に言った。だが、五十六番通りに面し、タワーの一階に建設予定のアトリウムに直接つながる、条件の良い場所を貸すことはできると話し、マチョセに図面を見せた。まもなく互いに合意に達することができた。

マチョセにとってはきわめて好条件の取引だった。契約期間が長く、後に契約した他の店舗スペースに比べ、賃貸料が格段に安かったからだ。一方、私にとってもこれは悪い取引ではなかった。年額三百万ドルの賃貸料プラス利益の一部を受け取るかわりに、アライドには五万五千平方フィート（約五千百平方メートル）の売場面積を提供する。これはそれまでのボンウィットの店の四分の一足らずの広さにすぎない。ボンウィットの借地権と建物の買収金額は二千五百万ドル。買収のための借入利子が十パーセントだったから、維持費は年二百五十万ドルになった。言いかえれば、私は年に二百五十万ドル払って敷地を所有し、建物の総面積のごく一部を貸すことによって三百万ドル手に入れるわけだ。つまり、土地をただで所有し、年五十万ドルの利益をあげることになる。まだ工事にとりかかってもいない段階ですでにそれだけの保証があるのだ。しかもボンウィットに貸すスペースは全体のごく一部にすぎないので、残りのスペースを他のテナントに貸すことができる。

だが、ボンウィットをテナントにしたことの最大の利点は他にあった。ボンウィットは市がぜひニューヨークに引きとめておきたい店だった。そこで私は都市計画委員会に対し、ボンウィットが五番街にもどってくることを望むなら、用途地域の変更を認めるべきだという、明快にして説得力のある主張をすることができたのだ。

しかし、これだけの材料があっても、認可がおりるかどうかはまだわからなかった。地元の自治体の理事会は、このような高層ビルの建設に反対だった。こちらの機先を制するため、理事会は新しいビルの建設を六カ月間禁止し、その間に建設予定地の開発度を調査してはどうかという案を出した。さらに、〈ビル建築ブームに反対する委員会〉が結成された。政治家はすぐそれに飛びつき、反対派と手を結んだ。

いま振り返ってみると、さまざまな策をめぐらしたり影響力を行使したりしたことは、結局さほどの効果をあげなかったように思う。最終的に認可を得ることができたのは、建物のデザインが認められたからに違いない。そしてそのことに最も貢献したのは、当時ニューヨーク・タイムズの著名な建築評論家であったエイダ・ルイーズ・ハックスタブルだったといえよう。

都市計画委員会が用途地域変更についての投票を行なう前に、私はリスクを承知の上でハックスタブルを呼び、ビルの模型とその完成予想図を見せた。ニューヨーク・タイムズの力には絶大なものがある。これは世界で最も影響力のある機関の一つであり、ハックスタブルが書くことは世論に大きなインパクトを与えることを知っていた。またハックスタブルが超高層ビルに対して批判的で、ほとんどの場合、新しいきらびやかなビルより、古いクラシックな建物を好むことも承知していた。けれども一九七九年の半ばには、はたして用途地域の変更許可がもらえるかどうか、自信がなくなってきていた。そこでハックスタブルがどんな立場をとろうとこれ以上事態が悪化することはないし、もし運がよければ私に有利なことを書いてくれるかもしれない、と考えたのだ。

六月初めに、ハックスタブルが図面を見に訪れた。七月一日の日曜日、ニューヨーク・タイムズの美術・レジャー部門のハックスタブルのコラム、「建築評」に、トランプ・タワーに関する批評が載った。見出しは、「すぐれたデザインの巨大ビル、ニューヨークに建設予定」というものだった。私のどんな言動よりも、この見出しのほうが威力があったのではないかと思う。おかしなことに、ハックスタブルは批評の前半を費やして、トランプ・タワーが大きすぎることを指摘し、私が「建物を可能なかぎり大きくするために、あらゆる手をつくしている」と述べていた。だが面白いのは、私のやり方を責めるよりむしろ、市のほうを批判していた点だ。つまりデベロッパーのそうした行動を助長するような都市区画法が悪いというのだ。そして最後の数行でトランプ・タワーのことを大いに誉め、「設計には細心の注意が払われており……息をのむような美しい建物である」と書いてくれた。

十月に入り、都市計画委員会は全会一致で用途地域の変更を認可した。隣接するビルとの調和を保つため、正面は石造りのほうが望ましいが、「素晴らしい公共アメニティー施設」

が盛りこまれることを考慮し、強制はしない、というのが委員会の見解だった。結局、交渉の末、容積率は最大限の二十一・六倍をわずかに下回る二十一倍という数字に落ち着いた。ビルの高さにすると、当初の計画より二階分低くなるだけだ。これで二重天井の、六階分の巨大アトリウムを含めて、六十八階建てのビルを建てられることになった。つまりトランプ・タワーは、ニューヨークで一番高い住居用ビルということになる。市はまた、都市区画法に関するハックスタブルの意見についても真剣に検討した。できるだけ大きな建物を造るために、私がさまざまな特典を利用したり空中権を買い取ったりしたことに対し、市は今後同じようなことが行なわれないよう、都市区画法の改正を行なった。

用途地域の変更が認められると、次の課題は実際にタワーを建設することだった。建築費は莫大な額にのぼると思われた。高さが一定のレベルを超えると、建築費はほとんど等比級数的に増大する。基礎の強化から配管用の資材の運び上げにいたるあらゆる作業に、余計に費用がかかるためだ。しかし場所がこれほどの一等地なので、それだけ費用をかけても採算はとれると思った。いいものを造れば高く売ることができる。したがって建築費が余計にかかっても、さほど問題にならないはずだった。

一九八〇年十月、チェース・マンハッタン銀行がトランプ・タワー建設のための資金を提供することに同意した。工事のゼネコン（元請《もとうけ》）はＨＲＨコンストラクションに決まった。土地取得費、建築費、維持費、広告宣伝費などすべてをまかなうための予算として、二億ドル強を計上した。私の代理として工事をとりしきる現場監督には、バーバラ・レスを起用した。ニューヨークで超高層ビルの建設をまかされた女性は、彼女が初めてだった。当時三十三歳で、HRHに勤めていた。私が初めてレスと会ったのは、彼女がコモドアの事業で機械関係の工事の監督をつとめていた時だ。現場で作業員と話し合っているレスを見たことがあるが、彼女はどんな相手にも屈せず、堂々とわたりあっていた。私が気に入ったのはその点だ。体の大きさはそうした屈強な男たちの半分しかなかったが、必要とあればためらうことなく彼らを叱りつけたし、仕事の進め方も心得ていた。

おかしなことに、私自身の母は生涯平凡な主婦だったにもかかわらず、私は多くの重要な仕事に女性を起用してきた。それらの女性は、私のスタッフの中でも特に有能な人たちだ。実際、その働きぶりはまわりの男性をはるかにしのぐことも多い。私の会社の業務執行副社長を十年つとめたルイーズ・サンシャインは、闘志にあふれている点では誰にもひけをとらなかった。営業全般を担当し、私が手がける建物の内装をとりしきる業務執行副社長のブランシュ・スプレイグは、私の知るうちで最も優秀なセールスマンであり、管理者である。私の補佐役のノーマ・フォーダラーはチャーミングで優しい、すてきな女性だが、芯はめっぽう強い。彼女が人の言いなりになるなどと思ったら大間違いだ。妻のイヴァナもすぐれた経営手腕を持ち従業員にはとても親切だが、非常に要求が厳しく、負けず嫌いな面もある。従業員からはとても尊敬されているが、これは彼女がまわりの者を叱咤激励するだけでなく、自らも一所懸命に仕事をしていることを、みな知っているからだ。

一九八〇年三月十五日、私たちはボンウィットのビルの取り壊し作業に着手した。作業が始まるとすぐに、建物の外壁に装飾としてついていたアール・デコ調の浅彫りのレリーフをめぐって大論争が起こり、私はその渦中に巻きこまれてしまった。トランプ・タワーの建設計画を発表し、用途地域変更の交渉にのりだしてからすでにかなり時間がたっていたが、一九七九年の末になるまで、それらのフリーズに興味を示す者はだれ一人いなかった。都市計画委員会も文化財保存団体も、地域の芸術グループも、これらを残そうとする動きを見せなかった。ところが工事にとりかかる直前の一九七九年十二月半ばになって、メトロポリタン美術館から電話があった。これらのフリーズと、装飾的な鉄格子の一部とを寄贈してもらえないだろうかというのだ。私は、もしフリーズを壊さずに作業を進めることができれば、喜んで寄贈したいと答えた。

ところがビルの取り壊しが始まり、フリーズをおろす段になって、作業にあたっている者が来て言った。「思っていたよりずっと重量があります。これを残すつもりなら、安全確保のために特別な足場を組む必要があります。少なくとも数週間は余計にかかりますよ」このプロジェクトのためのローンの金利は莫大な額にのぼっていた。工事が長引けば、当然費用も余計にかかる。アール・デコのレリーフをいくつか保存するために、何十万ドルもの金を無駄に使いたくはなかった。レリーフそのものの価値はそれよりずっと低いだろうし、もしかすると価値など全くないかもしれないと思っていたから、なおさらだった。そこでフリーズも壊してしまうように命じた。

予想外だったのは、それが世間の大きな反感を買ったことだ。翌日、ニューヨーク・タイムズは、作業員たちが壁の彫刻を壊している写真を一面に載せた。そしてあっという間に、私は現代の悪徳デベロッパーのシンボルにされてしまった。タイムズ紙の社説は、この取り壊し作業のことを、「人びとの感情よりも損得勘定を優先させた結果生じた忘れがたい光景」と評し、「どうやら巨大ビルから立派な人間は生まれないし、大型プロジェクトから美術愛好家は生まれないらしい」と結んでいた。

こうした評判がたつのはあまりうれしくなかった。今になってみると、レリーフを壊さなければよかったと残念に思う。本当に価値あるものだったかどうかは疑問だし、当時私を批判した人の多くは、口先だけでものを言う偽善者だったといまだに思っている。だが物事は時に象徴的な意味あいをもつことがあるという事実が、今にしてわかったのだ。正直いって、私はそうしたことを考えるには若すぎたし、時間に追われてもいた。世間からはいろいろなことを言われているが、私はどうしてもそうせざるを得ない場合を除いて、社会に不利益なことをするつもりはないのだ。

皮肉なことに、フリーズをめぐる論争は、トランプ・タワーの分譲に関するかぎり、結局プラスとなったようだ。この一件をとりあげた記事は、みな一様に、「世界でも指折りの超高級ビルを実現させるために……」といった文句で始まっていた。内容は批判的なものがほとんどだったが、こうしてマスコミに盛んにとりあげられたため、トランプ・タワーは人びとの関心を大いに集めることになった。そしてたちまちアパートの売れ行きが急激に伸びたのだ。これがいいことだとは決して思わない。むしろこれは私たちの社会がどこかおかしいことを物語っているのかもしれない。とは言え、商売人である私は、この経験から一つ学んだ。すなわち、悪い評判より良い評判のほうが好ましいには違いないが、商売をする上から言うと、何も言われないより悪く言われたほうがまだましだということだ。つまり、論争の種になると売れるのだ。

同様に、華麗さも売るための重要な要素だ。工事にとりかかる前から、アトリウムはトランプ・タワーの中で最も人目を引くきらびやかなスペースになるだろうという気がしていた。最初は単にテナントにとって魅力ある場所であればよいと考えていたが、最終的な図面や模型を見て、ここを素晴らしく豪華な空間に仕立て上げることができる、と気がついた。そして、その魅力を最大限に引き出すために、金に糸目をつけないことにした。

その最も良い例が大理石だろう。最初は、グランド・ハイアットのロビーに使って成功した茶色のパラディジオ産を使おうと思っていた。しかし結局、ホテルのロビーに最適な素材が、必ずしも小売店舗用のアトリウムにふさわしいとは限らないことがわかった。そこでスカットとイヴァナと私で、何百個という大理石のサンプルを見た。そしてついに、ブレッチア・ペルニーケという、いまだかつて見たこともないような色合いの、素晴らしい大理石を見つけた。ローズとピーチとピンクがほどよく入り混じった、えもいわれぬ美しい石だ。言うまでもなく、これは驚くほど高価だったが、その理由の一つは、これがひどく不均質な大理石だったことだ。採石場へ行って見ると、石の多くは白い大きな斑点や、白い筋が入っていることがわかった。これは目ざわりだったし、このために石の美しさが半減してしまう。そこで結局、採石場に黒いテープを持って行って、良いと思われる石に目印をつけることにした。それ以外はすべて廃棄してしまったが、その分が全体の六割にも達した。必要な石をすべて確保した時には一つの山の頂上がすっかり切り崩され、採石場にあった石のほとんどが使い尽くされていた。次に私は、切断と石張りの作業のために、腕ききの職人を雇った。腕が確かでないと断面がでこぼこになり、石の組み合わせもちぐはぐでつりあいがとれず、全く期待はずれの効果しか得られなくなるからだ。

私たちは大理石をふんだんに使うことにより、いっそう効果を高めることができた。床と六階までの壁をすべて大理石張りにしたのだ。そのことが大変豪華で新鮮なムードをかもしだしている。このアトリウム、特に大理石の色はとても温かく快いだけでなく、いきいきして活気に満ちている、というのが大方の評だ。つまり、くつろげる雰囲気でありながら人びとの購買意欲をそそるという点で、ショッピングに最適な要素をすべて揃えていると言うことができる。

無論、大理石はアトリウムの魅力の一要素にすぎない。アトリウム全体が非常に刺激的でユニークなのだ。手すりには安価で実用的なアルミの代わりに、光沢のある真鍮を使った。そのほうがはるかに高価だったが、よりエレガントで、大理石の色ともみごとに調和した。それから、反射ガラスを随所に使い、特にエスカレーターの両サイドをすべて反射ガラス張りにした。これはきわめて重要なテクニックだった。それにより、比較的狭いコア・スペースを広く見せ、ドラマチックな効果をあげることができたからだ。アトリウムの中に支えとなる柱が二本しかないことも、広さを印象づけるのに役立っている。そのために、どこに立っても全体を見渡すことができ、広々した感じを受けるのだ。

アトリウムの魅力を形作っている三つ目の要素は、五番街に面した入口がとりわけ大きいことだ。実をいうと、私はそれに反対だった。都市区画法によると、入口の幅は十五フィート（約四・六メートル）あればよいことになっており、私としては必要以上に五番街側の店舗スペースを奪われたくなかった。しかし市のほうが三十フィートの幅にするよう強く希望したのでしぶしぶ応じたのだ。その結果、貴重な店舗スペースの一部を失ってしまったが、代わりに堂々とした立派な入口をつくることができた。結局そのほうがよかったと今では思っている。これは全面的に都市計画委員会の手柄だと言える。

アトリウムの最後の重要な要素は、東側の壁に設けられた滝である。高さは八十フィート（約二十四メートル）もあり、建設には二百万ドル近くかかった。最初、スタッフの大半は、壁に絵を飾るほうがよいという意見だった。けれども私は、それは時代遅れで独創性に乏しく、何よりも面白味がないと思った。結局、滝はそれ自体が一つの芸術であり、まるで壁に彫刻が施してあるような効果をあげることがわかった。その上、素晴らしい絵画をいくつか飾るより、はるかに人びとの関心を集めることができた。ショッピング・モールの多くが成功しているのは、一つにはそれらが安全で、どれも似たりよったりだからだ。しかしトランプ・タワーのアトリウムが成功したのは、それとは全く逆の理由による。現実離れしており、ここに入ると、まるでおとぎの国にでもまよいこんだような、わくわくした気分になれるからだ。

私たちは居住部分のほうでも、同じような雰囲気づくりをめざした。言うまでもなく、これらのアパートの最もドラマチックな要素は、眺望だった。居住部分は三十階から上なので、ほとんどのアパートがまわりのビルより高い位置にあった。ということは、北にセントラル・パーク、南に自由の女神、東にイースト川、西にハドソン川が見渡せるということだ。さらに、ビルのデザインがのこぎりの歯状になっているため、アパートのおもだった部屋すべてから、少なくとも二つの違った眺めを見晴らすことができた。またこの利点を最大限にいかすため、窓はほぼ床から天井にまで届く、大きなものにした。本当は床から天井までの全面を窓にしたかったのだが、窓の下に多少でも基部がないと、人によってはめまいをおこすと聞いたので、それはやめた。

おかしなことに、他のさまざまな要素に比べると、アパートの内部はさほど重要ではなかった。すぐにわかったことだが、セカンドハウス用のツー・ベッドルームのアパートに百万ドル払ったり、フォア・ベッドルームのデュープレックス（上下二階に続く部屋を含む高級アパート）に五百万ドル出したりするような人は、専用のインテリア・デザイナーを雇って、自分の好みに合わせて内部を全面的に造り直すのだ。

最終的にアパートの分譲価格をかつてないほど高く設定できたのは、特別ぜいたくな造りにしたからではない。それだけでは説明できない、もっと大きな理由があった。デザイン、材質、ロケーション、宣伝効果、運、そしてタイミングといったさまざまな要素が重なりあって、トランプ・タワーは、一種神秘的な魅力をもつようになったのだ。素晴らしいビルはたくさんある。しかし最高の買手を引きつけ、破格の値段で売るために必要な諸要素を合わせ持ったビルは、ある一時期に一つしか存在しない。

トランプ・タワーができるまでは、そうしたまか不思議な魅力をもつ建物で最も新しいものは一九七〇年代に建てられたオリンピック・タワーだった。五番街と五十一番通りの交差点の近くに建つこのビルの最大の魅力は、所有者がかのアリストテレス・オナシスである点だった。オナシスは当時ジャッキー・ケネディと結婚しており、たいそう優雅な生活を送っていた。きわめつきのジェット族（ジェット機で遊びまわる金持ち）として世界各国に豪邸をかまえ、大型ヨットのほか、スコルピオスという島まで持っていた。要するに世間から注目されている大富豪だったのだ。したがってオリンピック・タワー自体は特に魅力のある独創的な建物ではなかったものの、話題の人がタイミングよく建てたビルとして、大いにもてはやされた。同じ頃、東五十七番通りにガレリアという高級ビルが建てられたが、オリンピック・タワーのほうがこれより圧倒的によく売れた。

同様に、トランプ・タワーも売れ行きの点である有力な競争相手を大きく引き離した。私がボンウィットの敷地を手に入れるずっと前に、別のデベロッパーが五番街から少し入った五十三番通りにある近代美術館の上に、巨大なコンドミニアムを建てると発表していた。あらゆる条件から考えて、これは大成功間違いなしのはずだった。美術館と関係していることで知名度は大いにあるし、ロケーションも良い。設計を担当するシーザー・ペリは著名な建築家だったし、デベロッパーは金に糸目をつけずに最高のビルを建てると明言していた。

ところが、売れ行きはトランプ・タワーのほうがこのミュージアム・タワーよりはるかによかった。まず第一に、着工はトランプ・タワーのほうが遅かったものの、アパートの分譲はミュージアム・タワーとほぼ同時期に始めた。最初から、こちらのほうがいくつかの点で有利なことがわかっていた。まず、五番街に面しているトランプ・タワーのほうが、場所としては明らかにまさっている。またミュージアム・タワーは建物全体の形が、いまひとつ迫力に欠けていた。さまざまな色のガラスが張られた正面はさほど人目を引かず、ロビーもごく平凡なものだったのだ。そして最後に、ミュージアム・タワーは売り方がまずかった。広告は生彩を欠いており、全般的に人びとに興味をもたせようとする努力が足りなかった。そのため、ミュージアム・タワーは、ごくありふれたビルという印象しか与えることができなかった。

それに対して、こちらは総力をあげて積極的な販売活動を展開した。初日から、トランプ・タワーを単に一等地にある美しいビルとしてではなく、一つのイベントとして売りこむことにした。ある種の金持ちが住むにふさわしいアパートはここしかない、トランプ・タワーこそ町で一番ホットな場所だ、というイメージをつくるよう努めた。つまり夢を売ったのだ。

ニューヨークの昔からの金持ち連中は最初から顧客対象として考えていなかった。彼らはいずれにしても新しいビルには住みたがらなかった。この人びとを除いて、その他のいくつかのカテゴリーに属す金持ちには、大いに売り込んだ。

言うまでもなく、トランプ・タワーの華やかなイメージを考えると、芸能人は私たちのターゲットとして最適だった。またヨーロッパや南米、アラブ諸国、アジアなどの外国人も重要な顧客だった。この人びとにとって、トランプ・タワーには実際的な面で大きな利点があった。トランプ・タワーを売り始めた頃、ニューヨークで売りに出ているコンドミニアムは、ほとんどここだけだった。コンドミニアムはお金さえ出せば買える。しかしコープ住宅（協同組合方式による住宅）を買うためには、ビルの理事会の承認が必要だった。当時は、ニューヨークのほとんどのビルが、このコープ住宅に該当していた。その理事会は法外な権限をもっており、資産関係のデータや身元保証書の提出を求めたり、面接を行なったり、その他好き勝手なことをすることが認められていた。そしてあげくの果てに、何の説明もなく、いい加減な理由で申し込みを断わることもできた。これはいわば、天下御免の差別であると言えた。特に我慢ならないのは、理事会のメンバーの多くが、権力をひけらかすことに満足を感じていた点だ。実にばかげた慣行で、おそらく違法でもあるのだろうが、トランプ・タワーにとってはこれが幸いした。金持ちの外国人の多くはコープ住宅に入るのに必要な身元照会先などなかったし、見も知らぬ人たちにあれこれ詮索され調べられることを快く思わなかった。そこで、彼らはトランプ・タワーのほうに目を向けたのだ。

アパートの分譲を始める直前のある朝のことは、いまだに覚えている。営業スタッフの一人が私のオフィスにとびこんできて言った。「困ったことになりました。たった今ミュージアム・タワーが分譲価格を発表しましたが、うちよりずっと安いんです」私は少し考えてから気がついた。困るのはこちらではない。ミュージアム・タワーはいわば自分で自分の首を締めているのだ。われわれが獲得しようとしているような金持ちの顧客は、アパートを安く買おうとは思っていない。他の商品については割安の買物をすることを望むかもしれないが、こと自分の住む家となると、掘出し物ではなく、最高のものを手に入れようとする。アパートの価格をこちらより低く設定したことにより、ミュージアム・タワーはトランプ・タワーより質が劣ることを自ら公言したようなものだった。

私たちが意図的にトランプ・タワーに有名人を勧誘したとか、販売促進のために特殊なPR会社を使ったと思っている人が多い。しかし実際は広報のために人を雇ったことなどないし、ジョニー・カーソンやスティーヴン・スピルバーグ、ポール・アンカ、リバレスら、アパートを買った多くのスターはみな、向こうからアプローチしてきたのだ。私はまた、これら有名人に対して特別扱いもしなかった。他のデベロッパーは、有名人やスターを引きつけるために値引きするが、これは弱さの証拠だと思っている。有名人が全額払ってでも購入したいと思うようでなければ成功とは言えないのだ。

有名人についての記事でトランプ・タワーの販売に役立ったものがあるとすれば、実際にはなかったある取引に関する報道がそれだろう。アパートの分譲を始めた直後、ある記者から電話があり、チャールズ皇太子がトランプ・タワーのアパートを買ったという話は本当かときかれた。ちょうどチャールズ皇太子とダイアナ妃が結婚した週のことで、二人が世界で最も有名なカップルとして話題にのぼっていた時だ。アパートの販売については一切コメントしない方針だったので、記者にそう言った。つまり、うわさを肯定も否定もしなかったのだ。その後記者はバッキンガム宮殿に電話したらしい。その頃には皇太子夫妻はすでにハネムーンに出発し、ヨットのブリタニア号で洋上に出ていた。そこでバッキンガム宮殿のスポークスマンも私と同様、うわさの真偽については話せないと答えた。

マスコミにはそれで十分だった。うわさが否定されなかったため、皇太子夫妻がトランプ・タワーのアパート購入を検討中という記事が、世界各国の新聞の一面を飾った。私たちにとっては願ってもない宣伝になったが、私はひそかに笑わずにいられなかった。ほんのひと月前、チャールズ皇太子がニューヨークを訪問した時、IRA（アイルランド共和国軍）のシンパが大挙して抗議運動を行なうという騒ぎがあった。皇太子がコンサートに出席するためリンカーン・センターに入って行こうとした時、建物の外に立っていた何百人という人びとがののしったりわめいたり、びんを投げつけたりして抗議を表明した。皇太子にとっては恐ろしい体験だったに違いない。したがってこんなことがあったあとで、皇太子がニューヨークにアパートを買おうという気になるはずがない。それにトランプ・タワーがいかに素晴らしい建物とはいえ、バッキンガム宮殿で育ったチャールズ皇太子が、アパートと名のつくものに住み慣れるのは、かなり難しいのではないかと思う。

需要があることはわかっていたので、販売戦略上、アパートを売り惜しみするような態度に出ることにした。通常とは逆のセールス・テクニックだ。契約書を手にオフィスで待ちかまえていて、とびつくように契約すれば、いかにも売れ行きがよくないような印象を与える。私たちは決して契約を急がなかった。希望者がやって来るとモデル・ルームを見せ、坐って話をする。相手が買い気を示したら、一番条件のよいアパートは購入希望者が多いため、ウェイティング・リストで順番を待たなければならない、と説明する。手に入れるのが難しいものほど、人は欲しがるのだ。

需要が高まるとともに価格をどんどん引き上げていき、通算十二回の値上げを行なった。それまでニューヨークで最高値を記録していたのはオリンピック・タワーだったが、分譲を開始した時から、すでにそれをはるかに上回る値段をつけていた。最上階の一番豪華なアパートは、すぐに値段がほぼ倍になった。ツー・ベッドルームのアパートが百五十万ドルで売れていき、建物の完成までに、アパートの大半が売れてしまった。

トランプ・タワーの買手のサイクルを見ると、世界経済の動きがよくわかった。最初の頃は、一番の上客はアラブ人だった。ちょうど石油価格が急騰していた時期だ。その後石油価格の下落とともに、アラブ人は国に帰っていった。一九八一年になると、突然フランス人が大挙して買いにくるようになった。なぜかよくわからなかったが、そのうちミッテランが大統領に選ばれたことがその理由だと思いあたった。目先のきく金持ちは、ミッテランがフランス経済にダメージを与えることに、すぐに気がついたのだ。ミッテランが社会主義者で、企業の国有化に乗りだしたというだけでなく、危険人物であることが判明したからだ。一番高い値をつける相手に核の技術を売ろうとするなど、最低の行為としか言いようがない。

ヨーロッパ人の次は、南米人やメキシコ人の買手が多くなった。ドル安で、これらの国の経済はまだ比較的堅調だったのだ。その後インフレが起こり、通貨の切り下げが行なわれ、政府による外貨流出規制が始まると、中南米人の買手は姿を消した。

ここ数年になって、二つの買手グループが新たに登場している。一つはアメリカ人だ。具体的には、株高旋風で大もうけした株式ブローカーや投資金融業者などのウォール街関係者だ。考えてみればおかしな話だ。二十五歳になるかならないくらいのブローカーが、突然年俸六十万ドルも稼ぐようになる。一度も会ったことのない客が電話してきて、「ゼネラル・モーターズを五万五千株買う」といった注文をすると、コンピューターのキーを押すだけで莫大な手数料が手に入るのだ。しかし株式市場にもサイクルがあるから、いずれ株価が暴落する時が来る。そうなるとたんに、こういった連中の多くは路頭に迷うことになる。

もう一つの新しい買手グループは日本人だ。日本人が自国の経済をあれだけ成長させたことは尊敬に値するが、個人的には、彼らは非常に商売のやりにくい相手だ。まず第一に、六人や八人、多い時は十二人ものグループでやってくる。話をまとめるためには全員を説得しなければならない。二、三人ならともかく、十二人全員を納得させるのは至難のわざだ。その上、日本人はめったに笑顔を見せないし、まじめ一点張りなので取引をしていても楽しくない。幸い、金はたくさん持っているし、不動産にも興味があるようだ。ただ残念なのは、日本が何十年もの間、主として利己的な貿易政策でアメリカを圧迫することによって、富を蓄えてきた点だ。アメリカの政治指導者は日本のこのやり方を十分に理解することも、それにうまく対処することもできずにいる。

トランプ・タワーの二百六十三戸のアパートの需要が非常に高かったので、十二戸ほど売らずに残しておくことにした。ホテルが緊急時に備えて上等な部屋を常にいくつか空けておくのと同じだ。こうすることによって選択の自由、特に私自身のそれを確保しておくことができた。最初、私は最上部にあるトリプレックス三戸——一万二千平方フィート——のうち一戸を、自分の住居として使うことにして、一九八三年の末、そこに引っ越した。隣接する二戸のアパートを買いたいという希望がいくつもあり、最高一千万ドルもの値がついたが、私は応じなかった。いずれ私自身もっと広いスペースがほしいと思うことがあるかもしれないと考えたからだ。

その時期は思ったより早く訪れた。一九八五年の半ばに、アドナン・カショギというサウジアラビア人の自宅に招かれた。カショギは当時億万長者で、オリンピック・タワーに住んでいた。行ってみると、アパート自体は特にいいとは思わなかったが、各部屋の広さに驚いた。特に居間は、それまで見たこともないほど広々としていた。私の住居もスペースは十分にあったが、その居間を見て、思い切って自分の思いどおりのアパートを持とうと決めた。なにしろトランプ・タワーを建てたのはこの私なのだから。

そこで最上部のトリプレックスの、残る二つのうちの一つをつなげて使うことにした。改装には二年近くかかったが、これほどのアパートは世界中さがしてもほかにないと自負している。正直なところ、奥行きが八十フィート（約二十四メートル）もある居間が必要だとは言いにくいが、気分がいいのは確かだ。

トランプ・タワーのアパートには最高の買手がついたが、アトリウムのほうにも一流の小売店を集めることができた。最初に決まったのが、ロンドンに本店を持ち、高級ガラス器や宝石、骨董品を扱うアスプリーだった。創業以来二百年の歴史をもつ同店は、初めての支店開設の場として、このアトリウムを選んだのだ。初めはごくわずかなスペースを借りていただけだったが、その後商売が繁盛して、店を大幅に拡張した。言うまでもなく質のよいものはさらに質のよいものを引きつける。その後私たちはアスプリーのほか、シャルル・ジョルダン、ブチェラーティ、カルティエ、マーサ、ハリー・ウィンストンなど、世界でも指折りの一流テナントと次々に賃貸契約を結ぶことができた。

アトリウムがオープンした直後の一九八三年四月、エイダ・ルイーズ・ハックスタブルの後を継いでニューヨーク・タイムズの建築評論を担当するようになったポール・ゴールドバーガーが、アトリウムに好意的な記事を書いてくれた。そのことは、私たちにとって大いに役立った。「トランプ・タワーのアトリウムは予想外に楽しい場所」という見出しのついたこの記事は、他の評論家たちは間違っていた、という主旨の文章で始まっていた。アトリウムは、「大方の建築評論家の予想に反して、市の景観に大いに寄与している」とゴールドバーガーは書き、さらに次のように続けていた。「これはここ数年間にニューヨークで完成された屋内公共スペースのうちでも、最高のものと言えるかもしれない。あたたかみがあり、豪華で、気分を浮きたたせる効果さえある。オリンピック・タワーやガレリア、シティコープ・センターなどこれ以前に造られたビルのアーケードやアトリウムより、あらゆる点ですぐれている」

この記事にはプラスの効果が二つあった。まず、アトリウムに店を出したテナントや、トランプ・タワーのアパートを購入した人たちが、自分は最高のものを選んだという思いを深くした。次にさらに重要なのはこのおかげでより多くの買物客がアトリウムに足を向けるようになったことだ。当然ながら、客こそアトリウムが成功するための、最大のカギなのだ。

不思議なのは、アトリウムが商業的にも成功したことを、だれも本気で信じようとしなかったことだ。オープンした初日から、さまざまな誤ったうわさが流れた。一つは、アトリウムが観光名所となっていることは確かだが、実際にここで買物をする人はいない、というもの。もう一つは、ヨーロッパのテナントは、単に人目を引くだけの、いわばおとり店としてここに店を出しているにすぎない、というものだ。その他に、一階にある店は繁盛しているが、二階以上の店は売れ行きが悪い、といったうわさもあった。オープンからすでに数年たった一九八六年に、ニューヨーク・タイムズのある記者が私に会いにやって来た。アトリウムを徹底的にけなそうという意図をもっていることは明らかだった。しかし取材した結果、記者はアトリウムを酷評するどころか、ビジネス欄の一面に、その驚くべき成功に関する記事を載せたのだ。

郊外型のショッピング・モールの場合、最初の数年間に少なくともテナントの三分の一が入れ替わるのが普通だ。しかしトランプ・タワーでは、オープンから三年の間に店を閉めたのは、ほんのひと握りのテナントにすぎなかった。しかも、さらに重要なのは、一つのテナントが出ていくと、ウェイティング・リストに載っている五十ほどの店の一つが、すぐその後を埋めるということだ。世界で最も高価な商品を扱う店が、このアトリウムで成功しているのだ。

もちろん、一流店だからといって、すべての店がアトリウムという場所柄に合ったわけではない。アトリウムの最初のテナントの一つ、ロエベがその好例だ。皮革製品を扱う店で、品質のよい商品を揃えていた。だが、金持ちの女性は、隣りの店で何千ドルもする宝石やイブニング・ドレスを買うことはあっても、ロエベの革製のパンツに三千ドル出そうとはしない。たとえどんなに柔らかく、手ざわりがよくてもだ。そんなわけでロエベの商売はうまくいかなかった。しかし、最終的には全員が満足する結果になった。商売が繁盛していた隣りのアスプリーが、ロエベのスペースにまで店を広げることにしたのだ。したがってロエベは、長期賃貸契約を解約することができた。そしてアスプリーはぜひ欲しいと願っていた四千六百平方フィート（約四百二十七平方メートル）のスペースを手に入れ、私のほうも素晴らしい賃貸契約を新たに結ぶことができた。

最後にもう一つ、トランプ・タワーを大ホームランともいうべき圧倒的成功に導いた要因がある。四二一-Aと呼ばれる非課税措置がそれだ。皮肉なことに、この四二一-Aの適用を受けるまでにかかった時間は、土地の確保からトランプ・タワーの完成までに要した時間を上回るという結果になった。

市は一九七一年に、住宅開発を促進する目的でこの四二一-Aの措置を導入した。デベロッパーは土地利用の改善を図るかわりに、十年間不動産税を免除される、というものだ。非課税枠は二年ごとに二十パーセントずつ引き下げられる。四二一-Aの適用を申請した者には、ほとんど当然のこととして認可が与えられていた。そこへ、トランプ・タワーをひっさげて私が登場したのだ。

私に適用を受ける資格があることは間違いなかった。手入れ不足で荒れた十階建てのビルの代わりに、総工費二億ドルの多目的ビルを造ると宣言していたのだ。グランド・ハイアットの場合は、税の軽減措置により税を全額免除されたが、四二一-Aでは申請時に土地に課されている税は免除されない。ただ土地の資産価値の増加分に対して新たに課される税金が免除されるのだ。トランプ・タワーを建てることで、私はより有効に土地を利用することになる。だれもそれには反論できないだろうと思った。

ところが、反論する者がいた。エド・コッチ市長がその一人だった。理由は、トランプ・タワーの評価とはまったく別なところにあった。つまり、すべてが政治のためだった。コッチや市の助役は、自分たちが貪欲なデベロッパーに対抗する消費者の味方であることを市民に印象づけるための、絶好の機会が到来したと考えた。世間の認識という点からいえば、私の立場は弱かった。五番街は明らかに最高のロケーションであり、たとえ税の免除が受けられなくても、トランプ・タワーの成功はまず間違いないと見られていたからだ。

しかし、だからといって私に四二一－Aの非課税措置を受ける正当な権利がないことにはならない。一九八〇年十二月、私は四二一－A適用のための最初の申請を行なった。一カ月後、市の住宅保護開発局（HPD）局長、トニー・グリードマンに会い、直接申し立てをした。しかし三月になって、グリードマンとHPDは私の申請を却下した。

私はコッチに電話し、決定は不当なものであり、こちらはあきらめるつもりはない、と言った。最終的に私が勝つことが明らかな訴訟に、市は莫大な金を浪費することになるのだ。

一九八一年四月、市の決定を覆すため、いわゆる第七十八条訴訟手続きにもとづいて、州地裁に訴えを起こした。裁判所は私の主張を認めたが、控訴裁判所がその決定を棄却したため、州の最高機関である州最高裁に上訴した。一九八二年十二月、州最高裁は七対〇で、市が非課税措置の承認を拒んだのは不当であるという判決を下した。最初の申請を行なってからほぼ二年後のことだ。だが裁判所は、早急に非課税の手続きをとるよう市に命じるかわりに、私の申請を再検討するよう申し渡した。市はそのとおりにした。そしてまたもや申請を却下した。

その頃にはこちらも怒り心頭に発しており、もはや訴訟にどれだけ費用がかかろうと問題ではないという心境になっていた。そこで再び第七十八条にもとづいて告訴した。その後の展開は、前回とまったく同じだった。州地裁で勝訴したが控訴裁で決定が覆され、またもや州最高裁に上訴することになった。弁護士のロイ・コーンは素晴らしい手腕を発揮し、メモも見ずに七人の判事の前で熱弁をくり広げた。裁判所は今回も全員一致で私の主張を認めた。そして今度は、すみやかに非課税措置をとるよう市に命じた。

非課税措置を認められたことは、最後の仕上げにすぎなかった。その頃には、トランプ・タワーは圧倒的な成功をおさめていたのだ。タワーのおかげで私の知名度は上がり、信用も大きくなり、名前にハクがついた。トランプ・タワーはまた、金銭的にも大成功だった。土地代や建築費、設計料、宣伝および販売促進活動費、それに金利を含む、プロジェクトの総コストはおよそ一億九千万ドルだった。しかしアパートの売上げだけでも、すでに二億四千万ドルにのぼっていた。つまり、店舗やオフィスから入る収入を含めなくても、約五千万ドルの収益をあげたことになる。トランプ・タワーのアパートの販売代理人としての手数料収入も一千万ドルを上回った。そしてその他に、オフィス・スペースやアトリウムの店舗スペースの賃貸料が毎年数百万ドル入るが、これはほとんど全部が利益になる。

トランプ・タワーは私にとって、単にうまくいった取引という以上の意味をもつようになった。仕事の場も住まいもその中にあり、特別な愛着を感じている。一九八六年に、パートナーのエクイタブルの所有権を買い取ったのも、こうした個人的な感情からだった。そのきっかけとなったのはエクイタブルが同社のニューヨーク不動産事業部門の責任者を交替させたことだ。ある日、その新任重役が電話をかけてきて言った。「帳簿に目を通したところですが、トランプ・タワーのメンテナンスになぜこんなに費用がかかるのか説明していただけますか」確かにメンテナンス費は年百万ドル近くにのぼっており、これは他では例のないことだ。けれども理由はいたって簡単だった。メンテナンスの基準を可能なかぎり高いところに設定すれば、当然費用はかさむのだ。その一例がアトリウムにある真鍮の手すりで、これは月に二度磨かせていた。だがこの重役は、磨くのを数カ月に一度にして、費用を浮かせたらどうか、という。

最初は私も愛想よく応対し、アトリウムの成功の大きな要因は、完璧なまでに管理が行き届いている点にある、と説明した。そして、こちらとしては方針を変えるつもりはないので、本当に変えたいかどうか一日じっくり考えてはどうかと提案した。二十四時間後にまた電話があった。考えた末やはり費用を切り詰める方針でいきたい、という。これがエクイタブルとの提携関係を終わらせるきっかけになったと言える。エクイタブルとは良好な関係にあったが、わずかな費用を節約するために、これまでうまくいっていた方針を変えるつもりはなかった。そんなことをするのは自滅行為だ。

困ったことになったとは思ったが、どうすればいいかはわかっていた。エクイタブル不動産のトップである友人のジョージ・ピーコックに会い、問題が生じたことを説明した。そして、解決策はなさそうなので、エクイタブルの持ち分を買い取りたいと申し出た。まもなく話がまとまり、私がトランプ・タワーをすべて所有することになった。契約の調印が終わってから、ジョージ・ピーコックから手紙をもらった。手紙はこのように結ばれていた。「世の中のほとんどのものは時とともに変わっていく。これは事実として受け入れるほかはない。しかし私はトランプ・タワーの建設に一役買ったことをいつまでも誇りに思うだろう。そしてこれを生み出すために、お互いに力を合わせたことは、私の大切な思い出となるに違いない」

この手紙をもらって、とてもうれしかった。エクイタブルとの提携は、もともと非常に紳士的に行なわれたものであり、これはそれをしめくくるにふさわしい、洗練されたやり方だと思った。

父フレッド・トランプの近影。

HENRY KERN PHOTOGRAPHERS

兄弟とともに――左から私、フレディ、ロバート、メアリアン、エリザベス（1951年）。

FREDERICK SCHROEDER

ニューヨーク市クイーンズに建設中の6階建てビルの基礎工事を調べる12歳の私。

DON DONATO

ニューヨーク・ミリタリー・アカデミーにて（1963年5月）。

DON DONATO

ニューヨーク・ミリタリー・アカデミーのキャンパスで、両親と（1964年春）。

DON DONATO

卒業写真
（1964年 6 月）。

コロンブス記念日のパレードで、ニューヨーク・ミリタリー・アカデミーの士官候補生たちの先頭に立って五番街を行進する（1963年10月）。この時初めて、五番街の素晴らしい不動産物件をしみじみ眺めた。

DON DONATO

カナダのモントリオールでトップ・モデルとして活躍していた頃のイヴァナ（1975年）。

アカプルコでのハネムーンでイヴァナと（1977年）。

MARIANNE PERNOLD

ILL MARK

BILL MARK

上）私がオプションを持つ34番通りの操車場跡地を、ニューヨーク市のコンベンション・センター用地として売り込んでいるところ。29歳（1975年）。1978年に、ニューヨーク州および市は、他の候補地を退けて、私の敷地をセンター用地に決定した。
左）私の敷地——34番通りの操車場跡地——がなぜニューヨーク市のコンベンション・センター用地として最適かを、記者たちに説明する（1976年 6 月）。
右）ヒルトン・ホテルで行なわれた記者会見で、建築家のジョーダン・グルゼン、ダー・スカットとともに、コンベンション・センターについての質問に答える（1976年 6 月）。

TED THAI/TIME MAGAZINE

6年ぶりに氷のはったセントラル・パークのウォルマン・リンクで、できたての美しい澄みきった氷の上に立つ。私は長引いていたリンクの改修工事を市から引き継ぎ、無事完成させた（1986年10月）。

ウォルマン・リンクの開場式でリボンを切る（1986年11月13日）。左から、トラー・クランストン、マイクル・サイバート、ジュディ・ブルームバーグ、デビー・トマス、ドロシー・ハミル、スコット・ハミルトン、マンハッタン区長デイヴィッド・ディンキンズ、チェース・マンハッタン銀行のロバート・ダグラス、私、公園管理局長ヘンリー・スターン、コッチ市長、エジャ・ザノヴァ＝スタインドラー、ディック・バトン、ジェーン・トーヴィル、クリストファー・ディーン、ロビン・カズンズ、ペギー・フレミング。

抵当証書を燃やしているところ。私たちはジョージア州にあるミセス・アナベル・ヒルの農地が抵当流れになるのを防ぐため、10万ドルの寄付を集めた（1986年12月23日）。

ボブ・ホープとイヴァナと一緒に（1986年10月）。

ヴェトナム戦争帰還兵記念碑の完成を祝うパレードの先頭に立って、紙吹雪の中をブロードウェーを行進する（1985年５月）。私は退役軍人の援助に力を入れており、このパレードの費用と、マンハッタンのダウンタウンに建設されたヴェトナム戦争帰還兵記念碑の工費の一部を負担した。

ランニングバックのハーシェル・ウォーカーと契約し、ニュージャージー・ゼネラルズに入団させる（1983年9月23日）。

ヒューマン・リソーシズ・センターの設立20周年を記念して開催された「有名スポーツの夕べ」にて（1986年５月29日）。

取引のパートナーである友人のリー・アイアコッカと、最近行なわれたレセプションで（1987年）。

BOB GREENE/CBS PHOTO

ヴァレリー・バーティネリとともに、好評を博したCBSのミニシリーズ《愛と哀しみのマンハッタン》の1シーンに出演（1986年7月）。

レーガン大統領とナンシー夫人に迎えられる（1986年）。

OFFICIAL WHITE HOUSE PHOTOGRAPH

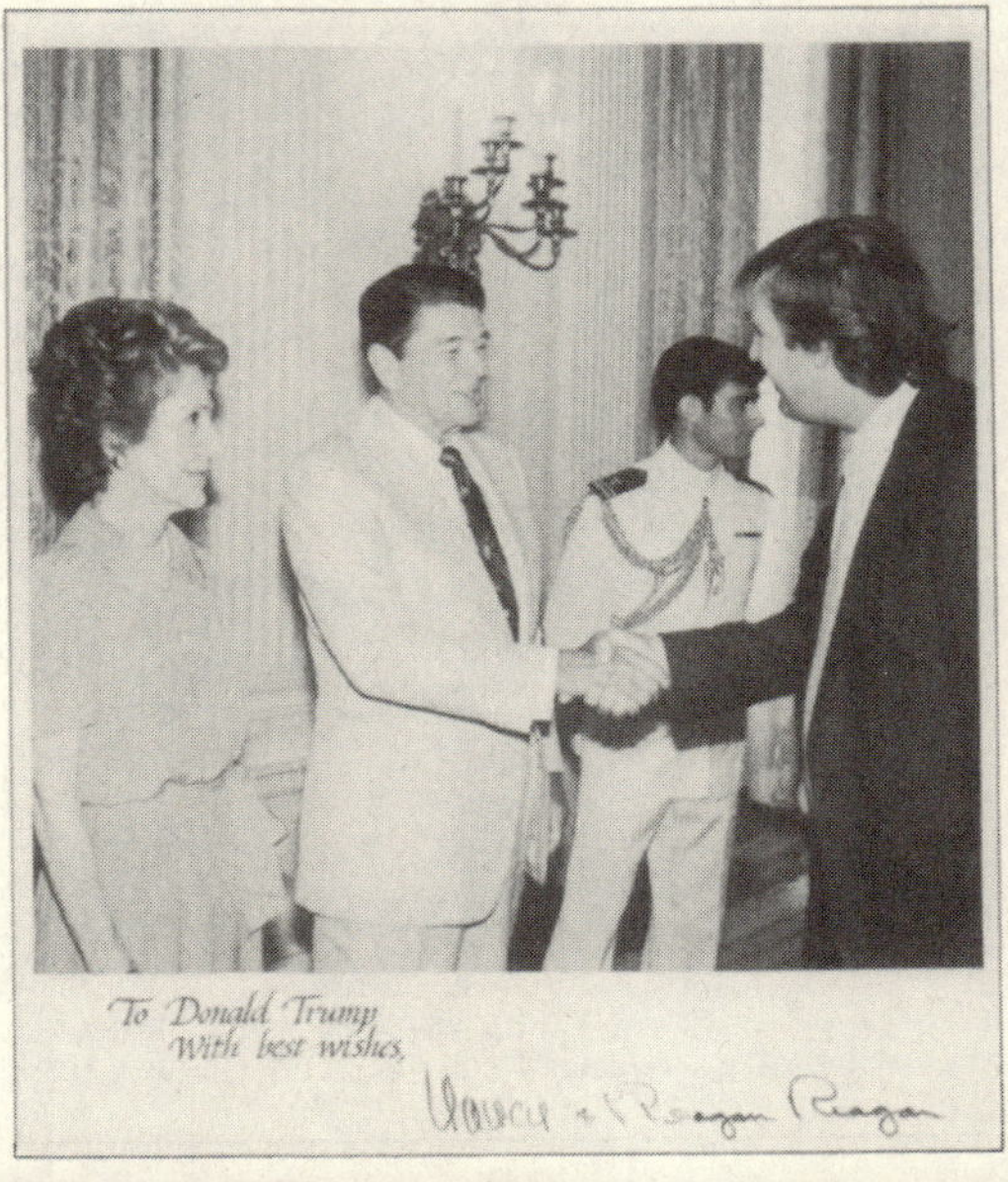
To Donald Trump
With best wishes,

HOLLAND WEMPLE

市庁舎にて、エド・コッチ市長、父、イヴァナ、母メアリ・トランプとともに。

五番街をパレードするデニス・コナーと、ヨット〈スターズ・アンド・ストライプス〉号のクルー。このパレードは、アメリカズ・カップ・レースで同号がオーストラリアからアメリカ杯を奪還したことをたたえて、私が主催したもの。パレードの当日は厳しい寒さにもかかわらず、50万人を超えるニューヨーク市民がつめかけ、歓呼の声で優勝チームを迎えた（1987年2月）。

© WOLFGANG HOYT/ESTO

トランプ・パークの模型。広々としたテラスと総大理石のバスルームをもつ豪華なアパートから成るトランプ・パークは、ニューヨーク一高価で売れ行きのよいコンドミニアムと目されている。この隣りには100セントラル・パーク・サウスがある。戦前に建てられたこのエレガントなビルには、80戸の賃貸アパートが入っている。

BAEHR

175戸のアパートから成る住居用高層ビル、トランプ・プラザの模型。ニューヨークのアッパー・イースト・サイドの、61番通りと三番街の角に建つ。近くにはブルーミングデール・デパートがある。

西34番通りの操車場跡地に建設されたニューヨーク市のジェイコブ・ジャヴィッツ・コンベンション・センター。私は工事の監督をすることを申し出たが、市と州当局は独自に工事を進めた。懸念していたとおり、プロジェクトは予定より何年も遅れ、何百万ドルも予算を超過して、ようやく完成した。

向かいあって建つサン・モリッツ・ホテルとトランプ・パーク。トランプ・オーガニゼーションは、アメリカ街をはさんでセントラル・パーク・サウスにそびえるこの二つの高層ビルを所有している。

グランド・ハイアット・ホテルの模型。34階建て、客室数1406のこの豪華なコンベンション用ホテルは、総工費１億ドルをかけた。レキシントン街とパーク街の間の42番通りにある、グランド・セントラル駅に隣接している。

グランド・ハイアット・ホテル建設中の1979年に、隣接するグランド・セントラル駅の改修工事も行なった。

トランプ・オーガニゼーションのシンボル、トランプ・タワーの模型。五番街と56番通りの角にティファニー・ビルと並んで建つこの68階建てビルは、ニューヨークで最も高級な住居用、店舗用、およびオフィス用スペースをもつ。この中には、ピンクの大理石でできた、1階から6階まで吹き抜けのアトリウムがある（写真上）。高さ80フィートの滝のあるこのアトリウムのおかげで、トランプ・タワーはニューヨークの新名所となっている。

1986年10月23日は、私の生涯で最も運がよかった日だ。アトランティック・シティのトランプ・プラザ・ホテル・アンド・カジノに2700台を収容できる屋内駐車場を建設中に、22トンのビームを吊り上げようとして、起重機のブームが前に出すぎ、その巨大な起重機が倒れて駐車場の大半が潰れた。現場では、この事故の直前まで少なくとも100人が働いていたが、たまたま別の作業に移動していたため、怪我人はなかった。

ボードウォークにあるトランプ・プラザ・ホテル・アンド・カジノの模型。これはアトランティック・シティ随一の高層ホテルであり、世界で最も成功しているカジノつきホテルの一つだ。

ニュージャージー州アトランティック・シティのマリーナに、3億2000万ドルをかけて買い取ったトランプ・キャッスル・ホテル・アンド・カジノの模型。この巨大な建物に加えて、ダンス場と超豪華スイートから成る新たな高層ビルと、600隻を収容できる大規模な総合マリーナを、目下建設中である。

リゾーツ・インターナショナルの買収により、私はアトランティック・シティに建設中のタージ・マハルを手に入れた。1988年の9月に完成が予定されているタージ・マハルは、カジノ部分の床面積が約12万平方フィートにおよぶ、世界最大のカジノつきホテルである。

フロリダ州パーム・ビーチにある私の冬の別荘、マール＝ア＝ラーゴ。1920年代初めに、穀物王ポーストの女相続人マージョリー・メリーウェザー・ポーストのために、ジョゼフ・アーバンが設計したもの。部屋数118のこの壮麗な屋敷は、東は大西洋から西はワース湖までつづく広大な敷地に建っている。

敷地には美しく整備された20エーカーにおよぶ芝生、９ホールのゴルフコース、柑橘類の果樹園、温室、庭園、ゲストハウス、使用人用宿舎、テニスコート、プールがある。ここはアメリカでも有数の、価値ある土地の一つに数えられている。

パームビーチにあるトランプ・プラザ。260戸のアパートから成る豪華なコンドミニアムで、フロリダのインターコースタル・ウォーターウェー沿いに建ち、ワース湖と大西洋の素晴らしい眺望を見晴らすことができる。

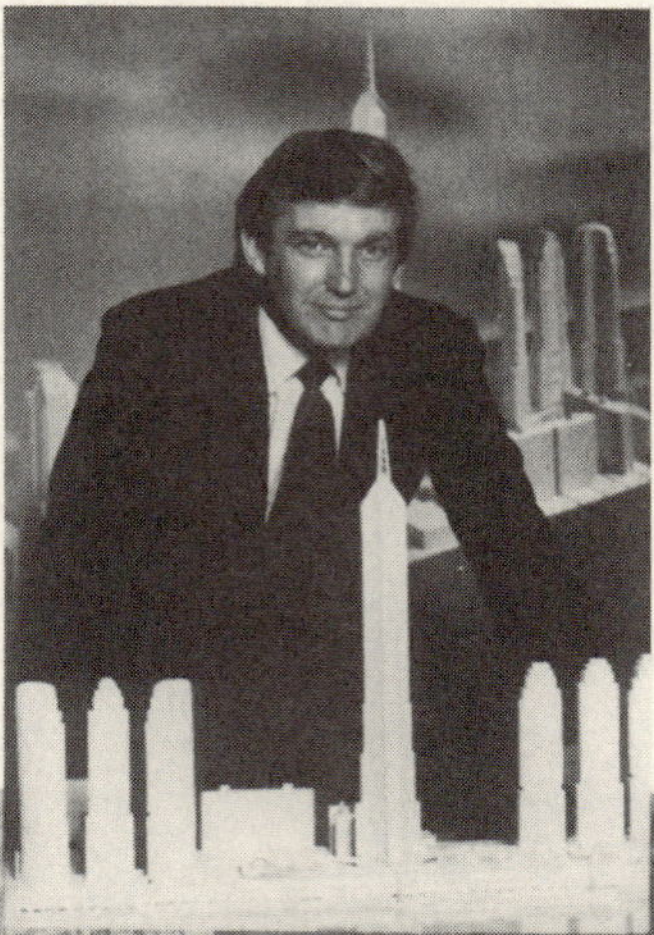

テレビジョン・シティの初期の設計案を前にして。

テレビジョン・シティの建設が予定されているウェスト・サイドの操車場跡地。ハドソン川に沿って西59番通りから西72番通りまで延びる、広さ約100エーカーのこの土地は、ウォーターフロントの未開発地としてはマンハッタン最大のもの。この敷地に、世界一高いビルと先端技術の粋を集めた総合テレビ・スタジオ、約8000戸の居住用アパート、大規模なショッピング・センター、ウォーターフロントのプロムナードを含む、広さ40エーカーにおよぶ、美しく整備されたオープン・スペースを建造する予定である。

8　賭博――ボードウォークのカジノ

カジノ経営がいかにもうかる商売かを知ったのは、一九七五年末のことだ。ある日、コモドア・ホテルの取引についての会合に出るため車に乗っていると、ラジオでニュースを流し始めた。アナウンサーの報告によるとネヴァダ州ラスヴェガスで、ホテル従業員がストを行なうことを決議し、その影響の一つとして、ラスヴェガスに二つのカジノを持つヒルトン・ホテルの株価が大幅に下落したという。その頃にはホテル経営についてある程度の知識はもっていたが、それでもこのニュースには驚いた。世界中に少なくとも百のホテルを所有している会社が、そのうちのたった二つがストライキを起こしたために株価がそれほど打撃を受けるとは、一体どういうことなのか？

オフィスにもどって調べると、すぐに答がわかった。ヒルトンは世界各国に百五十以上のホテルを持っているが、ラスヴェガスにある二つのカジノつきホテルだけで、会社の純益の四十パーセント近くをあげているのだ。それに対し、たとえばニューヨーク・ヒルトンは、会社全体の利益の一パーセント足らずしかあげていなかった。ニューヨーク・ヒルトンといえばニューヨークの最大手ホテルの一つであり、莫大な収益があるものと思っていた。私は考えこまざるをえなかった。それまで二年近くの間、私は四十二番通りに巨大ホテルを建てるために、日夜かけずりまわってきた。それでもまだ認可はおりず、資金調達のめどもたたず、このままでは計画そのものがつぶれてしまう可能性も大いにあった。そして、たとえ建設にこぎつけ、それがこの世界最大の都市で成功をおさめたとしてもたいしたことはない。南西部の砂漠の中の小さな町でそこそこに繁盛しているカジノつきホテルのほうが、それよりはるかにもうかるのだ。そのことにはじめて気がついた。

この時までに、すでにコモドアの計画のために膨大な時間を費やしていたし、いったんとりかかったことを途中で投げ出すつもりもなかった。しかしラジオでそのニュースを聞いてからまもなく、アトランティック・シティに行ってみた。一年ほど前、ニュージャージー州全域で賭博を合法化するという法案についての住民投票が行なわれたが、否決されていた。だが今度は、アトランティック・シティでのみ賭博を合法化するという新たな住民発案《イニシアティブ》が提出され、一九七六年にその採否についての住民投票が行なわれることになっていた。

調べてみる価値は大いにあった。私は賭博が不道徳だと思ったことはない。これに反対する人の大半は偽善者だと思う。世界最大のカジノは、ニューヨーク株式取引所だ。普通のカジノと違うのは、ここではばくちを打つ人がみなブルーのピンストライプの背広を着て、革のアタッシェケースを持っていることだけだ。株式市場では、世界中のカジノで扱われる金を全部合わせたよりもっと多額の金がもうかったり失われたりする。株式市場に金を賭けるのが許されるのなら、ブラックジャックやサイコロばくちやルーレットに金を賭けることも許されていいはずだ。

アトランティック・シティで賭博が合法化される件について私が興味をもったのは、主に商売上の見地からだった。タイミングはどうか、適正なコストで参入できるか、この地域はロケーションとして好ましいか、といった点を知りたかった。アトランティック・シティはニューヨークから百二十マイル（約百九十三キロ）ほど離れた、ニュージャージーの南岸にある。かつては一大リゾート地、およびコンベンション・センターとして栄えていた。だがコンベンション関係のビジネスが、より温暖な気候の大都市に移っていくと、アトランティック・シティはすっかりさびれてしまった。実際に行ってみると、その荒廃ぶりは想像以上だった。焼け落ちた建物、窓に板を打ちつけた商店がいたるところで目につき、まるでゴーストタウンのようだ。あたりには、失業者の多い地域に特有の絶望感が漂っている。

皮肉なことに、賭博が合法化されるかもしれないという期待感のために、アトランティック・シティの土地はすでに高騰していた。特に値上がりが激しいのは、海辺のボードウォーク沿いの土地だった。大規模な株式会社からいかがわしいぺてん師にいたる、ありとあらゆる人間が一攫千金をねらって、ハゲタカのように群がっていた。一年前には五千ドルでも売れなかったような小さな家に住んでいた家族が、突然三十万ドルから五十万ドル、はては百万ドルといった法外な値段で家を買い取りたいという申し出を受けるようになった。

思えばばかげた話なので、私は思惑買いをするのはやめることにした。これほど大きな賭けに多額の金を出すのは気が進まなかったのだ。たとえば、住民投票の前にある土地を五十万ドルで買ったとする。もし賭博が合法化されなければ、翌日にはその五十万ドルの土地はただ同然の価値しかなくなる。逆にもし合法化が決まれば、同じ土地の値段は二百万ドルまで上がるかもしれない。だがどうせ金を出すなら、もっと確実なものに投資したほうがいいと思った。カジノの収益性はけたはずれに高いので、条件のよい土地を手に入れるために多少余計な金をかけても、後になればそんな費用は問題にならなくなるだろう。

大方の予想どおり、一九七六年十一月に賭博を認めることが可決され、一九七七年の半ばに法制化された。しかしその頃には、グランド・ハイアットの事業がようやく進展し始めており、一方アトランティック・シティの地価のほうは、予想をはるかに上回る高騰ぶりを見せていた。そこで五年前、やはりマンハッタンの地価が高すぎると思った時と同じように、もう少し様子を見ることにした。気長に、しかも注意を怠らずに待っていれば、そのうちもっとよい機会が訪れるに違いないと思った。

そのまま三年近くたったが、ようやく一九八〇年の冬に、アトランティック・シティの土地に関する情報を教えてくれるよう頼んでおいた建築家から電話があった。私が前から目をつけていた、ボードウォーク沿いの一等地が手に入りそうだという。タイミングとしても申し分なかった。というのも、カジノがもうかると誰も彼もが思っていた時期は過ぎ、この商売もなかなか難しいことがわかってきたからだ。リゾーツ、ゴールデン・ナゲット、シーザーズなど数軒のカジノは繁盛していたが、それより新しくできたベンチャー的カジノは、さまざまな問題にぶつかっていた。

町で一番新しいバリーというカジノは、完成した時には少なくとも二億ドル予算を超過していた。ラマダ・インが所有するトロピカーナは、工事が予定よりひどく遅れていた上、予算も大幅に超過していた。ペントハウス誌のオーナー、ボブ・グッチオーネはボードウォーク沿いにカジノを造る計画を発表したが、敷地を手に入れてから、資金調達に行き詰まってしまった。ヒュー・ヘフナーは、プレイボーイ社によるカジノつきホテルの建設を計画していたが、カジノ管理委員会から賭博場経営免許をもらうことができず、計画倒れに終わっていた。その他に、これほど名を知られていない事業家が五、六人、遠大な計画を持って町に乗りこんできていたが、いずれも資金調達に失敗したり、許可を受けられなかったり、カジノつきホテルの天文学的な建設コストに恐れをなして、挫折していた。

また、FBIのアブスキャムおとり捜査（FBIが一九七九年から八〇年にかけて上下両院議員の違法行為摘発のために行なったおとり捜査）によって、ある汚職事件が明るみに出たため、アトランティック・シティの評判はさらに落ちていた。一九八〇年に、カジノ管理委員会の副委員長ケネス・マクドナルドが、贈賄にかかわったことを認めて、辞職した。カジノの経営を希望する数人の事業家が、賭博免許の交付に協力してもらうため、地元の政治家に十万ドルの賄賂を贈ったが、その時マクドナルドも同席していたというのだ。さらに悪いことに、一九八〇年の冬は例年になく厳しかった。凍えるほど寒い上に風が強く、一月と二月には、ボードウォークの上に立つこともできない有様だった。

こうした事情から、数年前まであれほど人気をよんでいた町が、突然文字どおり冷えきってしまい、見向きもされなくなった。新たなカジノの建設を希望する者はもはやだれもいなかった。アトランティック・シティでカジノの商売がなりたつのは、特定の季節だけかもしれないとも思えた。そうなると、やっていけるのはせいぜい二、三軒だろう。しかし、私にとっては、これはむしろチャンスのような気がした。状況が厳しい時のほうが、有利な取引ができる可能性が強いのだ。

電話で教えてもらった土地は広さが二・五エーカー（約一万平方メートル）ほどで、ボードウォークの中心にあった。アトランティック・シティ高速道路から市内へ通じる幹線道路を、少しはずれた場所だ。しかもその敷地は、コンベンションや主な催物が行なわれる、市内随一の広さのコンベンション・センターと隣り合わせている。つまり、ここにカジノができれば、コンベンション・センターから直接、人が送りこまれてくる形になる。町中探しても、これ以上カジノ建設用地にふさわしい土地はないだろう。だが、おそらくまさにその理由のため、ここは非常に手に入れにくい土地でもあった。

一九八〇年までに、ありとあらゆる人がこの敷地の買収を試みており、その結果、法律上まことにややこしい状況が生まれていた。所有権の細分化、協定の重複、オプションをめぐる争いのほか、それぞれの区画に留置権がついたり、さまざまな対立が起こったりしていた。敷地の現状がどうなっているのか理解することさえ容易ではなく、ましていざこざを解くことなど不可能に思えた。意見をきいた弁護士や不動産ブローカーはみな、もし本当にアトランティック・シティにカジノを建てるつもりなら、すでにまとまっている敷地を買ったほうがずっと楽だと言った。そのアドバイスには耳を傾けたが、納得はしなかった。

まず第一に、値段さえ適正なら、なるべく立地条件のよい土地を手に入れたほうがよい、というのが、私の信条だ。第二に、つむじ曲がりのようだが、私はこみいった取引にひかれる。そのほうが面白いというのも理由の一つだが、難しい取引のほうがねらったものが安く手に入るからでもある。

もし一九七六年の時点でこの同じ用地を買収しようとしていたら、まるで違った結果が出ていただろう。その頃はまだニューヨークで何の建設も手がけておらず、無名に近い存在だった。しかし一九八〇年にはハイアットの建設が始まっており、トランプ・タワーの建設計画も発表していた。したがって知名度も信用度も上がっていた。うまい話をさんざん聞かされた後、結局肩すかしをくわされたという人たちと交渉する場合、一番大事なのは信用である。

敷地は三つの大きな区画と、五、六軒の小さな個人住宅から成っていた。大きな区画はそれぞれ別の投資グループが所有しており、住宅も各々別の、移民の家族が持っていた。買収交渉を進める上での最大のポイントは、敷地全体を取得できる場合にのみ、個々の区画を買い取る、という条件を認めさせることだった。私が考えているような巨大な施設を建てるためには、どうしても敷地全部を手に入れる必要があった。巨額の金を投資したあげく、最後の区画の所有者に値段をつり上げようと居坐られて動きがとれなくなることだけは、何としても避けなければならない。

こうした事態に見舞われたのは、隣りの敷地に建設を始めていたボブ・グッチオーネだ。今日なお、建てかけのビルの錆びついた鉄骨の下に、一軒の家が残っている。グッチオーネはついに、この家を買収することができなかったのだ。たとえ彼が資金調達に成功していたとしても、これだけはどうすることもできなかっただろう。三億ドルも四億ドルもかけて、豪華な美しいカジノを完成させたものの、その真中に、くずれかけた五部屋のあばら屋が残っている、という珍妙な光景が出現していたところだ。

そこで、私は自分が信用のおける人間であることをもっぱら強調した。公平な取引をするつもりであること、これまでの連中と違って取引を遂行する力があることを、区画の所有者たちに説明した。そして、敷地の開発にかけてはすぐれた実績があることを示し、この敷地を買い取ろうなどという気があるのは、もはや私くらいのものだ、と話した。もし私との間で話がまとまらなければ、この土地はこの先いつ売れるかわからないのだ。

取引の中心は、三つの大きな区画を手に入れることだった。これらを所有していたのはSSG、マグナム、そしてネットワークIIIの三つのグループで、私はそれぞれの代表者と直接交渉を行なった。これらの区画を最初から買い取るのではなく、後に買うことができるというオプションをつけて、長期の借地契約を結ぶことにした。最初の投資額をなるべく低くおさえると同時に、多額の銀行融資を避ける、というのが私の戦略だった。当時、銀行はアトランティック・シティに警戒心を抱いていたからだ。借地権を所有するだけなら、自分でコストを負担することができる。取引の骨子はごく簡単なものだった。こちらは迅速かつ公正な値段で土地の権利を買い取る。その代わり、所有者たちは私、およびお互い同士と協力しあって、全部の区画の引渡しが同時に行なわれるようにしなければならないというものだ。また共同で土地を売ったり貸したりしようとする、より重要な目的のためには、所有者たちは互いを相手どって起こしていた訴訟を、すべて取り下げなければならない、という条件もつけた。先へ行ってから裁判沙汰に巻きこまれて、動きがとれなくなっては困るからだ。

個人が所有している土地は、最初から買い取ることにした。地元の人間を雇って、私のかわりに所有者との交渉にあたらせた。交渉相手の多くは移民で英語があまり話せず、外部の人と取引することになれていなかったからだ。他のデベロッパーたちは、たとえ狭くても戦略上重要な位置にある地所を手に入れるためには、場合によっては百万ドルもの金を払っていた。しかし情勢が変わって相場が下がってきていたので、私はほとんどすべての地所を、はるかに低い価格で買い取ることができた。

一九八〇年七月には、全部の区画について、交渉がまとまっていた。引渡し日のことはいまだによくおぼえている。引渡しはすべて同じ日に、アトランティック・シティにある私の弁護士のオフィスで行なうよう手配した。移転手続きは金曜の午後に始まり、夜を徹して翌日まで続いた。結局、すべての書類の署名調印が終わったのは二十八時間後だった。部屋の中は疲労困憊した人たちで一杯だったが、ともかく私はアトランティック・シティ一の敷地を手に入れたのだ。

プロジェクトを進める前に、まだ資金を調達し、建築許可とカジノ経営者としての免許を受けなければならなかった。また、それ以上に重要なのは、はたして今はこの大規模プロジェクトを手がけるにふさわしい時期かどうかを判断することだった。幸い、結論を急ぐ必要はなかった。弁護士手数料、初期計画案の設計図、スタッフの給料、土地の買収費と借地権料などを含め、すでに数百万ドルの資金を投資してはいた。だがもし気を変えて、手に入れた土地を売却することにした場合は、投資した額をはるかに上回る値段で売れることがわかっていた。よい物件にはどんな時でも買手がつくのだ。

結論を出す前に、まずカジノ管理委員会の許可を受けることにした。それまでアトランティック・シティの状況を注意深く追ってきたので、許可をもらうのは非常に難しく、時間がかかり、また結果の予想がつきにくいことがわかっていた。

たとえば、プレイボーイ社とヒュー・ヘフナーは免許の交付を拒否されたが、その理由は、二十年前にマンハッタンにあるプレイボーイ・クラブに酒類の販売を許可してもらうため、同社が賄賂を贈ったというものだった。ヘフナーはニュージャージーで証言した時、問題の金は賄賂ではなく、向こうから支払いを強要されたものであり、自分もプレイボーイ社も罪に問われたことはないと主張した。しかしそれでもやはり、許可はおりなかった。ヘフナーを反対尋問した州の役人は後に、委員の中に、証言台に立ったヘフナーの服装や態度が気に入らなかった者が何人かいたのだ、と語っている。ニュージャージー州トレントンで行なわれた聴問会に、ヘフナーが絹のワイシャツに絹のスーツといういでたちで、パイプをくゆらしながら登場したのは、あまり賢明だったとは言えない。しかも脇にブロンドのグラマーをはべらしていたのだ。管理委員会による決定は非常に主観的なものだ。もしヘフナーの世故にたけた娘、クリスティが、この件にかかわっていたら、結果は違うものになっていたかもしれない。

他の申請者の中には、プレイボーイの場合よりもっと重大な組織犯罪とのかかわりについて追及された会社もあった。シーザーズとバリーもその中に含まれていたが、最終的にはどちらも許可を受けることができた。こうした決定までの経過を見ているうちに、一定のパターンがあることに気がついた。いわば見せしめともいうべきパターンだ。つまり、免許を交付してもらう代わりに、会社は最低一人のいけにえをささげなければならないのだ。シーザーズ・ワールドでは、パールマン兄弟が会社を辞めさせられた。バリーの場合は、ウィリアム・オドネルが犠牲になった。けれども大規模な株式会社と違って、私は一人でもスタッフを失うわけにはいかない。そこで、これまでの経歴に何の汚点もないことを証明しなければならなかった。

まず最初に、弁護士を雇った。ニューハウス一家が、過去に何度も仕事を依頼したことのあるニック・リビスという弁護士を推薦してくれた。私はニューハウス家の人たちをとても尊敬していたし、ニックに会うと彼の態度が気に入った。当時三十くらいだったが、もっとずっと若く見えた。私は開口一番、ニックに言った。「はっきり言って、きみみたいな若い弁護士に、こんな大きな仕事をまかせられるかどうか心配だな」ニックは少しもあわてずに切り返した。「正直いうと、あなたみたいな若いクライアントで、私が請求する手数料が払えた人は今までいないんですよ」

ニックと私は、これからの方針についてたちまち意見が一致した。つまり許可がおりるまでは建設に着手しないというものだ。

それまでの例では、アトランティック・シティで敷地を買収したり集めて統合した会社は、必ず免許の申請と同時に着工している。免許を得る手続きには建設と同じくらい時間がかかることがあり、カジノの完成が早ければ早いほど、すぐにもうけ始めることができるからだ。これは実に合理的なやり方だ。ただし、最終的に許可が下りれば、の話だ。私は他の会社のように、その間数億ドルという金をリスクにさらすことは気が進まなかった。またカジノ管理委員会と交渉するにあたって、弱い立場に身を置きたくなかった。いったん多額の金を投資してしまうと、委員会に何を要求されても、断わるのが難しくなる。今日にいたるまで、ニュージャージーで賭博経営免許を受けるという悪夢のような体験に進んで身をさらそうという個人、あるいは会社はさほど多くない。そこでネヴァダが、新たな投資家をひきつける上で、がぜん有利になるのだ。

私の切り札は、アトランティック・シティでは新たなカジノの建設が完全にストップしている、という点だった。州および市当局は、アトランティック・シティがまだ投資対象として有望であることを示す、新たな証拠を欲しがっていた。有力な建設業者としての私の評判はすでに確立していたので、アトランティック・シティに大規模なカジノつきホテルを建てるという私の計画は、州および市当局に受け入れられると確信していた。ともかく、だれかに頼みこむという形をとることは避けたかった。このプロジェクトを成功させれば全員が利益を得るという観点から、少なくとも対等の立場で交渉を進めたいと思っていた。

この頃には、弟のロバートをこのプロジェクトに参加させていた。私と違って、ロバートは大学卒業後、ウォール街で働くことを希望した。おそらく、これは家族の影響からぬけ出すための手段だったのだろう。最初は、キダー・ピーボディ社で企業金融の仕事をしていた。三年後にイーストディル・リアルティ社に移り、その後五年間企業の不動産金融の仕事を手がけた。それからシアソン・ローブ・ローズに移り、不動産金融グループを設立した。何年間かこれを順調に運営した後、私のもとに来てくれたのだ。ロバートはいずれ家業にもどるだろうと私は最初から思っていたし、本人もそう考えていたようだ。

アトランティック・シティでの事業は、そのための絶好の機会だった。私はニューヨークから百二十マイル離れた町に、二億ドルという巨額の投資をしようとしていた。これだけ離れていると、毎日様子を見に行くわけにはいかない。そこで、非常に有能かつ正直、そして心から信頼できる人にプロジェクトの監督をまかせることが必要だった。もし自分の家族が有能なら、こういった仕事は家族にやってもらうに限る。自分の家族ほど心から信頼できる相手はいないからだ。そこで一九八〇年五月のある晩、ロバートに電話した。私のアパートで何時間か話し合ったところ、翌日には、アトランティック・シティの事業の運営を私にかわって手がけることを承諾してくれた。そのためにはまず、二人とも賭博免許の申請をしなければならなかった。

一九八一年二月のある朝、ロバート、ニック・リビスと私の三人でニュージャージーへ行き、同州の法務長官と賭博管理局長と会った。私は丁重にふるまったが、言うべきことははっきり言った。私はニュージャージーに大規模な投資をすることを考えており、すでにボードウォーク沿いの敷地を手に入れるために数百万ドルを投じていることを話した。これは会社の金ではなく、私個人の金だ。しかし、賭博事業を手がけようとするデベロッパーに対して、ニュージャージー州が厳しい措置をとる、という評判があるのが気がかりだ。これまでの例では、賭博許可のための調査に十八カ月、あるいはそれ以上もかかっている。私はせっかく手に入れた一等地に、ぜひ素晴らしいカジノを建てたいと思っている。しかしニューヨークで手がけている不動産事業にも成功している。したがって、もし許可を受けるのが非常に難しかったり時間がかかったりするようなら、アトランティック・シティからは手を引くつもりだ。私はこのように話し、最後に結論として言った。許可に関する結論が出るまでこれ以上金を投資したり、工事を始めたりするつもりはない。

法務長官は言った。「トランプさん、ニュージャージー州の措置については誤解していらっしゃいます。許可手続きはそれほど大変なものではありませんよ。調査の結果については、何もお約束するわけにはいきません。結果によっては、あなたに免許を交付することができない場合もあります。ただし、あなたが全面的に協力してくださるなら、六カ月で結論を出すということだけは、お約束できます」長官は賭博管理局長のほうを向いて、「そうですね？」と念をおした。

局長は逃げ腰になった。「ええ、まあ、できるだけやってみますが、場合によっては一年くらいかかるかもしれません」

そこで、すかさず言った。「もし一年もかかるのなら、私は計画をとりやめます。全面的に協力はしますが、いつ結論が出るかわからないものを、いつまでも待つつもりはありません」法務長官はもっともだというふうにうなずき、局長もあいづちを打った。結局六カ月が限度だということになり、二人はできるだけそれまでに結論を出すよう努力する、と約束した。

次に、カジノ管理委員会の面々と話し合いを行なった。カジノを建設するにあたっては、部屋の大きさからカジノの間取り、レストランの数、ヘルス・クラブの規模にいたる、あらゆる事柄について許可を受けなければならない。そこで、建設を始めるずっと前に建物の詳細な設計図や図面を委員たちに見せておくことが、こちらの目的だった。そうすれば、工事にとりかかる前に委員会は建物の設計について検討し、変更が必要な場合はそれをこちらに知らせることができるからだ。

他の業者たちはカジノの運営には慣れていたが、カジノの建設については経験がなかった。したがって、このような周到な準備は行なわなかった。早く建物を完成させてオープンしようと急ぐあまり、多くの業者は最終的に許可がおりるのを待たずに、工事を始めてしまった。すると委員たちがやって来て、「だめ、この部屋は小さすぎる」だの、「このスロット・マシンはここでなく、あそこに据えないとだめだ」などと文句をつける。工事の途中で手直しをすると、非常に高くつくことは長年の経験からわかっていた。大規模なプロジェクトの多くが大幅に予算を超過するのは、これが一番の原因ではないかと思う。

許可を申請する相手や、したがうべき規定が多いことについて、私たちが他の業者より有利な点が一つあった。それは、私たちが官僚的組織ではないことだ。大規模な株式会社では、一つの問題に返答をもらうまでには、何人もの重役の手を経なければならない。そしてそもそもその重役は何もわかっていない場合が多いのだ。しかし私たちの会社では、だれでも質問があれば直接私のところに来て、すぐに答をもらうことができる。多くの取引で私が競争相手よりはるかに敏速に行動することができるのは、まさにこのためだ。

賭博管理局は、調査を開始してからほぼ六カ月後にあたる一九八一年十月十六日に、予定どおり調査を終え、報告書を提出した。管理局は約束を守ったのだ。さらに喜ばしいのは、ロバートも私も、過去の経歴に何ら問題はない、と太鼓判を押されたことだ。賭博管理局は、私たち二人に免許を交付するよう勧告した。

免許交付のための聴問会は、管理局の報告書が提出されてから数カ月後に行なわれることになっていた。そこでそれまでの間に、建設に必要な許可をすべてとってしまった。その中には、私たちのカジノと、隣りのコンベンション・センターとをつなぐ空中歩廊を築くことについての市の許可も含まれていた。この通路のおかげで、建物の一部を道路の上に張り出させることができた。その結果敷地面積は比較的狭いにもかかわらず、ホテルは町でも有数の広さを持つことになった。ボードウォーク沿いの他のホテルと違って、私たちは客室とレストランを海に面して建てた。これほど美しい眺めを最大限に利用しない手はないと思ったのだ。

次に取り組んだのは、資金を調達することだ。これは決して容易ではなかった。おおかたの銀行には、賭博業者には貸出しをしないという不文律があった。賭博業者にはかんばしくない評判の者が多かったからだ。皮肉なことに、私の場合は逆のことが問題だった。銀行の評判は上々だったが、賭博業に関してはまったく実績がなかったのだ。そこで、逆にその事実を利用することにした。経験は豊かだが評判のかんばしくない賭博場経営者に金を貸すより、新規に始めようとする評判のよい会社に融資するほうが確実だ、と銀行を説得したのだ。また、私たちはデベロッパーおよび建設業者として実績があるから、期日どおりに予算内で建てるという点に関しては、他のカジノ会社より確実性がある、とも主張した。

グランド・ハイアットの建設資金の一部を提供してくれたマニュファクチャラーズ・ハノーヴァー信託銀行も、賭博業者には貸出しをしないという暗黙のきまりをもつ銀行の一つだった。しかしハイアット建設の件で私とはきわめて良好な関係にあったため、融資することを承諾してくれた。ローンの条件についてはいささか不満だったが、ともかく貸出しを受けられるだけでも幸せだったので、文句は言えなかった。

こうして融資についての仮承諾と、建築上および設計上のすべてのプランに対する許可が得られた。その上で、一九八二年三月十五日、賭博許可のための聴問会に出席し、カジノ管理委員会の前で証言するため、ニュージャージー州トレントンに出向いた。これまでに行なわれた他の会社の聴問会は、場合によっては六週間から八週間もかかっていた。午前十時十五分を少しまわったところで証言台に立ち、十七分間証言を行なった。正午少し前、委員会はロバートと私、それに私の会社トランプ・プラザ・コーポレーションに賭博経営免許を与えることを、全会一致で採決した。これでようやく本格的な活動を開始できるのだ。

ここで、まったく思いがけないうまい話がころがりこんできた。六月のある朝、マイクル・ローズという人物からオフィスに電話がかかってきた。私はちょっと興奮した。一度も会ったことはなかったが、彼がホリデイ・インの会長であることは知っていたのだ。電話に出ると、ローズは自己紹介した。そして親しみのこもった調子で、メンフィスから私に会いに来たいのだが、と言った。

私は理由などききかなかった。ローズほどの地位にいる人物が会いたいと言うからには、重大な理由があるに違いない。それに、話というのが何か、おおよその見当はついていた。二、三年前に私が買収した、セントラル・パーク・サウスのアメリカ街にあるバルビゾン＝プラザ・ホテルを買いたいというのだろう。ホリデイ・インがニューヨーク市内の目抜きの場所に土地を探していることは知っていた。それに、私は価格さえ折り合えばバルビゾンを売ってもよいということを不動産業者の間に流していたのだ。

一週間後、マイク・ローズが私に会いにやって来た。ロバートと、ハーヴィ・フリーマンと一緒に、彼を迎えた。ローズは背の高い堂々とした男で身なりもよく、いかにも紳士的な風貌だった。私は会うとすぐにバルビゾンを売り込み始めた。これは実に得がたい物件で、ロケーションも素晴らしいし確実性がある。これに目をつけて会いに来られたとは、さすがに抜け目がない。こちらとしても本当は売りたくはないのだが、場合によっては考えてみてもいい。こんな調子で十分間、べらべらとまくしたてている間、ホリデイ・インの会長マイク・ローズは、ひと言も言わずに礼儀正しく聞いていた。だがしまいに、ちょっと困ったような顔をして言った。「どうも勘違いしていらっしゃるようですね。私はバルビゾン＝プラザを買うつもりはありません。アトランティック・シティのプロジェクトでおたくとパートナーになりたいと思っています。そのことを話し合うために来たのです」

私は、状況の変化にすばやく対応することにかけては、自信がある。アトランティック・シティの件でパートナーを組むことはまったく考えていなかったが、すぐに体勢を立て直すと、今度はそのプロジェクトについて、同じように熱をこめてしゃべり始めた。ボードウォーク沿いの一等地を確保したこと、最高のデザインを考えていること、すでに免許も取り、資金調達のめどもたっていること、そして二年以内にはオープンして営業を開始するつもりであることなどだ。

ホリデイ・インについては、最初から二つの点を好ましいと思っていた。第一は、賭博場経営について経験が豊富な点。第二は、この事業の資金を自社でまかなえる点。ホリデイが資金を提供してくれれば、私が個人的に負担する必要はなくなる。しかし、ローズがなぜ提携を望んでいるのか、その理由がよくわからなかった。ホリデイはすでにアトランティック・シティにカジノを一軒所有している。マリーナにあるハラーズで、非常に繁盛していた。ホリデイがボードウォークにもカジノを造りたいと考えていることは知っていたが、同社はすでに高い金を出してボードウォーク沿いの敷地を手に入れていたので、そこに建てるものとばかり思っていたのだ。

そこで、ちょっとかまとぶってみせることにした。ともかく向こうが私に会いに来たのだ。「こちらは資金の当てもついたし、免許や建築についての許可も手に入れています。ですからはっきり言って、パートナーは必要ないのですが、そちらはどういう理由で提携を望んでいらっしゃるのですか？」

ローズが説明したところによると、彼は私の敷地のロケーションのよさもさることながら、それ以上に、期日どおりに予算内で建てるという建設業者としての私の腕に魅力を感じたという。他のカジノ経営会社と同様、ホリデイも建設工事についてはさまざまなトラブルを経験しており、ハラーズ・マリーナの建設では、何千万ドルも予算を超過していた。ローズは、私がすでに工事を始めている点が特に気に入ったと話した。要するに、ホリデイは再び大幅に予算を超過するようなことがあったら、株主に対して申し開きができない。私と提携することにより、カジノの運営に関するホリデイの熟練した技術と、建設業者としての私の能力を、うまく結びつけることができる、というのだった。

ローズは具体的な案を考えていた。こちらがホテルを建設し、ホリデイがその運営を担当する。そして利益は折半する。さらに建設費としてホリデイが五千万ドルの資金を提供し、これまでに私が負担した費用約二千二百万ドルはただちに弁済する、というものだ。また今後の資金調達に関してはホリデイが責任をもち、同社の保証により率の良い融資を確保するという。さらにこの取引をこちらにとっていっそう魅力のあるものにするため、ホリデイはカジノがオープンした日から五年間、営業損失をすべて補塡し、その上私に多額の建築料を支払うというのだ。

こんなうまい話はそうざらにはない。私は何かを聞き落としているのではないかと、何度もロバートとハーヴィのほうを見た。だが二人はにこにこしているだけだ。結局ローズが帰るまでに、私たちはアトランティック・シティでパートナーを組む件について、基本的な合意に達した。もっともまだ文書を作成し、取締役会の承認を得なければ正式に取引が成立したとは言えない。取締役会はおそらく何らかの譲歩を求めてくるだろう。しかしともかくこちらが何のリスクも負わずに利益の五十パーセントを確保できるという基本的な線さえ変わらなければ、これは素晴らしく有利な取引だと言えた。それに、パートナーになる相手は、カジノつきホテルの経営については実績をもつ優良企業である。少なくとも当時私はまだそう思っていた。こちらは巨大なカジノつきホテルの運営に関しては全くの素人なのだから、まかせておけば安心だと思ったのだ。

交渉が終わると、最終的にホリデイの取締役会の承認を得ることになった。多くの場合、経営者が提唱した案を取締役会が承認するのは、単に形式にすぎない。しかしこの場合には、ローズが取締役会にかこつけて取引を破棄するのではないか、あるいは何らかの変更を要求しはしまいか、と気がかりだった。

ローズは取締役たちが問題の敷地を見学し、工事の進み具合を視察できるよう年次取締役会をアトランティック・シティで開催するよう計画した。実を言うと、まだ工事はほとんど進んでいなかったので、困ったことになったと思った。だが取締役会の一週間前になって、いい考えが浮かんだ。

私は現場監督を呼び、手に入るだけのブルドーザーとダンプ・トラックを工事現場に集めて、すぐに作業を開始させるよう指示した。二エーカー（約八千平方メートル）の敷地は今のところほとんどからっぽだったが、ここを世界一活発な建築現場にしてほしいと注文したのだ。ブルドーザーやダンプがどんな仕事をするかは問題ではない。とにかく忙し気に動きまわってさえいればいい。実際に作業ができればなお結構だが、場合によってはブルドーザーで敷地の片側に穴を掘り、掘り上げた土を反対側に運んで捨てるだけでもかまわない。ともかく、私が別の指示を出すまでそれを続けてほしい、と頼んだ。

監督はあっけにとられたような顔で言った。「もう何年もこの商売をやってますが、こんな妙なことを頼まれたのは初めてですよ。でもできるだけやってみます」

一週間後、ホリデイ・インのトップと取締役全員を引きつれて、ボードウォークの敷地へ出かけた。そこは、まるでグランド・クーリー・ダムの建設現場のような様相を呈していた。ブルドーザーやダンプがひしめいていて、動きがとれないほどだ。ホリデイの重役連はじっとその様子を眺めていた。感にたえないような顔をしている者も何人かいた。一人がこちらを向き、首をふりながらこう言ったことは、いまだに忘れられない。「非公開会社の社長ってのはいいですね。自分の一存で何でもできるんですから」

数分後、別の重役がこちらにやって来て、単刀直入にきいた。「あの作業員はなぜ今掘ったばかりの穴を埋めてるんですか？」さすがの私も何と答えていいかわからなかったが、幸い、相手は疑っていたというより、単に好奇心にかられただけだったようだ。取締役たちは、ここは最高の敷地だと確信して帰っていった。それから三週間後の一九八二年六月三十日、ホリデイと私が提携関係を結ぶことについての契約が成立した。

この共同事業の予算は二億二千万ドルだった。そのうち五千万ドルをホリデイが提供し、残りの一億七千万ドルは、ホリデイの保証により融資を受けることになった。この中には維持費、建築費、営業費、必要な準備金など、すべてが含まれている。完成は一九八四年五月の予定だったが、計画さえ綿密にたてておけばそれより早く、しかも予算より低いコストで工事を完了する自信があった。

費用を節約する一つの方法は、いわゆるバリュー・エンジニアリング（専門技術者の立場から費用効果を算定する組織的アプローチ）を応用することだ。たとえば、建築家が蝶番の四ついているドアを使いたい、と言ったとしよう。それをオーケーする前に、そのドアを技師に見せる。すると技師はこう言うかもしれない。「そのドアは蝶番が二つあればつけられる。ごくていねいにしたとしても三つあれば十分だ」そうすると、十ドルの蝶番を一つはずすことができる。二千枚のドアをつけるのであれば、その小さな部品一つで総計二万ドルの費用を節約できる計算になる。もう一つの良い例は、エアコン装置のための冷却塔の設置だ。最初の建築プランでは、冷却塔はホテルのタワーの屋根に取り付けることになっていた。しかしバリュー・エンジニアリングにより、これをタワーより低い七階の屋根に設置すれば大幅な節約ができることがわかった。なぜなら七階の屋根のほうがずっと先に完成するため、タワーに設置した場合より六カ月早く、エアコンのための配管や電気工事を始めることができるからだ。

コスト節約のための第二の方法は、できるだけ完全な設計プランを作成し、請負業者に詳細な見積りを出させることだった。図面が不完全だと、抜け目のない業者は仕事を手に入れるために低く見積もる。やがてプランができ上がっていくにつれ、あちこちを変更せざるをえなくなるため、それに便乗して最初の見積り額より高く請求するのだ。

コストを抑えるために役立った要素がもう一つある。一九八二年の春、アトランティック・シティでは建設業が不振だったことだ。その頃には建設中のカジノはトロピカーナだけになっており、何千という地元建設業者は失業しているか、失業寸前の状態だった。したがって、業者はある程度の間接費を負担するか、職を失うかの二者択一を迫られていたため、こちらは交渉を有利に進めることができた。といっても、向こうが損をするような取引を強いたわけではない。ただ交渉により、きわめて妥当な値段を取り決められる立場にいたことは確かだ。

五月十四日のオープニングに間に合うよう、予定どおりに工事を完成させることができた。ということは、メモリアル・デーの週末に営業ができるということだ。アトランティック・シティでは、昔からこの三日間がカジノにとっては最大の書き入れ時なのだ。また建築費は当初の予算をわずかに下回る二億一千八百万ドルに抑えることができた。これにより、この施設はアトランティック・シティで期日どおりに、予算内で建てられた初めてのカジノつきホテルとなった。

五月十四日のオープン当日の市民の反響は私の予想をはるかに上回る、すさまじいものだった。マスコミはこぞってこれをとりあげ、オープニング・セレモニーにはニュージャージーのおもだった当局者がほぼ全員顔を揃えたほか、何千という市民が参加した。メイン・スピーチを行なったトマス・キーン知事は、私たちの成し遂げた事業を絶賛した。また当時ハラーズの社長をつとめていたリチャード・グーグラインも同様に私たちをほめ、このような巨大な建物を期日どおりに、予算内で完成できたことは、「今日では奇跡に近い」と観衆に語った。

ドアを開けると、とたんに何千という人びとがなだれこんだ。みな町で一番新しいカジノの設備がどんな具合か見ようと待ちかまえていたのだ。数分後には、賭博台やスロット・マシンの前に、三重、四重の列ができた。

もちろん、ホリデイ・インと私の間で、このカジノつきホテルの経営をめぐってさまざまな争いがあったことは、今では周知の事実である。しかし最終的にホリデイの所有権を買い取る際に交した契約の条項により、それらの詳細について語ることはできない。弁護士はみな、この件について訴訟を起こせば、言論の自由を保障する米国憲法修正第一条にもとづいて私が勝訴することは確実だと言う。けれどもそれは私のビジネスのやり方に反する。法律的には、特定の契約条項によって規制されてはいないと思うが、取引は取引だ。いったん同意したことは守るつもりだ。

ただこれだけは言っておこう。一九八六年二月にホリデイ・インの所有権を買い取った時には、私はこの上ない満足感をおぼえた。

パートナーと共同でなく、自分だけでこの施設を所有することの大きな利点の一つは、減価償却を全面的に利用できることだった。建物の所有者は、建物の資産価値の何パーセントかを、毎年課税所得から引くことができる。この金額が減価償却費である。通常の使用による建物の消耗を埋め合わせるためにかかる費用には、課税すべきではない、というのがその論理的根拠だ。

ともかく、ひとことで言うと、減価償却によって所得に対してかかる税金が低くなるわけだ。たとえば、もしアトランティック・シティのカジノつきホテルの資産価値が四億ドルで、年四パーセントの減価償却が認められるとすると、毎年課税所得から千六百万ドルを差し引くことができる計算になる。つまり、税引前利益が千六百万ドルなら、減価償却費を引いた後の所得はゼロとして報告できるわけだ。

株主や金融関係者は大抵最終的な所得額、つまり減価償却費を差し引いた後の利益に注目する。したがって、企業の経営者は減価償却することをあまり好まない。その分だけ利益が低く見えるからだ。しかし私はウォール街関係筋に気に入ってもらう必要はないので、減価償却が認められるのはありがたい。私にとって重要なのは決算書の数字ではなく、実際の利益がいくらかということなのだ。

しかし何といってもこの取引の最大の価値は、これによりこのカジノつきホテルが全部自分のものになった点だった。私が経営にあたれば、それだけでより大きな利益をあげることができる、と確信していた。その上、新たなスイートやレストランも造るつもりだった。

無論、それからは資金も自分で調達しなければならなかった。最初にアトランティック・シティで土地を物色し始めた頃には、プライム・レートは十四パーセント前後だったが、一九八六年半ばには九パーセントに下がっていた。しかしこのような低いレートでも、銀行融資を受けるとなると自分自身でリスクを負わなければならない。できればこれは避けたかった。

そこで、債券を発行して一般から資金を集めることにした。この方法の短所は、買手を引きつけるために、より高い金利を払わなければならないことだ。しかしその反面、いったん債券を売りつくしてしまえば、私自身には返済の責任がなくなるという利点がある。結局ベア・スターンズが二億五千万ドル分の債券の募集を引き受けてくれた。それにより、ホリデイが出資した五千万ドルと、建物を担保にして借りた一億七千万ドルを返済することができた。そしてその後に、適当な駐車施設を建設するための資金が残った。債券の利子支払い額は年三千万ドル強で、銀行融資を受けた場合の利子より、年に七百万ドルほど高かった。しかし私自身の返済責任がこれによってなくなり、以後枕を高くして眠れることを思えば、この費用は安いものだった。

同じ頃、私はトランプ・プラザ・ホテル・アンド・カジノと改名したこの施設のために、新しい総支配人を雇い入れることにした。まず、商売がたきである人気のあるカジノに目を向けた。当時スティーヴン・ハイドは、スティーヴ・ウィンの所有するゴールデン・ナゲットで、業務執行副社長および最高業務担当責任者をつとめていた。それ以前に、一流のカジノであるサンズとシーザーズで働いた経験もあった。町の人たちに有能なカジノ経営者はだれかときくと、いつもまっ先に名前があがるのがハイドだった。会うとすぐにその理由がわかった。賭博場経営に関して豊富な経験をもち、頭が切れ、競争心旺盛であるばかりでなく、最も重要なことは何かをはっきりつかんで経営にのぞんでいるのだ。経営者の多くは、収入を増やすことに専念する。公けに発表されるのは収入の額であることが多いからだ。しかし利口な経営者は、収入が多いのも結構だが、本当に重要なのは収入と経費の差であることを理解している。なぜなら、これが本当の利益になるからだ。

スティーヴを迎え入れると同時に、長年彼のもとで働いてきたスタッフのうち特に有能な人びとを、十数人雇った。その一人は、食物と飲物に関してはアトランティック・シティーという評判の、ポール・パーテイだ。私はこと経営に関しては、きわめて簡単なルールにしたがうことにしている。競争会社から有能な人材を引き抜き、より高い給料を支払い、その手腕に応じてボーナスやさまざまな特権を与える、というものだ。こうすれば最高の経営体制を築くことができる、と信じている。

ハラーズの経営陣のもとで初めて丸一年間営業が行なわれた一九八五年には、金利や税、減価償却費などを考慮する前の営業利益は、約三千五百万ドルだった。ハラーズの見積りによると、一九八六年にはこれが三千八百万ドルになる、ということだった。ハラーズが引き続き経営を行なっていた最初の五カ月間の売上げをもとに計算すると、この年の営業利益は見積りをわずかに下回ることになりそうだった。

五月十六日に、私が経営を引き継いだ。この年の営業利益はほぼ五千八百万ドルに達した。これはハラーズの見積りを二千万ドル上回る額である。しかも、六月には新しい屋内駐車場の建設を始めるために、それまでの駐車場を閉鎖したにもかかわらず、これだけの利益をあげられたのだ。一九八八年には、営業利益は九千万ドルに達するだろうと予想している。

本来ならこの話はここで終わるところだ。しかしボードウォーク沿いのカジノを自分で経営して大成功をおさめたことにより、より幅広い可能性に目を向けるようになった。具体的に言うと、カジノを所有している会社を買収する機会を探し始めたのだ。ホリデイ・インは格好のターゲットだった。ボードウォークの施設の所有権を私に売ったあとも、同社はまだアトランティック・シティに一軒とネヴァダに二軒と、計三軒のカジノを持っていた。またその他に世界各国に一千近くのホテルを所有していた。

そこで、ホリデイから所有権を買い取ってから二カ月後の八月半ばから、同社の株を買い始めた。九月九日までには全株式の五パーセント近くにあたる百万株を手に入れた。その時点で、私は二つの道のどちらかを選ぶことができた。投資として株を保有するか、あるいは経営権を握ることをめざすか、である。

ホリデイが過小評価されていることは明らかだった。理由の一つは、同社が不動産をたくさん持っているため、多額の減価償却費が認められることだ。そのため、同社は実際のもうけよりはるかに少ない額を、純益として計上するのだ。一九八六年八月初旬にはホリデイの株価は五十四ドルだった。これをもとに計算すると、十億ドルあまりで事実上同社の経営権を手に入れることができる。そうすれば、たとえばこんなシナリオも可能だ。ホリデイが所有している普通のホテルをすべて売却する。これが七億ドルほどになるだろう。そして三軒のカジノつきホテルだけを手元に残す。これだけでも、ほぼ七億ドルの価値はある。

私がホリデイ・インの株を買い占めているといううわさが流れると、とたんに株価が上がり始めた。おそらく私か、だれか他の者が同社に買収をしかけることを予想して、さや取り業者が株を買い集めたのだろう。十月初めには、株価は七十二ドルまで上がった。

十一月十一日水曜日、ホリデイが敵対的TOBを仕掛けられるのを阻止するため、会社のリストラクチュアリング（経営再編成）を行なうことを決定した、とベア・スターンズのアラン・グリーンバーグから聞いた。同社は一株につき六十五ドルの配当金を株主に即時支払うため、二十八億ドルを借り入れるという。株価は七十六ドルにはね上がった。私はすぐに株を売るようアランに指示し、彼もそれに同意した。ホリデイが買収を防ぐためにどんな策を講じようと、それに打ち勝つことができた、といまだに思っている。しかしあの連中を相手に長々と法廷で争うのは、気が進まなかった。それより、手に入れた株で戦わずして莫大な利益をあげるほうがはるかに好ましいと思った。

結局その週の末までに、ホリデイ・インの株を全部売ってしまった。つまりわずか八週間で、何百万ドルという金をもうけたのだ。別の見方をすると、三カ月前に、アトランティック・シティのカジノの所有権を買い取るためにホリデイに支払った金の大半を、株の売却によって取り戻したことになる。

こう考えると文句は言えない。私以上にホリデイの恩恵をこうむった者はおそらく他にいないだろう。けれども、ある意味で私はこの経験から、お金よりもっと貴重なものを得たと言える。つまりアメリカの企業経営の実態を、この目で見ることができたのだ。

9　棚ぼた——ヒルトンをめぐる攻防

一九八四年に、ヒルトン・ホテルがアトランティック・シティに大規模なカジノつきホテルを建て始めた。私は自分がこれを買収することになるなどとは、夢にも思わなかった。それどころか、工事が進んでいくのを不安な気持ちで見守っていた。この町にまた新たな手ごわい競争相手ができるのは、喜ばしいことではなかった。私がハラーズと共同で所有していたボードウォーク沿いのホテルはさほど業績が上がっておらず、すでにあるライバルのカジノと競争するだけでも大変だったのだ。さらに悪いことに、ヒルトンは総力をあげてここに最大級のホテルを建設するつもりであることが明らかになった。それまで数年間、ヒルトンはアトランティック・シティのプロジェクトについて態度を決めかねていたが、ついにここで決断を下したのだ。

私にとって、ヒルトンは実態のつかみにくい会社だった。一九二一年に同社を創設したコンラッド・ヒルトンは、これを世界有数の大ホテル・チェーンに築き上げた。一九五〇年代に息子のバロンが会社に入った。父親に代わって経営に携わるのは時間の問題だった。これは実力とは関係なく、いわば生得権だった。一九六六年にコンラッドがようやく引退すると、バロンが最高経営責任者となった。父親が創設して一大企業に育て上げた会社で注目されるような仕事をするのは、息子にとってはたやすいことではない。最初からあきらめて競争しようとしない者もいれば、父親が築いたものをそのまま運営するだけで満足する者もいる。だが何人かは、同じ商売で父よりすぐれた仕事をしようとする。これはなかなか大変なことだ。父親の名前がコンラッド・ヒルトンである場合はなおさらだ。

バロンが最初に責任ある仕事を手がけたのは一九五九年のことだ。当時ヒルトンが買収したばかりのクレジット・カード会社、カルト・ブランシュの経営をまかされたのだ。バロンはこの経営に失敗し、その後六年間にカルト・ブランシュは何百万ドルもの赤字を出した。ヒルトンは一九六六年についに敗北を認め、シティバンクにこれを売却した。一九六七年にバロンは、ヒルトンの海外ホテル部門を、TWA（トランス・ワールド航空）の株と引き換えに同社に売るよう父親を説得した。当時TWAの株価は約九十ドルだった。バロンが計算に入れていなかったのは、OPECの動きだった。取引の直後から石油価格が高騰し始め、航空会社は大打撃を受けた。わずか十八カ月でTWAの株は半分に値下がりし、一九七四年には一株五ドルにまで落ちこんだ。最近カール・アイカーンが同社の経営を引き継ぎ、これを立て直したが、それまでTWAの株は本来の価値よりはるかに過小評価されていた。一方、ヒルトンが売却した海外ホテル事業はきわめて業績がよく、最近十億ドル近い値で再び他社に売られた。一九八三年に、これらのホテルは総計七千万ドルの収入をあげたが、ヒルトンが米国内に所有するホテルのその年の総収入もこれと同額程度にとどまっていた。これは一つには、ヒルトンが過去の評判に安住して、マリオットやハイアットといったより積極的なライバル会社に、高級志向の客をかなり取られたためだった。ヒルトンはもはやかつてのように一流ホテルの代名詞ではなくなったのだ。

バロン・ヒルトンが行なった決定のうち、うまくいったものが一つだけあった。それはカジノの経営に乗りだしたことだ。一九七二年にヒルトンはネヴァダにある二軒のカジノを約千二百万ドルで買収した。これがラスヴェガス・ヒルトンとフラミンゴ・ヒルトンである。やがてこの二つのカジノの利益が、会社全体の利益の大きな部分を占めるようになった。一九七六年には三十パーセント、一九八一年には四十パーセント、そして一九八五年にはこれが四十五パーセント、金額にして七千万ドルに達した。

それほどもうかっていたにもかかわらず、バロンはアトランティック・シティに関しては優柔不断な態度を示した。ヒルトンは賭博が合法化された頃にマリーナの近くに土地を買い、カジノ建設計画を進めていたが、突然これを中止した。その後いちおう再開はしたが、あまり力は入れていなかった。一九八四年に、ヒルトンがようやく本格的に建設にとりかかった頃には、バリー、シーザーズ、ハラーズ、サンズ、ゴールデン・ナゲットなどネヴァダでのライバル会社はすでにアトランティック・シティのカジノを完成して営業を始めており、莫大な利益をあげていた。

ヒルトンもいったん決定を下してからは、総力をあげて建設に取り組んだ。広さ八エーカー（約三万二千平方メートル）という、町で最大の敷地に、堂々たる入口と高さ三十フィートの天井、三千台の車を収容できる屋内駐車場を持つ、壮大な施設を築く計画だった。このプロジェクトは、「創業以来最大の事業である」とヒルトンは年次報告書に述べている。広さ約六万平方フィート（約五千六百平方メートル）のカジノの上に客室数六百十五のホテルを持つこの施設は、当時町で最大のカジノつきホテルであったトランプ・プラザに匹敵する大きさだった。しかもヒルトンのマスター・プランによると、その後さらにこれを拡張し、カジノは約十万平方フィート（約九千三百平方メートル）、ホテルの客室数は二千以上になる予定だった。

投資した資金をできるだけ早く取り返すため、ヒルトンは賭博免許の申請と同時に、建設にとりかかった。前に述べたように、私がまず免許をとることに専念したのは、工事の途中で申請を却下されるという危険を避けるためだった。しかし私以外の者はみなヒルトンと同じやり方をしていたし、ヒルトンが免許に関して自信があったのも無理はなかった。

第一に、ヒルトンはすでにネヴァダで許可を受けていた。また当時アトランティック・シティでは他にほとんど建設が行なわれていなかった。そこへヒルトンは、町の未開発地域に大規模な投資をしようとしていたのだ。そしてさらに重要なことに、優等生的企業とは縁遠いこの業界の中で、ヒルトンはまさにアメリカ的な健全なイメージをもっていた。したがって、ヒルトンにとって免許申請手続きは単なる形式にすぎないように思えたのだろう。しかし、問題は、ヒルトンの連中があまりに自信をもちすぎたことだった。彼らは、ヒルトンがアトランティック・シティに進出することで町は大いに恩恵をこうむるだろうと決めてかかっていた。しかし許可の決定にあたる当局者たちは、そうは思っていなかった。申請者はだれであろうと、免許を受ける資格があることを自ら示す必要がある。ところがヒルトン側は、当然自分たちにはその権利があると考えていた。これは重大な誤りだった。

一九八五年の初め頃から、ヒルトンの免許手続きがうまくいっていないらしいといううわさが聞かれるようになった。アトランティック・シティでは政治力がものを言う。この町でビジネスに携わっている者は、だれもがそのことを知っている。ヒルトンは抜け目なく、政治的にたちまわるのが得意な弁護士を雇った。これは一見うまい手だった。しかしヒルトンの許可のための審理について詳しい人たちから聞いたところによると、これはかえって逆効果だったのかもしれないという。

ヒルトンがおかした第二の誤りは、それまでの申請者たちの経験を無視したことだ。たとえば、プレイボーイが三年前に申請を却下されていたが、その理由の一つは、組織犯罪とのつながりをうわさされるシドニー・コルシャックという弁護士と、過去にかかわりがあったというものだった。コルシャックは労使間紛争の解決にあたるため、年五万ドルの報酬で十年間ヒルトンに雇われていた。コルシャックが善人なのか悪人なのかは知らない。が、ともかく大事なのはカジノ管理委員会の気に入られることだ。委員会はコルシャックをきらっていることをはっきり表明していた。ヒルトンはそこでそっとコルシャックとの関係を断つべきだったのだ。しかしそうせずに、一九八四年半ばに賭博管理局がコルシャックに対してはっきり異議を唱えるまで、彼を雇っていた。

管理局が意思表示をすると、ヒルトンはただちにコルシャックを解雇した。バロンは後に委員会に対し、コルシャックをクビにしたのは、「あなたたちが彼をひどく毛ぎらいしていることを知っていたからだ」と述べたという。これはなんともまずい発言だった。ヒルトンに許可を与えることに反対した委員の一人は、後にこう語っている。「ヒルトンは、いよいよ許可に関する採決が行なわれるという時まで、誠意を見せようとしなかった」

バロンは後に、労働組合がヒルトンのホテルに対してストライキを行なった時、コルシャックは間に立ってそれをくいとめようとしなかった、と証言した。これもまずい手だった。それから二、三週間後にコルシャックはバロンに手紙を書き、それをマスコミに公開した。それには、彼がラスヴェガスでヒルトンのためにいかに尽力したかが詳しく述べられていた。またそれには、コルシャックの努力に対してバロン・ヒルトンが感謝を表明した手紙のコピーも添えられていた。コルシャックの手紙は、次のような痛烈な言葉で結ばれていた。「あなたのために私は癒えることのない傷を受けました。一生このことは忘れません。一体いつ私がいかがわしい人物になったというのです? おそらくあなたがアトランティック・シティで許可が受けられなくて困っていた時でしょう」

それでも、もしバロン自身が許可のための聴問会のことをもっと真剣に考えていたら、さまざまないきさつがあったにせよ、最終的には許可がおりていたかもしれない。だがバロンは、ほとんどこれを無視した。彼が重い腰を上げてニュージャージーにやって来たのは、カジノ管理委員会の前で自ら証言を行なった時を含めて、ほんの二、三回にすぎなかった。またヒルトンの幹部たちも、聴問会にはおおむね姿を見せなかった。

一九八五年二月十四日、アル・グラスゴーから私のオフィスに電話がかかってきた。アルはアトランティック・シティ・アクションという、賭博業界に関するPR誌を発行していた。まさにデイモン・ラニアン（米国のジャーナリスト、短篇小説家。一八八四〜一九四六）の小説に登場するような人物で、賭博とともに生きているような男だ。だれがだれに対して何をしているかについては、町で一番詳しい。「ヒルトンのことを聞いたか？」とアルは尋ねた。「いや、何だい」と答えると、彼は言った。「たった今、免許申請が却下されたんだ」

最初はアルが冗談を言っているのかと思った。許可されるためには、四人の委員の同意が必要である。ヒルトンは過半数の票はとったが、ヒュー・ヘフナーの場合と同様、賛成三に反対二は勝利ではなく、敗北を意味した。アルの話では、ヒルトンは再審理の訴えを起こす代わりに、建物を売りに出す可能性もある、ということだった。

ヒルトンは十二週間以内にホテルをオープンする予定だった。すでに千人以上の従業員を雇い入れており、さらに一日約百人の割合でそれを増やしていた。オープニングの日までには、ほぼ四千人の従業員が雇われることになる。これだけの人員に給料を支払わなければならず、しかも収入は入らないとなると、どんなに規模の大きな会社でも重大な打撃を受けることになる。ヒルトンは少なくとも、一刻も早く委員会に再審理の訴えを受理してもらわなければならない切迫した立場にいた。ともかくすでに三億ドル以上の金を投じているのだから、許可を受けるためにはどんなことでもするだろう、と思った。

アルやその他何人かの町の人たちと話した後、カリフォルニアにいるバロン・ヒルトンに電話することにした。何よりもまず慰めの言葉をかけたかった。バロンを気の毒に思わずにはいられなかったのだ。「やあ、バロン、元気かい?」ときくと、予想どおり、「いや、まいっているんだよ」という答が返ってきた。「そうだろうな。例の件については本当に気の毒に思ってる」「まさかあんなことになるとは思わなかった。予想もしてなかったよ」とバロンは言った。だれもあんなことを予想するはずはないよ、と私は答えた。

会話はそんな調子で続いたが、電話を切る前にビジネスの話を持ち出した。「ねえ、バロン、きみがあの建物をどうするつもりか知らないが、もし何らかの理由で売ることを考えているなら、私が買ってもいい。値段さえ折り合えばね」バロンは考えておくと答え、電話をかけてくれてありがとう、と言った。本当に喜んでいるようだった。だが話はそこまでで終わるだろうと私は思った。ヒルトンはすでに再審理の訴えを起こす計画をたてており、委員会もやがて最初の決議をくつがえすだろう、と思っていたのだ。

三月の初めに、イーストディル・リアルティの経営者である友人のベンジャミン・ランバートから電話があった。ランバートに初めて会ったのは十年前、コモドア・ホテルの共同経営者になってくれるホテル・チェーンを物色し始めた頃だった。その時ランバートはいくつかの案を出し、その後彼と二、三件の取引を行なった。意見が食い違うこともあったが、ともかく私たちは友人だった。このランバートが、たまたまヒルトンの重役をしていた。ヒルトンの免許交付申請が却下されてからの数週間、私たちはこの件について話し合った。ヒルトンは真剣に建物の売却を考えるべきだというのがランバートの意見だった。

今回の電話は、自宅で開くパーティに誘ってくれることが目的だった。その週にニューヨークでヒルトンの年次取締役会が開かれることになっているが、それに先だってランバートの私邸で重役のためのパーティを開くというのだ。彼の言葉によると、「きみとバロンとで最近の出来事について話し合うちょうどいい機会じゃないか」ということだった。

ランバートの話から、アトランティック・シティの件にどう対応するかについて、重役たちの意見が真っ二つに分かれていることを知った。カジノ管理委員会はヒルトンが出していた再審理の要請に応じることを決定したばかりだった。しかしランバートを含めた何人かの重役は、適当な買手さえ見つかれば、今すぐに建物を売ったほうがよいという意見だった。もし委員会が決定をくつがえしてヒルトンに許可を与えなければ、会社はまさに壊滅的な打撃を受けることになる、というのがその理由だった。結果がわかるのは数カ月後だが、その頃には何千人という従業員をかかえていることになる。それに切羽詰まった状況でホテルを売りに出せば、買いたたかれる恐れもあった。

パーティに行くと、ランバートがバロンに紹介してくれた。バロンに直接会うのはそれが初めてだった。その後庭に出て、二人だけで話した。その時も会話の内容はごく一般的なものに終始した。主にバロンがアトランティック・シティの件についての不満を述べ、私が同情しながらそれを聞く、というパターンだ。バロンは生来内気で用心深く、その場で物事を決定するというようなタイプではない。そこでこちらも控え目にふるまった。お互いに気持ちよく話すことができ、バロンが私と一緒にいるとくつろげると話したことを、後でランバートから聞いた。時によっては積極的に出ることが必要な場合もあるが、おとなしくしているほうがいいこともあるのだ。

それからまもなく、ゴールデン・ナゲットのスティーヴ・ウィンが、ヒルトンの経営権を手に入れることをねらって、同社に全面攻撃をかけた。私にとっては願ってもないなりゆきだった。ウィンがこうした行動に出なければ、バロン・ヒルトンはおそらく決してアトランティック・シティのカジノつきホテルを、私にも他のだれにも売ろうとはしなかっただろう。

四月十四日、ウィンはバロンに手紙を書き、ヒルトンの全株式の二十七パーセントにあたる大量の株を、一株七十二ドルで買い取ろうと申し出た。当時、同社の株は約六十七ドルで取引されていた。ウィンはさらに、最初の申し出が受け入れられれば、ヒルトンの全株主に一株七十二ドルという同じ金額を支払う用意がある、と述べた。

皮肉なことに、ウィンがヒルトンに買収をしかけることができたのは、ひとえにコンラッド・ヒルトンのおかげだった。コンラッドは一九七九年に亡くなったが、その時バロンの横っつらをはるようなことをしていた。妙な表現だが、これ以外に言いようがないのだ。コンラッドは過半数に近い自社株をバロンに譲るか、少なくとも家族の何人かに分け与えるだろうというのがおおかたの予想だった。

ところがコンラッドは、子供や孫には遺産を相続させないことを遺言で明らかにした。死去した当時、コンラッドはおよそ五億ドル分の自社株を所有していた。しかし彼は、巨額の財産を相続すると人格と意欲がそこなわれる、とかたく信じていた。多くの場合、確かにそのとおりだと私も思う。

したがって、子供が二十一歳になったとたんに何百万ドルもの遺産がころがりこむといったことがないよう、財産を信託にするのが望ましいと考えている。ところがコンラッドのやり方は、ばかばかしいほど極端だった。彼は申し訳程度のごくわずかな株をバロンに譲り、孫たちにはそれぞれ一万ドルを残しただけだった。ヒルトンの株の二十七パーセントを含む残りの財産のほとんどはコンラッド・N・ヒルトン財団に遺贈された。そしてコンラッドは、そこからあがる利益の大半を、カリフォルニアでカトリックの尼僧たちが行なっている慈善事業を援助するために使うよう指示した。

この結果、バロンは企業のトップでありながら、大株主がもつ権限はもっていないということになった。最高経営責任者としての十年間にストック・オプション（オプションが実行される時の市場価格にかかわらず、すでに決められた価格で株式を購入できる権利）を行使していたが、それでも一九八五年までにバロンが取得した株は、わずかなパーセントにすぎなかった。

そこでバロンは、財団が保有している株を手に入れるため、訴訟を起こした。訴訟は何年間も続いていたが、バロンに勝ち目があるかどうかは定かではなかった。一つには、彼が争っている相手が、カトリック教会の尼僧や神父という、訴訟相手としては最も避けたい類の人たちだったからだ。

コンラッドの遺言には、何らかの理由で彼が遺贈した株を財団が受け取ることができない場合は、バロンが一九七九年現在の株価で株を買い取る権利をもつ、と明記されていた。連邦法は、慈善団体やその関係者が同一株式会社の株を二十パーセント以上保有することを禁じている。したがって、バロンは財団が保有することを認められた二十パーセントを超える分の七パーセントの株については、買い取る権利をもっと主張することができた。

しかし、バロンはその議論をさらに推し進めようとした。ひと言で言うと、バロンは複雑な法的理由により、自分は財団が所有する株式を全部購入する権利をもつ、と主張したのだ。当時ヒルトンの株は約七十二ドルだった。それを一九七九年当時の二十四・六二五ドルという価格で買い取れば五億ドル分の株が一億七千万ドルで手に入ることになる。こんなうまい話はない。けれども別の言葉で言えば、これは父親の遺言を書きかえようとしていることになる。バロンはおそらく訴訟に勝てるかどうか疑わしいことを、自分でも承知していたのだと思う。しかし株を手に入れることができなければ、スティーヴ・ウィンや他の者による、敵対的TOBの危険に対して、弱い立場に置かれることになる。また、アトランティック・シティのホテルを手放さずに持っていてしかも許可が得られなければ、株主から訴えられる危険も大きくなる。

私がバロン・ヒルトンの立場にいたらどうしたかは明らかだ。私はスティーヴ・ウィンのTOBの試みを阻止するために戦い、同時に再審理で許可がおりるよう、あらゆる努力をしただろう。もちろん成功したかどうかはわからない。しかしたとえ失敗したとしても、それは思う存分戦ったあげくの敗北だ。ホテルは閉鎖し、朽ちるにまかせただろう。それが私の性分なのだ。自分が不当な扱いを受けていると感じた時は、徹底的に戦う。その戦いがどんなに困難で危険が大きく、高くつこうと、そうせずにはいられない。

しかし私は株式公開会社を経営しているわけではないから、ウォール街や株主や、次の四半期の営業報告書といったものに絶えず頭を悩ませる必要はない。自分さえ満足させればいいのだ。結局バロンは、免許申請と買収阻止の両方に同時に力を注ぐのは無理だと判断したらしい。その二つのうちでは、より重要なのは会社の経営権を守ることだった。

スティーヴ・ウィンは二つの点で私のために役立ってくれた。まず、彼が買収をしかけたためにバロンは守勢をとらざるをえなくなり、許可のための再審理に力を入れることができなくなった。またウィンの強引なやり方がバロンを怒らせれば怒らせるほど、バロンは私がホワイト・ナイト（敵対的買収からターゲット企業が逃れるべく、ターゲット企業に救いをさしのべる第三の企業）として救済に出ることを期待するようになった。

私はホワイト・ナイト役を演じ慣れているわけではない。だがウィンは私がまさにそうせざるをえないような行動をとった。ウィンは常習的なギャンブラーの息子として、幼い頃から父親の所有する賭博場に出入りして育った。その後ラスヴェガスで顔のきく友人を何人かつくり、ゴールデン・ナゲット・ホテルの株を少し買った。そして最後は同ホテルを手に入れることに成功した。ウィンが知っているのはラスヴェガスとアトランティック・シティと賭博の世界だけだった。彼は服装も身のこなしも申し分ない。人あたりがよく、きれいに爪の手入れをしている。そしてどんな時でも、二千ドルの背広に二百ドルの絹のワイシャツを身につけ、りゅうとしている。ただウィンは自分をよく見せようと一所懸命になりすぎるため、彼を毛ぎらいする人も多い。バロン・ヒルトンもその一人だった。

この二人ほど極端にタイプの違う人間も珍しいだろう。バロンはいわば特権階級の出だ。裕福な家に生まれ、貴族となるべく育てられた。自分がひとかどの人物であることを証明する必要もなかった。したがって、物腰や服装、その他で自分を人に印象づけようとはしない。

スティーヴ・ウィンがそれをやりすぎるとすれば、バロン・ヒルトンはあまりにそれに無頓着だと言えた。

スティーヴは認めようとはしないだろうが、彼はヒルトンに対してＴＯＢをしかけた時、どう転んでも失敗しようのない状況にいると思っていたに違いない。最終的にはヒルトンがアトランティック・シティに所有するホテルを手に入れることができる、それも格安の値段で――おそらくスティーヴはそう思っていたのだろう。スティーヴが本当にねらっているのはホテルだけだ、と見る人は大勢いた。そう考える根拠も十分にあった。四方を包囲されたバロンは、スティーヴと取引することにより、一石二鳥の効果をあげることができる。「会社を乗っ取るのをやめればホテルを売ろう」と言うことができるのだ。

しかしスティーヴ・ウィンは、バロンがいかに自分をきらっているかを十分に認識していなかった。そこでいよいよ私の出番となった。ウィンがＴＯＢをかけた後、バロンは真剣に私と交渉する気になったのだ。

私が初めに提示したのは二億五千万ドルだった。莫大な金額だが、バロンはこの値段では売らないことはわかっていた。最初に会った時、ホテルの建設に三億二千万ドルかかったとバロンは言っていた。どんな値段であれ、これを売ることは彼にとって苦痛に違いなかったが、ましてこの建物の売却で損をしたことを株主に報告しなければならないはめになるなど、もってのほかだった。そこで二、三日後に、買い取り金額を三億二千万ドルに上げた。今回の交渉では駆引きをしている時間もなければ、はったりをかける余地もなかった。値をつけるか、手を引くか、二つに一つだった。

当時の私にとって、三億二千万ドルはもちろん、二億五千万ドルでも大金だった。それまでこれほど大きな賭けをしたことはなかった。わずか一年前に、二億二千万ドル足らずでボードウォーク沿いのホテルを完成したばかりだったが、その場合はホリデイが全資金を供給し、しかも営業損失分は保証してくれたのだ。

今回は、自分ですべてのリスクを負わなければならない。

三億二千万ドルの値をつけることに決めるとすぐ、マニュファクチャラーズ・ハノーヴァー信託銀行の社長でよき友人でもあるジョン・トレルに電話した。ジョンとはそれまでに何度も取引をしており、今回もあっというまに話がまとまった。「ジョン、ヒルトンがアトランティック・シティに建てたすごいホテルを、三億二千万ドルで買えることになった。それで電話したんだ。その金を貸してほしい。一週間以内に必要なんだ」そう言うと、ジョンは二、三質問し、二分後にはこう答えた。「よし、承知した」ざっとこんな具合だ。信用とはこれほど貴重なものなのだ。そのかわり、私はそれまで一度もしたことのないことをした。融資に対し、自分自身で保証を行なったのだ。

この取引は私の腹一つにかかっていた。私は一度もホテルの中へ入ることなく値をつけた。何人かの部下が建物を見に行っており、また建設に携わった業者からいろいろ聞いてはいた。

だがヒルトンが窮地に立っている時に、私自身がホテルに姿を見せるのはまずいと思ったのだ。もし父にその話をしたら、気でも狂ったのかと言われたところだ。子供の頃、ブルックリンで父が買おうと考えていた建物を一緒に見に行ったことをおぼえている。値段は十万ドルか二十万ドルにすぎなかったが、視察は徹底的に行なった。何時間もかけて冷蔵庫やシンクを一つ一つ調べ、ボイラーや屋根、ロビーを点検した。

私のやり方に仰天する人は、父だけではなかっただろう。それまでは、私の考えている取引についてはみんなの意見が分かれるのが普通だった。ところが今回の取引では、話を聞いた人はほとんど全員反対した。

すでにボードウォークのカジノをめぐって、ホリデイ・インとさんざんもめているではないか、とみなが指摘した。この巨大な施設はあと二カ月でオープンすることになっているが、私には経営を任せられる人がいない。しかも個人的に膨大な経済的リスクを負わなければならない。ヒルトン側とは口約束を交しただけであり、書類ができた段階で向こうがどんな条件を新たに持ちだしてくるかわからない。あるいはこの話をとりやめようと言いだすかもしれない。それに大規模なカジノつきホテルをもう一つ開いたところで、客が入るだろうか。しかもまだ金利がかなり高いこの時期に、巨額の債務をかかえてやっていかなければならないのだ。一体なぜこんな取引をしようなどと考えるのだ？　みんなが口を揃えてこうきいた。

それに対しては、たった一つの答しかなかった。経営さえうまく行なえば、この施設は莫大な利益をあげる可能性をもつ、というものだ。
価格については合意に達したが、正式な売買契約を結ぶまでに、まださまざまな細かい点について交渉しなければならなかった。一九八五年四月二十四日、私たちは取引を成立させるため、パーク街百一番地にあるジェリー・シュレージャーのオフィスで顔を合わせた。双方の弁護士も同席した。

多くの場合、取引で最も簡単に決まるのは値段だ。いろいろな問題を引き起こし、結局話をこわしてしまうのは、それ以外の点だ。この場合には、工事の完成についての保証、欠陥があった場合の責任、頭金の額、契約から引渡しまでにかかった費用の配分などがそれだった。ヒルトン側は最初からかなり強硬な態度をとった。基本的にはホテルを現状のまま、つまり無保証で売りたい、というのが向こうの希望だった。契約書に調印したら、あとは何の義務も負わずにアトランティック・シティから出て行くことができるようにだ。バロンはこの頃には異常なほどニュージャージー、とりわけアトランティック・シティを嫌悪するようになっていた。したがってこの悪夢から一刻も早く逃れられれば、それにこしたことはない、という心境だったのだ。

けれどもこちらにしてみれば、工事完了についての何らかの保証がなければ、あとでひどい目にあうことにもなりかねない。たとえば、給排水系統、あるいはエアコン装置に深刻な欠陥があることがわかり、それらを取り替える必要が生じたとしよう。これだけ大きな建物になると、大規模な修理にはすぐ何百万ドルもかかってしまうのだ。

交渉を始めた時点では、こちらにとって重要な点については私たちの主張が受け入れられるかに見えた。ところが半ば頃になって、ヒルトン側の代表である業務執行副社長のグレゴリー・ディロンのもとに、バロン・ヒルトンから電話がかかってきた。バロンはその時にはサンフランシスコに帰っていたのだ。ディロンが席にもどると、交渉の様相が一変した。確かではないが、おそらくバロンがこの取引から手を引こうという気になったのではないかと思う。ぎりぎりになって、より高い値段で買い取ろうという申し出を受けたのかもしれない。申し出を行なったのはスティーヴ・ウィンとゴールデン・ナゲットだったとも考えられる。

いずれにしても、ディロンとヒルトン側の弁護士たちは、突如としてすでに合意に達していた点について質問し始めた。それまでに何度も交渉の場にのぞんだ経験から、向こうはこれらの点を口実にして取引をこわそうとしているのだとすぐに察しがついた。たとえばもし工事完了の保証について合意することができなければ、単により高い買い値を示されたから取引をほごにしたなどと思われずに、手を引くことができる。

交渉は完全に行き詰まってしまった。「堂々めぐりをしていてもしようがないから、今日のところはこれで解散しよう。明日また集まって、話し合いを続けようじゃないか」とグレッグ・ディロンが提案した。一見もっともな意見だった。土曜日の早朝になっていたが、それまでほとんど四十八時間ぶっ続けで席についており、みなくたくたで頭がぼうっとしていた。しかし丸一日交渉を中断したら、もはや取引はまとまらないのではないか、と私は心配だった。そこで妥協案として、二、三時間休憩し、午後一時頃また集まってはどうかと提案した。ヒルトン側も同意し、一同は解散した。

その時点で、こちらの弁護士がなんとか自然な形で取引を解消するよう、もう一度私を説得しようとした。特にジェリー・シュレージャーは、資金のことを心配していた。その時になっても、まだマニュファクチャラーズ・ハノーヴァーからは正式な、調印ずみの約定書はもらっていなかった。けれども私にとっては、ジョン・トレルとの口頭による約束は、正式な書類と同じくらい確実なものだった。しかし、ジェリーは、たとえ約束が守られても、私が個人的に保証しなければならないのでは他の大きな取引のための資金が借りにくくなるのではないかと指摘した。

実に妙な状況だった。一体どちらの弁護士がより強くこの取引を解消することを望んでいるのか。こちらのほうだろうか、それともヒルトン側だろうか。ジェリーのオフィスで、私は頭をひねった。

ヒルトン側の代表たちは、もどってくるのが二時間以上も遅れた。そのことでますます私の疑いは強まった。向こうは三時半頃になってやっと姿を現わした。その頃には、この取引を成立させるためには、ヒルトン側の道義心に訴えるしかないと確信していた。そこで私は立ち上がって、とうとうと述べ始めた。いったん約束したのにそれを守らないとはどういうことか？　三日間も交渉を続けたあげくに、そのまま立ち去るつもりか？　何百万ドルもの弁護士手数料を払わせておいて、途中で取引をうやむやにしてしまうとは何事だ。なんという非良心的なやり方だ。ひどい。あんまりだ。

私は怒って相手をなじるというより、もっぱらこちらがいかに傷ついたかを訴えた。その気になればいくらでも怒鳴ることができるが、この場合には大声を出すと向こうがおじけづいて退散するだけだと思ったのだ。取引の大半の点についてはすでに合意に達している。したがってこの状況では、こちらがヒルトン側によほどうまい口実を与えないかぎり、向こうとしても手を引くのは道義的に難しいだろう。もちろん、ヒルトン側が強硬な態度に出ているのは、単に見せかけにすぎないとも考えられる。できるだけ有利な条件で取引をまとめるための作戦かもしれないのだ。

結局、最後に妥協が成立した。ヒルトン側は最善を尽くして、ホテルをオープンできるよう準備を整える。また、工事が終わっていない部分についての「未完成工事リスト」を作成し、それらを完成させる。さらに、買い値のうち五百万ドルをこちらが差し引いて払うことを認める。その保留分は、契約書に明記されたとおり、建物が完璧な状態で引き渡された時点で支払う。以上の点について、ヒルトン側は同意した。

おそらく工事に手落ちはないだろうと思った。万一欠陥が見つかり、修復工事のために三千万ドルかかるような事態になったら、ヒルトンが法的責任を問われることになるだろう。

一九八五年四月二十七日の午後九時、私たちは握手を交し、正式な契約書に調印した。私は払戻し不能の保証金二千万ドルを支払い、引渡し日を六十日後に定めた。

五月一日に、私は三億二千万ドルで買い取ったばかりのホテルに、初めて足を向けた。一歩中に入ったとたん、自分の決定は誤っていなかったと感じた。まだ工事はかなり残っていたが、建物は素晴らしかった。私はただちに作業員にはっぱをかけ始めた。次の六週間に、他のカジノが一年以上かかってやるほどの仕事を、すべて終えた。建物の仮使用の承認を受け、賭博免許交付のための膨大な書類を作成し、ヒルトンが雇った人員の他にさらに千五百人の従業員を雇い入れた。こうして、ホテルとカジノをオープンする用意ができた。

名前はトランプ・キャッスルとすることに決めた。最初はトランプ・パレスにするつもりだったが、シーザーズ・パレスがパレスという名称について専有権をもつという理由で、差止命令を要請する訴えを起こした。これについては、法廷で争うほどの価値はないと判断した。販売広告キャンペーンを進める必要があったので、何百万ドルもかけてトランプ・パレスという名を宣伝したあげくに、それを変えなければならないはめになるのはごめんだと思ったのだ。皮肉なことに、トランプ・キャッスルという名前を発表したとたん、今度はホリデイ・インが訴訟を起こした。ライバルとなるカジノにトランプの名前をつけるのを禁止させようというのだ。しかし、数週間のうちにこの訴えは却下された。

トランプ・キャッスルをまだオープンしないうちから、マニュファクチャラーズ・ハノーヴァーからの融資にかわる資金源として債券を発行する件について、二、三の投資銀行と相談を始めた。たとえそのためにより高い金利を払うことになっても、自分自身でリスクを負うことを避けたかったのだ。債券を発行する上での最大の問題は、トランプ・キャッスルにまだ営業実績がないため、どれくらいの負債を処理できるか判断し難い点だった。またトランプ・オーガニゼーション自体もカジノの経営に直接携わったことがないため、やはり判断の基準となる実績がなかった。

つまり、トランプ・キャッスルの債券を買う人は、信用だけに頼ることになる。私たちが最初からこの施設の運営に成功し、大きな利益をあげるだろうと信じて金を出すのだ。年間四千万ドルにものぼる債務を返済するためには、それ以外の方法はなかった。ちなみに、町にあるカジノの中には、それだけの借金を返済することなど思いも及ばないところも何軒かあった。

いささか驚いたことに、いくつかの投資銀行が、債券発行を引き受けようと申し出た。募集金額の一パーセントを支払えば、銀行が額面通りの価格で債券を売ることを保証するのだ。高利回りのジャンク・ボンドを開発したドレクセル・バーナムも債券の取り扱いを希望した投資銀行の一つだった。しかしそれまでにすでに何度も取引のあったベア・スターンズが、必要な資金総額のほぼ九十五パーセントにあたる三億ドルを集めようと申し出た。会長のアラン・グリーンバーグと、経営パートナーのポール・ハリングビーが、あえて私に賭けようというのだ。私はその点が気に入った。

投機的色彩の濃いこのような債券を買ってもらうためには、ふつう高利回りという誘因を用意しなければならない。ベア・スターンズが発行した債券の利回りは、資金を自己調達した他のカジノの債券のそれとほぼ同じだった。しかしこれらのカジノには実績があるため、買手にとってははるかにリスクが少ないと言えた。

ベア・スターンズの手腕のおかげで、結果的に私も買手も、大いに得をした。債券を買った人たちは大もうけし、現在この債券は額面をはるかに超えた額で取引されている。

私が何より避けたかったのは、ボードウォークのカジノで最初からぶつかったような問題を再びくり返すことだった。そこで、外部の人間をマネージャーとして雇うかわりに、妻のイヴァナを経営にあたらせることにした。アトランティック・シティの事業にすでに数年間かかわっていたので、カジノの運営には賭博業に関する具体的な経験以上に、すぐれた経営手腕が必要なことがわかっていたからだ。イヴァナは私の期待を裏切らなかった。

六月十五日にヒルトンからの引渡しが完了したので、客の入りの多い夏に間に合うように営業を開始することができた。引渡しの日の翌日、トランプ・キャッスルはとどこおりなくオープンした。カジノには客が詰めかけ、予想をはるかに上回る盛況ぶりだった。最初の日の賭博による収益は、七十二万八千ドルに達した。一九八五年には六カ月足らずの営業期間で、総計一億三千百万ドルの収益をあげることができた。競争相手のカジノでこれを上回る収益をあげたのは三軒だけにすぎない。この同じ期間に、ボードウォークのカジノがハラーズの経営のもとにあげた収益は、これよりはるかに少なかった。

営業開始後の最初の数カ月間に一つ問題が起こった。それはヒルトンと結んだ契約の中の、ホテルを完璧な状態で引き渡すという条項に関するものだった。契約により、こちらはすべての工事が完了するまで、買い値のうちの五百万ドルの支払いをさし控えていた。ところがその後、冷却塔、下水装置、コンピューター・システム、火災報知機などに重大な欠陥があることがわかった。

オープンしてから最初の六カ月間に、欠陥のうちどれがヒルトン側に責任のあるものかをはっきりさせるため、双方の代表者が話し合いを続けた。工事のやり直しや修理のための費用は五百万ドルをかなり上回る、というのがこちらの見解だった。だが私は、この件をできるだけ友好的に解決したかった。

私はバロン・ヒルトンを好きだったし、アトランティック・シティの件については心から気の毒に思っていた。だから何カ月もの間、だれと話す時でも、まっ先にバロンを弁護していた。したがって、だれがだれに金を払うべきかについての話し合いが行き詰まってしまった一九八六年一月、直接バロンに電話することにした。

バロンが電話に出ると、論争に決着がつかないようなので、二人で話し合って納得のいく解決策を考えようではないか、と提案した。バロンは私が電話したことを喜んでいるようだった。そして、次の月曜か火曜にニューヨークに行くから、その時に電話で日時を決めようと言った。

ところが月曜の朝オフィスに行くと、ヒルトンが私に対して訴訟を起こし、契約によって支払いをさし控えることが認められている例の五百万ドルを、即刻支払うよう要求していることを知った。信じられない気持ちだった。

とるものもとりあえず、またバロンに電話した。「一体どういうことなんだ。今週会って一緒に解決策を考えよう、ときみは言ったじゃないか。それなのに、たった今きみたちに訴えられたんだ」バロンは頑固にそれを否定した。「訴訟のことなど、何も知らない」と言い張る。そして、ヒルトンの業務執行副社長、グレッグ・ディロンに電話してみたらどうか、と言った。信じがたいことに、ディロンも同じことを主張した。訴訟については何も知らない、というのだ。バロン・ヒルトンと彼の一番の部下が、二人とも会社が提起している重要な訴訟のことを知らないなどとは信じられなかった。

時によって訴訟が避けられない場合もあることはわかる。それがビジネスの世界の現実だと割り切っている。しかしだれかが話し合うつもりだと言った時は、当然その約束が守られることを期待する。その日以来、私はだれに対してもバロン・ヒルトンを弁護することをやめた。

私はまた、ただちに反訴を提起するよう弁護士に指示した。一九八六年四月二日、私たちはヒルトン側に反訴し、キャッスルの工事の欠陥を九十四カ所指摘するとともに、修理にかかる費用の推定額をあげた。その金額は、支払いをさし控えることを認められている五百万ドルを、はるかに超えていた。どちらの訴訟もまだ係争中だが、最終的にはこちらの言い分が認められるものと確信している。

この不愉快な一件をのぞけば、トランプ・キャッスルに関するあらゆることがうまくいった。これはイヴァナの手腕に負うところが大きい。彼女はどんな細かい点も見逃さない。従業員の雇用も組織的に行ない、賭金を扱う係員からカジノのマネージャー、そして上級幹部にいたるまで、あらゆるレベルで最高の人材を揃えている。ホテルの公共スペースの装飾もイヴァナがとりしきり、見事なインテリアをつくりあげた。掃除が行き届いているかどうかといった点にまで細心の注意を払うので、建物はいつもちり一つなく、ピカピカに磨きあげられている。経営がすぐれていると利益もあがる。一九八六年にキャッスルは二億二千六百万ドルの総収益をあげたが、これは初年度の収益としては最高記録である。一九八七年には収益が三億一千万ドル、営業利益が七千万ドル以上に達する見込みだ。

自分のカンを信頼すると、それなりのことはあるのだ。

10　低家賃の豪華アパート——セントラル・パーク・サウスでの勝負

いったん負けることによって、勝つための新たな戦術が見えてくることがある。その時必要なのは、十分な時間とちょっぴりの〝ツキ〟である。一〇〇セントラル・パーク・サウスの一件では、この両方に恵まれた。

これは、私が建物を取り壊してその跡地に新たにビルを建設しようとした際、その住人が一団となって反対した時の顚末である。住人側が勝つには勝った。しかし、すったもんだしている数年間に不動産価格が高騰し、また私が最初の計画の全面的変更を強いられた結果、思いがけず彼らのおかげで有利な事業を、しかも費用を抑えて展開することができたのだ。

皮肉なことに、この取引では物件を買うところまではすんなりといった。一九八一年の初め、当時わが社の業務執行副社長をつとめていたルイーズ・サンシャインが私のところに来て、隣接する二つの建物を手に入れるチャンスがある、と報告した。場所は一等地だった。一つはセントラル・パーク・サウスとアメリカ街の角にある十四階建ての住宅用ビル、一〇〇セントラル・パーク・サウス。もう一つは、バルビゾン＝プラザという三十八階建てのホテル。これは正面がセントラル・パークに、東側がアメリカ街に面しており、一〇〇セントラル・パーク・サウスをとりかこむ形で建っていた。

これらの建物は、銀行家のローブ一族のひとりマーシャル・ローブやランバート・ブラッセルズ社、ヘンリー・グリーンバーグ等を含むシンジケートが所有していた。ロケーションから見て、世界でも指折りの不動産物件に数えられるだろう。ニューヨークでも最も道路幅の広い、エレガントな通りにあることに加えて、セントラル・パークが目の前に広がっているのだ。

バルビゾン＝プラザは、そこそこの収益をあげるのがせいぜいという、やや荒れた中流ホテルだった。一〇〇セントラル・パーク・サウスには、家賃統制法や家賃安定法の適用を受けたアパートが入っていた。したがって、家賃収入では建物の運営費をまかなうのがやっとだった。

こうした不利な条件のおかげで、こちらにとってきわめて有利な買収価格を取り決めることができた。これらの物件がまだ公開市場で売りに出されていなかったことも幸いした。競争相手がいなかったので、問題点を言いたてて価格を下げるよう交渉するのが容易だったのだ。

また、所有者が非常に裕福な人びとだったことも都合がよかった。売却を決めたのは金のためではなく、グループのひとりが老齢になり、財産を整理しようと思いたったためだった。

取り決めにより買収額を明らかにすることはできないが、今ではこの金額ではマンハッタンのかなり落ちる地区にある、この三分の一程度の広さの空地でも買うことはできないだろう。私はこの二つの建物が稼ぎだす金額にはほとんど関心がなかった。収益ではなく、不動産としての価値に引きつけられたのだ。最高のロケーションにある物件を、わずかな金額で買うことができ、どう転んでも損をすることはないと思った。建物を担保にしてただちに融資を受けることができ、それにより購入金額を全部まかなった。最悪の場合でも、これを売ればいつでも利益をあげることができるだろう。景気が悪くても、一等地となれば買手はあるものだ。

また、ホテルにある程度手を加え、一階の店舗の契約期間が切れたら賃貸料を相場並みに上げることもできた。一〇〇セントラル・パーク・サウスのほうは、家賃統制法や家賃安定法の恩恵に浴していた住人が死去したり出て行ったりした後、家賃を上げればよい。こうした比較的小規模な策を実行するだけでも、投資に対してほどほどの収益をあげることができる。

けれども、〝ほどほど〟というのは性に合わない。この物件から最大の利益をあげるためには、二つの建物を取り壊して、その跡地にモダンで美しく、豪華な高層コンドミニアムを建設すればよいと思った。それには二つの問題がある。一つは、バルビゾンのような三十八階建てのビルを取り壊すのは簡単ではなく、費用もかさむという点だ。これについては最初から気づいていた。だが、これほどの超一等地に新しいアパートを建てれば破格の値段で売ることができるから、取り壊し費用が多少かかってもそれを十分埋め合わせられると確信していた。

第二の問題は、家賃統制法や家賃安定法のもとにあるアパートから住人を立ち退かせるのは、不可能に近いということだ。私がこの点を十分理解したのは、かなり後になってからだ。住人の中には立ち退きを渋る者もあるとは思ったが、時間が解決すると考えていた。多少の遅れには目をつぶればよい。必要なだけ時間をかけ、粘り強く待つつもりだった。しかし私は、テナントたちが立ち退きによって失うものの大きさを過小評価していたのだ。じきに私はごく簡単な原理に気づいた。家賃が安く、アパートが広く、ロケーションがよければよいほど、住人は現在手にしているものを失うまいと必死になる。さほど環境のよくない場所にある二流のアパートに住んでいれば、引っ越してもいいと思うだろう。同様に、よいアパートに住んでいても相場並みの家賃を払っており、同じ家賃で似たようなアパートを見つけることができるなら、ちょっとした立ち退き料をもらえば引っ越す気になる。

しかし一〇〇セントラル・パーク・サウスの住人が守ろうとしていたのは、ニューヨークでも最高の不動産だった。高い天井、暖炉、素晴らしい眺めと、三拍子揃った美しいアパートだ。しかもどこにも負けない高級地にあるのだ。さらに重要なのは、家賃統制法と家賃安定法のおかげで、彼らが自由社会の最大の棚ぼた式恩恵を受けていた点だ。一般市場なら、現在の家賃の十倍も払わなくてはならなかっただろう。もし私がここの住人だったら、立ち退かせようとする者に対して、断固戦ったに違いない。

残念なことに、家賃統制法はその恩恵に浴しているほんの一握りの人びとを除いた大多数の市民にとっては、とんでもない悪法だった。この二十年間、ニューヨークを悩ませてきた深刻な住宅問題の原因のうち、一番大きなものがこの家賃統制法だ。

失敗に終わった政府の計画の多くがそうだが、家賃統制法も最初の目的はなかなか立派なものだった。しかし結局、意図したところとまったく逆の結果が生まれてしまった。家賃統制法は、一九四三年に連邦政府の一時的政策として始まった。政府は帰還する退役軍人に住宅を確保するため、アメリカ中のアパートの家賃の凍結をはかったのだ。一九四八年、所期の目的は達せられたとして、この法律は廃止された。しかし、ニューヨーク市は一九六二年に独自の家賃統制法を施行した。市の条令によれば、一九四七年以前に建てられた住居は、家賃統制法の適用を受けることになる。その結果、五百万人のニューヨーク市民が奪うことのできない特権、すなわち安い住宅に住む権利を得た。

一見、素晴らしい法律のように思える。ただし問題は、市当局が何らそのための負担を引き受けるつもりがなかった点だ。その代わりに、市は家賃の軽減分を家主に負担させようとした。光熱費、人件費、メンテナンス費などが着々と上がる一方で、市は家賃の値上げを禁じた。したがって家賃はインフレの進行に追いつくことができず、市場価格との差は広がる一方だった。

家主はとても採算がとれなくなり、持っていた建物を放棄し始めた。一九六〇年から一九七六年の間に、ニューヨーク市では約三十万戸の住宅が放棄されている。放棄または放火による住宅の荒廃は、最も環境の悪い地区からまず始まった。こうした地区のアパートの家賃はきわめて低かった。したがって家主の手に入る家賃収入はごくわずかで、家主は費用の上昇をまかないきれなかったのだ。こうした建物に住んでいた貧しいテナントたちも被害者だった。やがてサウス・ブロンクスやブルックリン一帯は、ゴーストタウンと化した。それにともない、市は数億ドルの固定資産税を失った。建物を放棄した家主が、税を支払わなくなったからだ。

家賃統制法の最大の問題は、保護をもっとも必要としている人びとが、これによって守られなくなった点だろう。家賃を統制された高級アパートは常に人気があり、手に入りにくい。そこで力も金もある人びとが有利な立場に立つわけだ。フリーのルポライター、ウィリアム・タッカーは先ごろ、特に目に余る例をいくつか報告している。その一つは、セントラル・パーク・ウェストの七十三番通りにあるみごとなデザインの建物だ。吹き抜けの美しい大理石のロビーがあり、アパートは広く、内装は凝っている。もちろん眺めも最高だ。金のあるぜいたく好みの人びとが住みたがるのももっともである。たとえば、ミア・ファローは公園を見おろす十部屋を借りている。家賃は月わずか二千ドルだが、一般市場なら一万ドルは下らないところだ。同じ建物にシンガー・ソングライターのカーリー・サイモンも住んでいる。やはりセントラル・パークを見おろす十部屋を、一カ月約二千二百ドルで借りている。タッカーによると、ここから少し南へ行くと、ニューヨーク・シティ・バレエのスザンヌ・ファレルが、リンカーン・センターの近くの十四室からなるデュープレックスを、月千ドル以下で借りているという。ジミー・カーター大統領のもとで国連大使をつとめていた著名な弁護士ウィリアム・ヴァンデン・ヒューヴェルは、五番街にほど近い東七十二番通りにある素晴らしい建物の中の六室からなるアパートを借りているが、その家賃は月六百五十ドル以下である。テレビのパーソナリティー、アリステア・クックは、五番街にある八室のアパートを約千百ドルで借りている。ニューヨーカー誌の前編集長、ウィリアム・ショーンも同じ建物に住んでいるが、やはり八室のアパートの家賃が約千ドルである。

もっともひどいと思われるのが、ニューヨーク市長エド・コッチの場合だ。コッチはグレニッチ・ヴィレッジの一等地に、家賃統制法の適用を受けた、三室からなるテラスつきの高級アパートを借りている。家賃は月三百五十ドルだが、おそらくこれは市価の五分の一程度だろう。しかもコッチ自身はそこに住んでさえいない。彼は市長の官邸、グレイシー・マンションを使っているのだ。

私は多くのデベロッパーのように、家賃統制法の撤廃を唱えはしない。ただ、家賃統制法の適用を受けている建物に住んでいる者の、収入調査をするべきだと思う。収入がある基準以下の場合は、現状の家賃を認める。基準を超える収入がある者については、より高い家賃を払うか、それともどこかへ移るかを選択させるのだ。

一〇〇セントラル・パーク・サウスの状況を例にとれば、一番わかりやすいだろう。ここを買い取ってまもなく、私はテナントの財政状態について調べた。その結果は興味あるものだったが、決して意外ではなかった。テナントははっきり三つのグループに分けることができた。第一のグループは上層階の、公園を見おろす大きなアパートの住人である。彼らはおおむね仕事に成功した裕福な人びとで、その中の何人かは、世間的にも名を知られていた。たとえば、ファッション・デザイナーのアーノルド・スカーシは、公園に面した六室からなるデュープレックスを借りているが、家賃は月九百八十五ドルだ。相場では、これはワンルームの小さなアパートがやっと借りられるくらいの金額だ。もう一人の裕福なテナントで、ある程度名を知られている建築家のアンジェロ・デサピオは、公園に面した七階を借り切っているが、九室の家賃が月千六百ドルである。また別のテナントは、六十三番通りに少なくとも五百万ドルはする美しい褐色砂岩の建物を所有していながら、一〇〇セントラル・パーク・サウスに四つのつながったアパートを借りている。十三階から公園を見おろす素晴らしい眺めが楽しめるこのアパートは、家賃が月二千五百ドル以下なのだ。これまでにあげたアパートはすべて、現在金持ちの住人が払っている額の何倍かの家賃で貸すことのできる豪華なものだ。

テナントの第二のグループは、いわゆるヤッピーだ。若手のプロフェッショナルで、株のブローカーやジャーナリスト、弁護士といった連中だ。必ずしも百万長者ではないが、裕福であることは確かだ。こうした人びとが公園に面したワン・ベッドルーム、あるいはツー・ベッドルームのアパートを借りている。

第三のグループは、狭いキッチンと中庭に面した窓のついた小さなアパートに住んでいる人たちだ。当然ながら、収入はあまり多くない。その中の何人かは、社会保障に頼っている高齢者だ。この人びとの家賃は相場より低いが、表側に住む金持ちのテナントの家賃ほど、市価との開きは大きくない。この近所で同じようなワンルームの小アパートを借りるとすると、家賃はこれらのテナントが現在払っている額の二倍ほどだろう。

テナントの代表のジョン・ムーアは、どのグループにも属さなかった。四十代前半で、金も社会的地位もある家の出だった。彼の祖父は、ウォルター・ホーヴィングに買収される前のティファニー&カンパニーの大口株主だったが、ムーア自身はそれほどの成功者ではなかった。テナントの先頭に立つことで、彼は自分の存在を主張しているのだろう、と私はずっと感じていた。もちろんそれだけでなく、彼には守るべき貴重なものがあった。わずかな家賃で借りている、公園を見おろすツー・ベッドルームの美しいアパートだ。

バルビゾン゠プラザを空けるのは簡単だった。ホテルの部屋を貸さなければすむのだ。しかし、そちらの収入を途絶えさせる前に、一〇〇セントラル・パーク・サウスのほうの立ち退きも完了させたかった。残念ながら、ここで私は最初から重大な誤りをおかしてしまった。自分で直接かかわるべきだったのに、そうしなかったのだ。それまでは必ず自分で事にあたり、そのおかげでいつもうまくいっていた。だが、正直なところ、テナントを説得して出て行かせるのは、楽しい仕事ではない。そこで、テナントの移転を専門に扱う業者を雇うことにした。有名な会社のトップたちが以前に仕事を依頼したことがあり、ここなら絶対に大丈夫だと推薦してくれたのが、シタデル・マネージメントという会社だった。私はおどしをかけて住人を立ち退かせるようなやり方はしてほしくなかった。ここは人目につく場所だし、ドナルド・トランプに対する風当たりはそれでなくてもすでに強かったからだ。ここで論争をまき起こすことは、何としても避けたかった。

初めの計画では、まことに単刀直入な方法をとるつもりだった。まず、テナントたちに、われわれが隣りのバルビゾン＝プラザとともに一〇〇セントラル・パーク・サウスをゆくゆくは取り壊すつもりであることを告げる。そしてしかるべき新しいアパートを探すのを手伝うと同時に、立ち退き料も支払うともちかける。

しかし、テナントたちはすばやく団結した。そしてテナント同盟を結成し、弁護士を雇う方針を決めた。費用は問題ではなかった。立ち退きによって一番損をするのは金持ちのテナントだったから、彼らは弁護士の費用を負担することに何ら異議は唱えなかった。訴訟の費用として、年間八千ドル出すことに同意した者も何人かいた。そんな額は安いものだったのだ。よその土地で同じ程度のアパートに住もうと思ったら、月一万ドルは払わなければならないのだから。

テナントが選んだ法律事務所は、立ち退きを要求されたテナントの代理をつとめることにかけてはかなりの実績があった。そこの弁護士たちは、家主側につく弁護士より暮らし向きがよかった。そのやり方は、何が何でも追いたてに抵抗し、裁判を長引かせようとするものだ。それにより、家主からできるだけ多額の家屋明け渡し料をとろうという戦略だ。

一〇〇セントラル・パーク・サウスの住人を立ち退かせ、同じ場所に新しい、大きなビルを建てるという私の計画は、法的に正しいものと確信していた。家賃統制されていないアパートのテナントを立ち退かせる場合は、建物を取り壊し、新しく建て直すという計画を提示しさえすればいい。家賃統制法のもとにあるテナントを立ち退かせるためには、より厳しい条件を満たさねばならなかったが、できないことはないだろうと思っていた。

まず、新しいビルの住戸数は、前のビルより最低二十パーセント多いことを示さなければならない。これはわけのないことだ。より大きなビルを建てたほうが、私にとって経済的に得だからだ。第二に、古いビルが評価額の八・五パーセント以下の純益しかあげていないことを証明しなければならない。家賃統制法のおかげで、このビルの評価額はわずか百五十万ドルで、市に納める税金はゼロに等しかった。経費に負債返済額を入れることは認められなかったが、それでもこのビルの収入は評価額の八・五パーセントにはとても達しなかった。

もし負債返済額を経費に含めたら、かなりの赤字を出している計算になる。いずれにしても、事実にもとづいて裁定を下すなら、市当局は私の取り壊し申請を認可し、居坐っているテナントに退去命令を出すはずだった。

一九八一年の初めに、シタデル社がこのビルの管理を引き継いだ。私は二つの指示を与えた。なるべく多くのテナントに新しいアパートを斡旋すること、それからテナントには引き続きあらゆる基本的なサービスを提供することである。

多くの家主のように悪者になることをいとわなければ、住人を立ち退かせるのは簡単だ。こうした家主は、立ち退きを実行したい建物を手に入れる際に、正体のわからない社名を使う。そして、ごろつき風の男たちを雇って、建物にのりこませる。男たちは大ハンマーでボイラーをたたき壊し、階段を外し、パイプに穴をあけてそこら中を水浸しにする。また麻薬常習者や売春婦、泥棒を大勢つれこんで空いているアパートに住まわせる。こうして出て行こうとしないテナントを脅すのだ。

これらはいわゆるいやがらせだ。私は道徳的理由からも、実際的理由からも、こうした手を使うつもりはなかった。私は自分の名前で建物を買う。したがって自分の評判を傷つけるようなことをするわけにいかないのだ。

一〇〇セントラル・パーク・サウスのテナントは、暖房や給湯関係で不自由することはなかった。アッパー・イースト・サイドにあるエレガントなビルの中には、建築基準に違反しているものがいくつもあるが、一〇〇セントラル・パーク・サウスに関するかぎり、どんなささいな違反にもすぐに対処した。ともかくテナントたちが法律的に私に対抗するための口実だけは、どんなことをしても与えたくなかった。

と言っても一〇〇セントラル・パーク・サウスをパーク街の豪華アパートのように運営したわけではない。家賃収入は基本的な経費をまかなうのがやっとで、ぜいたくなサービスを提供する余裕はなかった。それに、テナントは市場価格よりはるかに低い家賃しか払っていないのだから、ぜいたくを期待するほうが間違っていた。たとえば、私が管理を引き継いだ時、ロビーには電話が一台置かれていた。有料電話ではなく自由にかけられる電話で、緊急時に使うために取り付けられたものだった。ところが、テナントの中にはこれを使ってグスタードやサン・モリッツにいる友達に電話している者もいたのだ。

ドアマンにしゃれた制服を着用させるのもやめた。これで、かなりの額にのぼっていたクリーニング代が浮いた。また、ドアマンがテナントの荷物を持つためにドアを離れて通りまで出迎えることも、防犯上の理由からやめさせた。廊下についていた明るい電灯も、ワット数の低い電球に替えた。経費に細かい家主ならだれでも知っていることだが、それだけで年間数千ドルの電気代が節約できるのだ。

こうして経営面で効率化をはかったことがいやがらせであり、ここに住む人たちの生活をひどく不便にするための手だとテナントたちが主張するとは、思いもよらなかった。だがそれも不思議ではなかったのかもしれない。一部のテナントにとっては、三十分前に予約したのではル・サークで食事をすることができない、といった程度のことが〝不便〟なのだ。金持ちとはどういう人種かについて一つ学んだことがある。それは、ちょっとした不便さでも、彼らは耐えがたいほど不快に感じる、ということだ。

テナントは、こちらが移転先を斡旋しようとしたことさえ、いやがらせの証拠に数えあげた。彼らによると、私たちが「執拗に、強いプレッシャー」をかけて、移転を迫ったという。だが実際には、テナント一人一人に移転先を見つける手伝いをしよう、ともちかけただけだ。申し出が拒否されれば、そのまま引き下がった。テナントたちは、こちらのあらゆる対策に反対することを申し合わせていたから、にべもなくはねつけられることがほとんどだった。テナントの中には、こちらの案には耳をかしてはいけないとテナント委員会から強く言われている、と白状する者もいた。あまり条件のよくないアパートにいるテナントにとっては、こちらの斡旋案のほうがずっといい場合もあったのに、なんとも皮肉な話だった。

いやがらせの申し立てをするのは、確かにうまい手だった。ニューヨークでは、いやがらせという言葉はある特殊な効果をもつ。これを聞くとたちまち、悪徳家主と被害者のテナントという図式が頭に浮かぶのだ。裁判が行なわれた場合、陪審員の中には自分自身家を借りており、テナントの立場に同情的な者もいるだろう。もしテナント側の弁護士が、実際にいやがらせが行なわれたことをこうした陪審員に信じこませれば、こちらは即座に取り壊しの申請を却下されてしまう。すると一〇〇セントラル・パーク・サウスのテナントは引っ越す必要がなくなる。その間に、彼らは私がいやがらせをしたということをマスコミに宣伝し、私に対するマイナスのイメージづくりに精を出せるわけだ。私がいちいち否定すれば、話はいっそう面白くなるばかりだ。

残念ながら、私たちはテナント側にとって有利になるような手をいくつか打ってしまった。たとえば、家賃をはなはだしく滞納したり、法に定められているようにここを主たる住居としていないテナントに対して、立ち退き訴訟を起こすことにした。家主がこうした訴訟を起こすのはニューヨークでは日常茶飯事だ。これは完全に合法的であり、いくつかの件ではこちらが勝訴した。

ところがまずいことに、その中にいくつか不備なものがあった。たとえば、あるテナントが家賃を滞納していると主張したところ、彼は払った証拠となる相殺済みの小切手を持っていることがわかった。支払いがシタデルの帳簿に記載されていなかっただけなのだ。そのミスに気づいて、シタデルは小切手を出せば訴訟をとり下げると申し出た。しかしもうその時には、テナント側の弁護士が、これこそ自分たちの言い分を立証できる絶好のチャンスとばかりに、これにとびついていた。そこでテナントは小切手の提出を拒み、当然ながら私たちは敗訴した。また、あるケースでは、私たちは立ち退き訴訟を起こす前に、テナント側に十分な猶予期間を与えることを怠った。こちらとしては合法的なつもりだったのだが、裁判所によれば、最近法が改正されて従来より長い期間が必要になったということだった。

もう一つの誤りは、無人になったアパートの窓にブリキを打ちつけて封鎖したことだ。市当局も無人になった市営アパートを破壊や掠奪から守るため、まったく同じ方法で窓を封鎖する。しかし市営アパートはセントラル・パーク・サウスにあるわけではない。最初からもっと見栄えのよいやり方で窓を処理していれば、いろいろ面倒な思いをせずにすんだのだ。

私が一〇〇セントラル・パーク・サウスのアパートをホームレスの人びとに開放しようと申し出たことは、大きな論議を呼んだ。私が建物を買い取ってから約一年後の、一九八二年の夏頃、ニューヨークのホームレスの問題が大きな関心を引くようになっていた。ある朝、セントラル・パークのベンチで眠っているホームレスの人びとのそばを通りすぎた時、ある考えが浮かんだ。

一〇〇セントラル・パーク・サウスには十戸ほどの空アパートがあった。ゆくゆくは取り壊すつもりだったから、長期的なテナントを入れる気はなかった。そこで市に委託して、一時的にホームレスの人びとをそこに入居させたらどうだろう、と考えた。正直言って一〇〇セントラル・パーク・サウスの大金持ちが、しばらくの間、より恵まれない人びとと同じ屋根の下で暮らさざるをえなくなるのも、悪くはないと思った。だが同時に、街にはホームレスの人びとがあふれているというのに、空家を利用しないのはもったいない、と本心から思ったのも事実だ。

たちまちのうちに、コラムニストや論説委員たちは私の申し出を批判し始めた。市当局も、物議をかもすことを懸念してか、やんわりと断わってきた。あるコラムニストが、ポーランド系の難民グループが入居を求めたのを私が突っぱねた一件を取り上げて記事にしたため、私の申し出はますますまやかしのようにとられた。しかし、本当を言うと、その頃には私は先の思いつきをとりやめるつもりになっていたのだ。私の弁護士が状況を調査したところ、たとえ一時的にでもだれかをアパートに入居させたら、後で立ち退かせるのは法的に難しいことがわかった。それだけ聞けば十分だった。

しかし、それを公けにしたら、事態はいっそう悪化するだろう。そこで黙っていることにしたが、それも決してうまいやり方ではなかった。この件についてはマスコミにひどい目にあったが、貴重な教訓も得た。たとえ親切心からでも、衝動的に行動してはいけない、不都合なことがないかどうか、よく考えてからにせよ、というものだ。

一九八四年の初め、何人かのテナントがいやがらせの件で、州当局に正式に訴えを起こした。苦情の多くはとるに足りないものだったが、それでもそれらに全部きちんと対処するよう部下に指示した。だが事態はそれではおさまらなかった。一九八五年一月、州はテナント側のいやがらせの訴えをとり上げることに同意した。もちろん、こちらもそれまでに数々のミスをおかしてきたことは事実だが、いずれもだれかに深刻な被害を与えるようなものではなかった。私に言わせれば、テナントたちのこの行動は、いやがらせを逆手にとった巧妙な戦略だった。いやがらせというほどのものはなかったことを、彼らは十分承知していた。これは有利な条件のアパートを手放さないため、あるいは少なくとも家屋明け渡し料をたっぷり巻きあげるための策略だった。

テナント委員会が中心になって運動を展開した。約五十人のテナントがいやがらせ訴訟に参加し、全員がまったく同じような苦情のリストを提出した。それらの手紙は、「ドナルド・トランプは現代のスクルージである」という同じ文句で結ばれていた。私の弁護士が調べたところ、興味ある事実が見つかった。テナントの中でも裕福な数人が、同じような苦情の手紙を市当局に対して、過去十年、二十年、場合によっては三十年にもわたって出し続けていたのだ。そして、それには必ず家賃の引き下げを求める一節が含まれていた。一〇〇セントラル・パーク・サウスの住人は、わずかな金で高級な暮らしを楽しむことにかけては、まさに天才だった。

しかしテナントの誤算は、私が世間体を気にしたり、わずかな支出を惜しんで丸めこまれてしまうような家主ではなかった点だ。私は自分に対する非難が不当なものだと感じた時にはなおのこと、黙って引き下がりはしない。告訴を受けて立てば訴訟費用がかさむだろうし、こちらの戦術を考えなおさねばならなくなるかもしれない。しかし脅しに負けて、ばかげた調停案をのむことだけは、なんとしてもできなかった。

この間に、私に都合のよいことがいくつか起こった。最も重要なのは、ニューヨークの不動産価格に関するものだ。価格は一九七四年以来じわじわと上がり続けていたが、一九八一年の初めには上昇が止まった。ちょうど私がセントラル・パーク・サウスにある二つの建物を買い取った頃だ。最初の計画では次の二年間に新しいビルを完成するつもりだったが、この時期には、不動産価格は実際下がったのだ。これで不動産ブームは去った、とたいがいの人が思った。

ところが一九八四年になって、相場は再び急激に上がり始めた。価格の変動はすさまじかった。一九八一年の秋には、コープ住宅の一部屋当りの平均価格は九万三千ドルにも達していた。それが一九八三年の初めには、六万七千ドルにまで落ちこんだ。しかし、私とテナントとの対立が最高潮に達した一九八五年一月頃には、一部屋当りの価格は十二万四千ドルにはねあがった。つまり、テナントたちがあらゆる手を使って私の計画を邪魔している間に、ニューヨークの不動産価格はほぼ二倍になったのだ。

その頃にはバルビゾンの跡地だけにビルを建てるのが最も簡単な解決法かもしれないと考え始めていたが、それだけでも二年前にこの敷地全体を開発したよりもうかっただろう。さらに、今や一〇〇セントラル・パーク・サウスには空アパートがたくさんできており、時とともにその数はふえる一方だった。空アパートは市場価格で貸すことが法的に認められている。したがって、私は金の山に坐っているようなものだった。

この時期に起こったもう一つの好都合なことは、建築上の好みが変わり始めた点だ。セントラル・パーク・サウスの物件を手に入れた時には、高層ビルのスタイルとしてはまだほっそりした超近代的なガラスのタワーが主流だった。おそらくトランプ・タワーがその典型だろう。このデザインは非常に人気があり、圧倒的な成功をおさめていたから、セントラル・パーク・サウスの敷地にも当然この種の、洗練されたモダンなビルを建てるつもりだった。

ところが一九八四年頃には、建築に新しい波が起こり始めたことに気がついた。それは古いものへの回帰ともいうべき波だった。ニューヨークで高級アパートを買う人たちは、他のすべてのものと同様建築についても流行にうるさい。私は実際的な人間である。もし人びとが古いスタイルの建物を好むのなら、迷わずそういうものを作る。売れない建物などに用はない。一九八五年の初めに、バルビゾン＝プラザの跡地に建てる新しいビルのデザインを、ある建築家に依頼した。それには一〇〇セントラル・パーク・サウスと調和するような、古風でクラシックな要素を入れるよう注文をつけた。

実を言うと、そのデザインにはあまり乗り気ではなかった。私はポストモダニズム、すなわちモダンなデザインとクラシックな要素とを組み合わせた建築様式が好きではなかった。この様式では両者の悪い面ばかりが強調されるような気がしていた。建築主の多くが費用を出し惜しみするため、建材も職人の腕も一級とは言いがたい場合がほとんどだった。それにポストモダンのデザインでは、クラシックな要素は大抵模倣のように見えた。またこれらの要素は近代的なスマートさの邪魔になっていた。

バルビゾンの跡地に建てる古風なビルの模型を建築家から見せられた時、最初に目にとまったのはデザインではなかった。新しいビルは古いビルよりずっと小さいことに気がついたのだ。どうしてこんなことになったのかと建築家に尋ねた。

「都市区画法のせいですよ」と彼は説明した。「バルビゾンが建てられた時には、建物の大きさについては何ら制限がありませんでした。でも今では制限がずっと厳しくなっていて、あの敷地にはあんなに大きなものは建てられないのです」

「それじゃ、もし内部をすっかり壊して改装しても、建物の正面と鉄骨さえそのままにしておけばいいのかい？　もし古い建物をすっかり取り壊してしまったら、後にはずっと小さな人目を引かないものしか建てられないんだね？」私は尋ねた。

「ええ、トランプさん、そのとおりです」

「それじゃ、なぜわざわざ古いのを取り壊して、その半分にも足りない、たいして見栄えもしないものを多額の費用をかけて建てる必要があるんだ？」

「理由は簡単ですよ」彼は言った。「バルビゾンは、豪華な住居用ビルとしては窓が小さすぎるんです」

解決策は明らかだった。建物はそのままにして、窓を大きくすればいいのだ。

ちょうどその頃、私自身の好みも変わり始めていた。セントラル・パーク・サウスの二つの建物も含めて、古いすぐれた建築物の細部装飾や形の優美さが、しだいに好ましく思われてきたのだ。また、これらがセントラル・パーク・サウスの街並みにいかにしっくりとけこんでいるかということにも気づき始めた。

バルビゾンを取り壊して、跡地に新たなビルを建てるための費用は概算で二億五千万ドルだった。一方、内部を壊して改装し、窓を大きくするだけなら、すべての工事が一億ドルでおさまる計算だった。バルビゾンのデザインで私が気に入っていたのは、てっぺんを飾る堂々たる石の王冠だったが、これと同じものを造るだけで一千万ドルもかかる。しかもそれだけかけても、もとのものにはとても及ばないだろう。改修にとどめたことは費用の点で効果的だっただけでなく、デザインの面でも賢明な選択だった。

私にとって都合のよい出来事がもう一つあった。私は数年前から、一〇〇セントラル・パーク・サウスの向かいにあるサン・モリッツ・ホテルも買収しようとしていた。売手はハリー・ヘルムズリーとロレンス・ワインで、どちらも素晴らしく有能な不動産業者だった。問題はコストの点だけだった。向こうは莫大な金額を要求していたが、ホテルの収益から見て、これは高すぎると思った。彼らはその金額で、他のバイヤーと何度か契約を結んだが、いずれも完了にはいたらなかった。法外な買い値をつけて物件を手に入れようとする人が結局契約を破棄するはめになるのを、私は何度も見てきた。彼らは物件に目を奪われて、サイフのことを考えない。そして最後は手を引くことになるのだ。

こうした経緯が何度かくり返された後、ハリー・ヘルムズリーに電話した。「サン・モリッツをぜひ買いたいと思っています。ご存知のように私の場合は必ず取引を完了させますが、そちらが考えていらっしゃる価格ではどうにも手が出ませんな」すると、相手は言った。「しかし、おたくの希望価格では安すぎますよ」こんな調子で交渉を重ね、ついにホテルの収益から考えて妥当と思われる金額を取り決めることができた。

ところで、こちらには切り札があった。すぐ隣りに建っている客室数千四百のバルビゾン＝プラザである。だれにも話していなかったが、サン・モリッツを手に入れたらすぐに、バルビゾンのほうは閉鎖するつもりだった。理由は簡単だ。バルビゾンを閉鎖すれば、やり手の支配人のチャールズ・フラウエンフェルドと彼の優秀な部下をサン・モリッツに移すことができる。同時に、バルビゾンの客の多くも必然的にこちらへ移るだろう。セントラル・パーク・サウスで並みの値段で泊まれるホテルといえばこれ以外にはサン・モリッツしかないからだ。もちろんバルビゾンを閉鎖すれば一部の客を失うことになるが、サン・モリッツに新たな顧客がつくから問題はない。最低に見積もっても、サン・モリッツの客室利用率と収入はすぐに二十五パーセント増になるだろう。

銀行も同じように考えたらしい。買収資金の融資を申し込んだところ、買収に要する額より六百万ドルも多い額を即座に貸してくれた。つまり、私は自分の金をまったく動かさずにサン・モリッツを手に入れ、しかもポケットには六百万ドルが転がりこんだのだ。契約成立の時に、ハリー・ヘルムズリーが書類をめくっていて、私の借金の額の大きさに気づいた。

彼はあまりいい顔をしなかったが、これはハリーとラリーにとっても悪い取引ではなかった。二人は何年か前に、ただ同然でこのホテルを手に入れたのだから。

一九八五年九月に、私はサン・モリッツを引き継ぎ、すぐにバルビゾンを閉鎖した。最初の一年間に、サン・モリッツの利用率は三十一パーセント増加した。これは私の予想をやや上回る数字だ。一方、効率的なマネージメントのおかげで、粗利益はほぼ四倍にはね上がった。

残る問題は、一〇〇セントラル・パーク・サウスの住人が起こしたいやがらせ訴訟だった。その頃にはもう住人を立ち退かせて建物を取り壊そうという気持ちはなかったから、たとえ向こうの言い分が認められても、私の計画には何ら支障はなかった。それでも私の弁護士の何人かは、不愉快な状況を解消するために、とにかく訴訟を和解させたほうがよいという意見だった。具体的には、テナントたちに建物を一千万ドルでただちに売却する代わりに、向こうはいやがらせの訴えを取り下げる、という協定を結んではどうか、というのだ。

表面的には、こちらにとっても悪くない取引だ。もともとの買収額から考えると、一千万ドルで売ればかなりの利益が手に入ることになる。しかし、考えた末に、私はノーと言った。テナントたちがいやがらせ訴訟をてこにして、市場価格より安い金額でまんまと建物を手に入れると思うと、気分的におさまらなかったのだ。こうして、テナントも彼らの弁護士も、膨大な棚ぼた式の利益を失うことになった。今日、ニューヨークでは、だれもがこのアパートを買い取りたいと願っているのだ。

一方、いやがらせ訴訟のほうはだらだらと長引いていた。一九八五年八月、州地裁の判事は、いやがらせが行なわれたという明らかな証拠はない、という判決を下した。一九八六年十二月には、控訴裁も下級裁判所の判決を全員一致で支持した。

弁護士はまだ和解についての話し合いを続けていた。ついに、一九八六年の末に、ほとんどのテナントが私に対する訴訟を取り下げることに同意した。こちらはいずれにしてももう建物を取り壊すつもりはなかったから、立ち退きを要求する訴えを取り下げ、彼らと新たな賃貸契約を結ぶことに同意した。私はまた、この取り決めに合意したテナントについては、三カ月分の家賃の支払いを免除することにした。それに応えて、家賃を滞納していた住人は、その分を全額支払うことを約束した。ひどい例では一年分も未払いになっていたケースもあり、滞納額の総計は十五万ドルを超えた。

州が訴訟を取り下げたにもかかわらず、市当局は私に対するいやがらせ訴訟の続行を主張した。テナント・グループのリーダー、ジョン・ムーアでさえ啞然とした。市が訴訟を進めるのは、「まるで馬屋にもどってきた馬にムチをくれるようなものだ」と彼はある記者に語っている。納税者こそいい迷惑だった。未解決のままになっている重要な問題が山ほどあるというのに、市はすでに解決済みの問題に費用と人材をつぎこもうとしているのだ。これはトランプ・タワーの減税問題で私がエド・コッチ市長をさんざんにやっつけ、さらにウォルマン・リンクの件で彼の顔をつぶしたからではないかと思っている。

一方、私はバルビゾン＝プラザをトランプ・パークと改名し、改装にとりかかった。まずはじめに、ホールズ社という会社と契約した。餅は餅屋というが、なんとこの会社はもっぱら穴《ホール》を開けることを専門にしていた。幸い、仕事は手際よくやってくれ、ほんの数週間でバルビゾンの小さな窓は、大きなピクチャー・ウィンドーに生まれ変わった。大きな窓はそれだけで大変な価値がある。素晴らしい眺めはちょっとした財産にも匹敵するからだ。

新しいビルがぞくぞくと建設される中で、私たちの建てたビルはまことにユニークだった。古いものと新しいもののよさを兼ね備えていたのだ。石の王冠を含め、外観のディテールと装飾はもとのまま残した。またアパートの中の高さ十二フィートの天井もそのままにした。今日では費用がかかりすぎるから、こんな天井をつくろうというデベロッパーはまずいないだろう。こうしたよさと同時に、改修後のビルには古い建物にはないさまざまな利点もある。新しい給排水設備、なめらかな壁、近代的な配線、スピードの速いエレベーター、それにもちろん、保温性の高いガラスをはめこんだ大きな窓などだ。

建物は一九八七年の秋に完成の予定だが、私たちは一九八六年十一月にアパートの分譲を開始した。八カ月の内に、八十パーセントにあたるほぼ二百七十戸のアパートが売却済みになった。総額二千万ドルで七戸を買い占めた人もいる。この調子だとまだだれも入居しないうちに売り切れそうだ。完売のあかつきには、総計二億四千万ドルの収益を手にすることになる。しかも、まだ一〇〇セントラル・パーク・サウスと道路沿いの店舗については、何の手も打たないうちにである。

終わりよければすべてよしだ。セントラル・パーク・サウスの住人は、アパートにとどまることができた。一〇〇セントラル・パーク・サウス地区は、シンボルである二つの建物を失わずにすんだ。市はまもなくこれらの建物からかつてないほど多額の税を得るようになるだろう。私はといえば、多くの人が全くの失敗とみなした取引により、最終的に一億ドル以上の利益をあげることになる。これは主としてテナントが私の計画を遅らせてくれたおかげなのだ。

11　大きな賭け――USFLの興亡

私はこれまで、最高のものにしか投資しないことをモットーにしてきた。しかしユナイテッド・ステーツ・フットボール・リーグ（USFL）に関しては全く別の方針をとることにした。

一九八三年の秋に私がニュージャージー・ゼネラルズを買った時、USFLはすでに最悪の状態に陥っていた。三千万ドル近い赤字を出していたのだ。ゼネラルズのオーナーはJ・ウォルター・ダンカンというオクラホマの石油業者だった。ゼネラルズはこのオーナーのもとで二百万ドルの損失を出しており、試合のほうもほとんど全敗という成績だった。不動産にたとえれば、私が買ったのは五番街や五十七番通りではなく、サウス・ブロンクスだったわけだ。

しかし、私はゼネラルズ買収の件を、通常の取引と同じように考えていたわけではない。当たれば大穴だが、はずれてもどうということのない、いわば遊びのつもりだった。私は大のフットボール・ファンである。スポーツが好きで、自分のチームを持つのが永年の夢だった。またナショナル・フットボール・リーグ（NFL）に挑戦するのも悪くないと思った。NFLは独占をいいことにわがもの顔にのさばっているが、手強い競争相手が現われれば案外もろい、と私はにらんでいた。

USFLに賭けておけばうまくいった場合のもうけが大きいことも気に入っていた。いわば大穴である。最初の投資額は比較的少ないが、見返りとして多額の利益が手に入る可能性がある。USFLが解体してしまわないかぎり、私は六百万ドルにも満たない額で、世界的なフットボールのメッカでプロのチームのオーナーになれるのだ。これがNFLのチームだったら、七千万ドルは下らないところだ。もしなんとかしてチームとリーグを再起させられれば、はじめの投資額の何倍もの利益を手にすることができるだろう。少なくとも、その過程で大いに楽しむことができる。

USFLのかかえている主な問題はかなりはっきりしており、対策を講じるのもさほど難しくはないように思われた。第一の問題は、このリーグが春に試合を行なうことだ。スポーツにはシーズンがあり、フットボールは秋にやるものだとファンは思っている。プロ・スポーツの財政を支えるテレビ局は、春のフットボールには多額の放映権料を払いたがらない。私がゼネラルズを買った当時、ABCテレビはUSFLの春のシーズンの独占放映権を年間百万ドルで手に入れていた。一方、NFLの秋のゲームに対しては、三大ネットワーク全体で三億五千九百万ドルという莫大な放映権料が支払われていた。したがってUSFLも、まずゲームを秋に移すことが先決だった。

第二は、第一級のチームをつくり上げることだ。そのためには、トップ・プレーヤーと契約するための金を惜しまず、チームの宣伝に力を入れ、ある種の興奮を盛り上げて、USFLが強力な競争相手であることをNFLのファンやテレビ局に印象づける必要がある。以前、NFLに対抗して二つのリーグがつくられたことがあった。それぞれがたどった経過からは、学ぶところが多い。アメリカン・フットボール・リーグ（AFL）は一九六二年に、八人の非常に裕福な企業家によって結成された。彼らはトップ・プレーヤーと契約し、最初の数年間はチームの信用を築き上げるために、かなりの額にのぼる損失を負担した。一九六六年までにNFLの優秀なプレーヤーを何十人も引き抜き、二つのリーグの中ではこちらのほうがより活気がある、とみなされるようになった。AFLの侵略がエスカレートするに及んで、ついにNFLのコミッショナー、ピート・ロゼールは降伏し、二つのリーグを合併することを申し出た。現在では、もともとAFLに属していたチームが、NFLの中でも隆盛をきわめている。AFLはおそらく合併しなくても盛んになっていただろう。

もうひとつ、NFLに挑戦したのはワールド・フットボール・リーグ（WFL）である。これは一九七三年に結成されたが、仕掛人たちは資産の点でもビジョンの点でも、はるかに小ぶりだった。AFLの場合と違って、WFLのオーナーはわずか数人の有名プレーヤーと契約しただけだった。またフランチャイズも小さな都市にしかおかず、テレビ局と契約を結ぶことにも失敗した。結局WFLはたった二年でつぶれた。創設者たちはさほど大きな損はしなかった。もともと大して資金をつぎこんでいなかったからだ。

もしUSFLのゲームを秋に移し、質の高いチームづくりを始めたら、二つのことが起こり得る、と私は予測した。どちらも好ましい可能性だ。一つは、三大ネットワークのうち少なくとも一つは、かなりの額を積んで秋のテレビ放映の契約を申し出るだろう、というものだ。そうなれば、NFLと互角にわたりあえる、より強いリーグづくりを続けることができる。第二の可能性は、こちらのチームがどんなに強くなっても、三つのネットワークが独占的組織であるNFLのご機嫌をそこねたくないばかりに、そろってテレビ放映を断わってくるかもしれない、というものだ。そうなればそうなったで、私たちは反トラスト法違反でNFLを訴える根拠を握ることになる。

もし後者の道をたどって訴訟を起こしたら、当然こちらが負けることも考えられる。そうなったらUSFLの運命ももはやそれまでだ。だが、それより何らかの形で勝利を得る可能性のほうが大きい、と私は考えていた。もし陪審による評決が行なわれ、こちらに損害賠償が認められれば、私たちに必要な財政的基盤が整うことになる。反トラスト法違反の場合は損害賠償額が通常の三倍になるから、なおさらだ。もう一つの可能性は、NFLが裁判に費用をかけたあげく、屈辱的な敗北を喫することを懸念して、ある種の解決策を提示してくるかもしれない、というものだ。ちょうど二十年前にAFLと手を組んだ時と同じように。

私は自分の考えを胸にしまっておきはしなかった。二年後、NFLは、リーグのシーズンを秋に移すという私の計画を抜き打ち的で卑劣なやり方だと主張した。しかし実際は、ゼネラルズを引き継いで何日もしないうちから、私は電話してくる記者にはだれかれなしに、自分の考えをはっきり話してきたのだ。ゼネラルズを買収して一カ月後の一九八三年十月十八日には、ヒューストンで行なわれたオーナー会議に初めて出席した。ここでも私は、臆することなく自分の考えを明らかにした。

発言する番が回ってくると私は立ち上がって、オーナーたちに言った。私はオフ・シーズンの春にプレーするマイナー・リーグのオーナーという立場にあまんじるつもりでUSFLのチームを買ったのではない、と。大部分のファンと、テレビ・ネットワークが支払っている放映権料の大半が秋に集中している事実を、私は指摘した。前年の秋にNFLの選手が長期にわたるストを決行したため、ファンは疎外されたように感じ、不満を抱いている。したがって、契約切れが迫っているNFLのトップ・プレーヤーや、大学を卒業する有望な選手たちと積極的に契約交渉を行ない、NFLをさらに守勢に立たせるのは今だ、と私は力説した。

USFLに関して私が見込み違いをしていたことが一つある。それは仲間のオーナーたちの力量についてだ。人とパートナーを組む場合、相手が弱ければその提携関係も強力にはなりえない。むろんUSFLのオーナーの中にも、財政的、精神的にめっぽう強い人物がいるにはいた。ミシガン・パンサーズのオーナー、アル・トーブマンやフィラデルフィア・スターズのオーナー、マイルズ・タネンバウム等である。偶然にも、二人はメンフィス・ショーボーツのオーナー、ビリー・ダナヴォートやジャクソンヴィル・ブルズのオーナー、フレッド・ブラードと同じように、ショッピング・センター建設で財をなした人たちだった。

ＮＦＬを打ち負かすためには、第一級のリーグを築き上げる必要があった。しかし残念ながら、ＵＳＦＬのオーナーの中には、財政的にもビジョンの点でも、それだけの資質に欠ける面々がいた。この人びとはＮＦＬと対決するという考えにおじけづいた。彼らは春のシーズンに細々とプレーすることに満足しており、リーグを一流にすることより、どうやってコストを下げるかということにもっぱら関心があった。

私はまず、買い取ったばかりのチームをなんとかしなければならなかった。ニュージャージー・ゼネラルズはひどい状態にあった。終わったばかりのシーズンの成績は、四勝十四敗という惨憺たるものだった。このチームには、ハイズマン賞（毎年もっとも優れた大学のフットボール選手に与えられる賞）を受賞したジョージア大学出身のランニングバック、ハーシェル・ウォーカーというスーパースターがいた。だがそのハーシェルでさえ、本来の才能を十分に発揮できずにいた。とにかく、世界のメディアの中心ニューヨークから川ひとつ隔てたところでプロ・フットボールのシーズンを終えたばかりだというのに、ゼネラルズはマスコミにもとりあげられず、ファンもほとんどいないというありさまだった。

この状況を変えるには、ゼネラルズの中身を変えるしかなかった。ファンは勝利者を好む。彼らは、素晴らしいわくわくするようなプレーをするスター選手を見に来るのだ。ハーシェルは明らかにそうしたスターの一人だったが、フットボールではチームの勝敗はクォーターバックの活躍にかかっている。AFLのニューヨーク・ジェッツがかつて、当時としては前例のない四十万ドルという年俸でアラバマ大学のクォーターバック、ジョー・ネーマスと契約したことは、何よりもAFLとこのチームの宣伝になった。ネーマスはジェッツとAFLをスーパーボウルでの初優勝へと導いた。だがそれ以前にも、彼はAFLのもっとも華々しい、カリスマ的なスター選手であるということだけで、多額の年俸を得ていたのだ。

私がまず目をつけたのは、クリーヴランド・ブラウンズのクォーターバック、ブライアン・サイプだった。何シーズンか前にNFLの最優秀選手だったサイプは、正真正銘のスーパースターだった。ちょうどその年が契約更新年にあたっていたので、数カ月のちに彼を獲得することも夢ではなかった。サイプを獲得できればゼネラルズとUSFLの質を向上させると同時に、NFLに打撃を与えることができる。交渉は難航したが、ついに一九八三年十二月二十七日、私は記者会見を開き、ゼネラルズが年俸八十万ドルでサイプと長期契約を結んだことを発表した。

サイプとの契約が成立するまでに、数人のNFLのトップ・プレーヤーを引き抜くことに成功していた。第一号は、カンザス・シティ・チーフスの、オール・プロ・チームに選ばれたことのあるフリーセーフティ、ゲアリ・バーバロである。バーバロとは十一月五日に契約を結んだ。バーバロとの契約には副産物がついてきた。この件により、私たちが一流のチームを作るために本気で金を投じるつもりであることに、NFLの他の選手たちが気づいたのだ。十一月二十八日には、シアトル・シーホークスのスターティング・コーナーバックだったケリー・ジャスティンと契約した。十二月に入ってから、スーパーボウルで優勝したサンフランシスコ・フォーティーナイナーズの二人のラインバッカー、ウィリー・ハーパーとボビー・レオポルドとの契約が成立した。さらにサイプをガードするために、シンシナティのデイヴ・ラップハムという、ベテランのオフェンス・ガードも獲得した。

この時期にかなり注目を浴びたもう一つの交渉は、マイアミ・ドルフィンズのコーチ、ドン・シューラとの一件である。シューラはNFLのもっともすぐれたコーチのひとりだったが、その割りに冷遇されていた。私は最初から、彼の現在の年収よりはるかに高い額を提示した。彼の要求する条件をすべてのむつもりだったが、向こうがトランプ・タワーのアパートを求めるに及んで、私もつっぱねざるをえなかった。私が気安くアパートを人に譲ったりしないからこそ、フットボール・チームを買収できるのではないか。しかし、この交渉はシューラにとって、無駄ではなかった。ドルフィンズは彼の待遇について見直し、それまでよりずっと高い給料で再契約したのだ。シューラは確かにそれだけの値打ちのあるコーチだった。

私たちがもっとも注目を集めたのは、ニューヨーク・ジャイアンツのオール・プロのラインバッカー、ロレンス・テイラーと契約した時だ。彼はオールラウンドなプレーヤーとしては、おそらくNFLでももっとも優秀な選手だったろう。一九八三年十二月三十一日、私たちはテイラーが総額三百二十五万ドルでゼネラルズと四年契約を結んだことを発表した。ただし、これはジャイアンツとの契約が切れる一九八八年まではお預けである。ある意味でそのことは、即座に彼を獲得するより効果的だった。テイラーほどの選手が〝先物〟契約に応じたことにより、NFLと長期契約を結んでいる選手でさえ、私たちの手の届かないところにいるわけではないことを、NFLに認識させることができたからだ。

テイラーとの契約が公表されると、はたしてジャイアンツはまっ青になった。二週間後の一九八四年一月十七日、ジャイアンツは六百五十五万ドルで六年間契約を延長することを彼に申し出た。つまり、ジャイアンツは三年後にテイラーを手放さなくてもすむように、彼の給料を三百万ドル上げざるをえなくなったのだ。その後、テイラーがゼネラルズと結んだ契約を破棄させたことで、ジャイアンツは私に七十五万ドルの違約金を払うことに同意した。

私が積極的にNFLの選手獲得に乗り出したことが、USFLの他のオーナーたちを刺激したらしい。USFLの第二回ドラフト会議が一九八四年一月四日に行なわれ、ピッツバーグのチームが、ハイズマン賞を受けたネブラスカのマイク・ロウジャーを指名し、五日後に契約した。とたんに、チームのシーズン・チケットの売上げは六千枚から二万枚にはね上がった。ブリガム・ヤング大学のクォーターバックで、大学フットボールのスーパースターだったスティーヴ・ヤングは、USFLのロサンゼルス・エクスプレスと数百万ドルで契約した。ロサンゼルス・エクスプレスのオーナー、ドン・クロスターマンは、この他にも十四人をドラフトで獲得することに成功した。いずれもNFLがねらいをつけていた有望株である。結局、USFLのチームは、希望した大学のトップ・プレーヤーたちの約半数と契約を結ぶことができた。スポーツ・イラストレーテッド誌は、私たちのドラフトの成功を報じた記事の中で、次のような疑問を投げかけている。「NFLはロウジャーやヤングのような選手をこれ以上失ったら、やっていけなくなるのではないだろうか?」当然といえば当然の疑問だ。

一月十七日、ニューオーリンズで行なわれたオーナー会議での席上、私は再びUSFLのシーズンを秋に移すことを強く主張した。NFLの選手たちを引き抜き、有望な大学の選手たちと契約することに成功した今が、タイミングとしては最高だと指摘した。そしてすぐその場でシーズン変更についての採決を行なうことを提案したが、気乗り薄のオーナー連中は折衷案を出してきた。すなわち、長期的展望に立って委員会を作り、春・秋問題を検討するというのだ。委員会などというものは、自信のない連中が難しい判断を一時のばしにするために設けるものだ、と私は思う。しかし少なくとも、シーズン変更の問題を重要な議案としてとりあげてもらうことができたわけだ。私も委員会のメンバーに選ばれた。最終的には秋こそわれわれにとって最も望ましいシーズンである、と過半数のオーナーを説得できるだろう思った。

そうこうする間に、NFLはパニックに陥り始めた。そのことを端的に示しているのは、一九八四年二月にNFLが開いた会議である。マサチューセッツ州ケンブリッジで行なわれたこの会議は、同リーグの将来について、具体的にはUSFLの脅威について話し合うことが目的だった。そこでは、ハーヴァード・ビジネス・スクールのマイクル・ポーターという高名な教授によるセミナーが行なわれたことを、私たちはずっと後になってから知った。彼は「USFL対NFL」と題した四十七ページにのぼる報告書を用意していた。そのセミナーにはNFLの幹部が約六十五名出席した。その中には、チームのオーナーたちや、NFL理事会の理事、ジャック・ドンランもいた。

ポーターはあからさまに、われわれのリーグに対して全面戦争をしかけるための多角的プランを説明した。それは、こちらの競争力を弱めるためのさまざまな戦略を用いたものだった。二時間半に及ぶ彼のプレゼンテーションは、次のような各論に分かれていた。「攻撃戦略」「ゲリラ戦法」「戦争の技術――紀元前五百年の中国に学ぶ」などである。ポーターの提案の中には、USFLの春のシーズンの放映を止めるようABCを「説得する」こと、コストを引き上げるために、USFLの選手たちに働きかけて組合を結成させること、USFLのもっとも影響力の強い有力なオーナーにNFLのフランチャイズを提供し、彼らを味方に引き入れること、などがあった。

一九八四年の春、USFLの二回目のシーズンが始まったが、私たちをつぶすためのNFLの秘密作戦にこちらはまだ気づいていなかった。しかし、何かおかしいとはうすうす感じていた。USFLの中の比較的弱いオーナーたち、特にシカゴ、ワシントン、サンアントニオ、オクラホマのオーナーたちが、厳しい財政難に陥り始めたのだ。リーグにとって危険なのは、二、三のチームを失うことより信用に傷がつくことだ。問題をかかえるようになると、マスコミの目を強いチームに向けさせるのが困難になる。スポーツ記者は、地盤の弱い都市での入りの悪さや、オーナーたちの個人的な財政上のトラブルのことばかりを書きたてようとするからだ。

一方、私が懸念したとおり、USFLの委員会の調査はだらだらと長引いていた。やがて過半数のオーナーが、外部のコンサルタント会社、マッキンゼーに調査を依頼することに賛成した。この業界ではおそらくマッキンゼーはもっとも優秀なのだろうが、委員会以上に私が嫌いなのが、このコンサルタントなるものだ。そうそうたる顔ぶれの委員会と多額の手数料をとるコンサルタントがいくら協力しても、大した結論は出せない。賢明な決定を下すことにかけては、しかるべき常識をそなえ、自分自身の利益がその決定にかかっている事業家グループのほうが、数段上なのだ。

マッキンゼーの調査は三カ月かかり、料金は六十万ドルにものぼった。一九八四年八月二十二日の朝、ようやくマッキンゼーの幹部、シェアロン・パトリックが、シカゴに集まったオーナーたちに結論を発表した。それによると、USFLにとってもっとも望ましいのは、引き続き春に試合を行なうことと経費を厳しく切り詰めることだという。秋への移行問題については、将来再び検討する余地はある、ということだった。世論調査によると、大多数のファンは、USFLの試合が春に行なわれることを期待している、とパトリックは報告した。私が世論調査についてどう思っているかは、ご想像に任せよう。

現実の状況を見ると、とてもマッキンゼーの提案を受け入れるわけにはいかなかった。いくら経費を抑えてこのまま春に試合を続けてみても、利益が上がる見込みは全くないのだ。それに、弱いオーナーの多くは、これ以上びた一文失うわけにはいかないところまで追い詰められていた。私たちに必要なのは、思い切った行動だった。そこで私は立ち上がって、そう言った。パトリックの発表が終わって二時間もたたないうちに、私は秋への移行問題を採決にゆだねるところにまでもちこんだ。採決の結果、それは規定の三分の二以上の賛成で可決された。その日の午後、私たちはあと一回春に試合を行なった後に、この決定を実施に移すと発表した。

会議では、NFLに対して反トラスト法違反訴訟を起こす、というもう一つの問題についての話し合いも行なった。結局、コミッショナーのチェット・シモンズに、NFLのコミッショナー、ピート・ロゼール宛てに通告書を送ることを委任した。シモンズは、次のような温和な調子で、こちらの見解を述べた。「USFLが新興スポーツ企業であるのに対し、N

FLはすでに老舗として地位が確立しています。したがってNFL及びNFLのオーナー諸氏が独占を禁じる法や規定の枠内で行動されることが、われわれUSFLの存続にとってきわめて大切です」つまり、私たちに損害を与えるような行動をとるなら訴えてやる、というのがこちらのメッセージだった。

十月になると、CBSやNBCとの話し合いの空気が、がらりと変わってきたのがわかった。秋への移行を考慮している間は、どちらのネットワークも放映に関心を示していた。ところが移行を発表したとたんに、両社とも完全に手を引いてしまったのだ。USFLの秋の試合を放映しないよう、NFLがテレビ局に相当な圧力をかけたに違いない。特に、すでに春の試合について契約をしているABCに対してはもっとも強硬な態度をとったと思われる。ピート・ロゼールは、ABCのスポーツ部門の責任者、ルーン・アーレッジとこの問題を話し合ったことはない、と後に証言している。だが私に言わせれば、そんなことはありえない。ロゼールとアーレッジは長年の仲間であり、親友なのだ。USFLが秋へ移行することの影響を心配していたロゼールが、そのことを友人のアーレッジに話さないなどと、だれが本気で信じよう？　それにABCに数百万ドルの利益をもたらしたスポーツ番組、《NFLマンデー・ナイト・フットボール》の生みの親であるアーレッジが、ロゼールの機嫌をそこねないよう気をつかわないはずがないではないか。

皮肉なことに、ABCだけでなくNBCやCBSも含めた三つのネットワークはいずれも

NFLのゲームで赤字を出していた。放映権料が年間三億五千万ドル以上にものぼるため、テレビ局の見積りによると、一九八五年には試合の放映により数百万ドルの損失が出たという。

それでもなお、どのネットワークもNFLと袂を分かつことは望まなかった。なんといってもフットボールはテレビ・スポーツの花であるから、互いに競い合うためにも、三局ともNFLをおとり商品として放映し続ける覚悟でいたのだ。USFLにとって、残された道は一つしかなかった。一九八四年十月十七日、私たちはニューヨーク州南部地方裁判所に、反トラスト訴訟を起こした。具体的には、NFLが契約できるネットワークを二社以下に制限すること、およびUSFLに十三億二千万ドルの損害賠償金を払うことを求めたのだ。

一方、こちらにはもっと差し迫った問題があった。すなわち、生き残ることである。

一九八五年一月三日、USFLは大学四年の選手を対象にした、第三回ドラフト会議を開いた。ゼネラルズは九勝五敗とかなりの成績を上げ、一ゲーム当りの観客動員数も四万人に増えていたが、他のチームはますます深刻な赤字経営に陥っていた。したがって、ここでどうしてもカンフル注射が必要だった。

私自身は、大学の花形選手を引っぱることが最善の策だと思っていた。だれが花形かは疑問の余地がなかった。ボストン大学のダグ・フルーティがハイズマン賞を受賞することは、もはや確定的だったのだ。フルーティが最後に出場し、全米にテレビ中継されたマイアミ大学との試合で、彼は時間ぎりぎりに五十ヤードのロングパスをきめ、タッチダウンにもちこんだ。その結果ボストン大学が四十七対四十五で勝利をおさめたのだ。フルーティの大学での選手生活に最後の花をそえる見事なプレーだった。そのパスはビデオ再生され、何度となく放映されたので、フルーティは一夜にして伝説的スポーツ選手の座を確保した。私もいろいろなニュース番組やスポーツ・ショーで、少なくとも二十回はそのシーンを見ている。

フルーティがマスコミ受けしそうな点も気に入った。ハンサムでそつがなく、ガッツがある。マスコミが好んでとりあげるタイプなのだ。ただしちょっとした問題が二つばかりあった。一つは、ゼネラルズにはブライアン・サイプという優秀なクォーターバックがすでにいること、もう一つは、ダグ・フルーティが五フィート十インチ（約百七十八センチ）、百七十ポンド（約七十七キロ）しかない点だ。スカウトの多くは、彼がプロ入りしてやっていけるかどうか危ぶんでいた。プロの世界では、ディフェンス・ラインマンは六フィート六インチ（約百九十八センチ）、体重も少なくとも二百六十ポンド（約百十八キロ）はあるのが普通なのだ。

結局、自分のカンを信じることにした。ブライアン・サイプは押しも押されもしないスターだがすでに三十五歳であり、おそらくピークは過ぎているだろう。一方、ダグ・フルーティはUSFLのジョー・ネーマスになれる可能性を秘めている。最悪の場合でもマスコミの話題になり、ゼネラルズのシーズン・チケットの売上げや、リーグ全体のイメージアップに役立つだろう。うまくいけば、大選手になるかもしれないのだ。

二月五日に、ゼネラルズは年俸百万ドル強でフルーティと五年契約を結んだ。給料については、私が個人的に保証した。そのことについてはあまり気が進まなかったのだが、フルーティほどの選手になると、何らかの保証がなければ財政的に不安定なリーグとは契約したがらないのだ。もしリーグがやっていけなくなったら、NFLのどこかのチームに契約を売ればいいと思った。

二月六日、ブライアン・サイプをジャクソンヴィル・ブルズにトレードに出すことで、この問題にかたをつけた。多額の給料をとっているクォーターバックを、ベンチにおいておく気はなかったのだ。

二月二十四日、フルーティはバーミンガム・スタリオンズとの遠征試合でデビューした。前半は目立った活躍を見せなかったがしだいに本領を発揮し、第四クォーターに三つのタッチダウンをもたらして、もう少しでゼネラルズを勝利に導くところだった。スターとしての人気は、予想以上だった。試合はABCで放映され、九パーセントの視聴率をあげた。これは前シーズンの平均視聴率のほぼ二倍にあたる。

シーズン開始後のこの最初の週末に、これ以外に二つの特筆すべきことが起こった。どちらもクォーターバックに関するものだ。一つは、ヒューストン・ギャンブラーズのクォーターバック、ジム・ケリーの開幕戦での活躍である。ケリーは通算五七四ヤードのパスを投げ、五つのタッチダウンにつないだ。どちらのリーグにも、これほどのクォーターバックはいない。残念ながら、もう一つの出来事はあまり喜ばしいものではなかった。ジャクソンヴィルに移籍した最初の試合でブライアン・サイプが肩を痛め、当シーズンの出場が不可能になったのだ。場合によっては選手生命さえ危ういということだった。

三月十日、ホームグラウンドでの第一戦が行なわれた。相手はロサンゼルス・エクスプレスである。USFLの歴史でもっとも重要な出来事は何かと言われたら、迷わずこの試合をあげるだろう。新人のフルーティと、USFLの花形クォーターバック、スティーヴ・ヤングの対決を見ようと、六万を超す観衆がつめかけた。二人とも目を見張るようなプレーを展開し、さらにうれしいことに、ゼネラルズが勝った。フルーティは第四クォーターに二つのタッチダウンをもたらし、三十五対二十四でチームを勝利に導いたのだ。

フルーティのめざましいゲームの翌日、私は新コミッショナーのハリー・アッシャーに手紙を書き、フルーティの契約に要した費用はUSFLのすべてのオーナーが分担すべきではないか、と提案した。フルーティの活躍による宣伝効果は、リーグ全体に利益をもたらすからだ。他のオーナーたちが賛成するとは思っていなかったし、実際この提案は受け入れられなかった。けれども、一応あたってみるのが私の主義である。

フルーティ、ケリー、ヤングの活躍はUSFLにとってうれしいニュースだった。悪いニュースは、二流のクォーターバックしかいない弱いチームがまだ多いことだった。一九八五年の弱いパートナーと手を結んでいることをかねがね不安に思っていたのだが、シーズンの中盤にいたって、恐れていたことが現実になった。ジョン・バセットは、タンパ・ベイを本拠地とするチームのオーナーで、以前、不幸な運命をたどったワールド・フットボール・リーグの創始者のひとりだった。私とバセットは、最初からあらゆる問題について反対の立場をとってきた。特にシーズンを秋に移す件では、真っ向から対立した。私はやっとのことで大多数のオーナーを説得してこちらの考えを認めさせたが、バセットはどうしても折れなかった。だがしまいには、彼もしぶしぶ多数派の意見にしたがった。意見は食い違ったが、個人的には私はバセットが好きだったし、彼の立場を気の毒に思ってもいた。三月の末頃には、バセットが癌にかかって必死で治療を受けていること、そのせいでこの二、三カ月、理性を欠いた言動をとりがちになっていることが、リーグ中に広まっていた。

三月末のある日曜の午後のこと。その日、バセットは病気のせいで判断力があやしくなっていたのだろうか。ともかく、彼はABCのアナウンサー、キース・ジャクソンのインタビューに応じた。ジャクソンはまず、USFLのどこがまずいと思うか、という質問をした。それに対し、バセットはとうとう弾劾演説を始めた。全米のテレビ視聴者を前に、彼はUSFLのゲームを秋に移すことを激しく非難したのだ。リーグの敵はリーグ自身だと彼は決めつけた。そしてUSFLでは劣悪な経営、その他ありとあらゆる不手際がまかりとおっている、と述べたてた。私は新聞記者席のモニター・テレビでそのインタビューを見たが、自分の耳が信じられなかった。まっさきに頭に浮かんだのは、反トラスト訴訟でバセットがN

FL側の証人になれば、向こうにとっては大きな戦力になるだろう、ということだった。しかしよく考えると、彼は欲求不満のあまり、ただやみくもに怒りをぶちまけているだけなのだろうと納得した。

バセットや他の弱いオーナーたちがもたらした損害を帳消しにできる人物は、ハーヴィ・マイヤーソンをおいて他にはいなかった。彼は反トラスト訴訟を手がけてもらうために、一九八五年半ばに私たちが依頼した弁護士である。マイヤーソンはフィンリー・カンブル法律事務所の訴訟部門のチーフで、反トラスト訴訟は専門だった。彼は、弱い立場のものが権力組織に立ち向かおうとする時に必要な、けんか早さや押しの強さを持ち合わせていた。USFLのオーナーたちの多くは、この訴訟に勝てるという望みを、とうの昔に捨てていた。NFLの守りはあまりに堅固だと思いこんでいたのだ。しかし、マイヤーソンは一九八五年四月に初めて私たちと会った時から、こちらには訴訟に勝つだけの十分な根拠がある、と主張していた。あらゆる手を尽くして公判に持ちこむようにすれば、こちらには五分五分以上の勝ち目がある、というのだ。

一方、さまざまな問題をかかえる中で、USFLにとって一つだけ喜ばしいことがあった。ゼネラルズ、特にハーシェル・ウォーカーがめざましい活躍ぶりを見せていたことだ。シーズンの初めの二週間は、ハーシェルが出る幕がなかった。彼は私のオフィスに電話をかけてきて、元気なく訴えた。「ボールさえこっちにまわしてもらったら、だれも追いつけないくらい速く走れるんですがね」私は口をすっぱくしてコーチのウォルト・マイクルズにそのことを説明した。だが彼はなかなか納得せず、最後に私がクビにするぞと脅すと、ようやく言うとおりにした。そしてシーズン開始後七戦目に、やっとハーシェルは本領を発揮できる場を与えられた。彼は三十回ボールをもち、合計約二百五十ヤードをラッシュしてリーグ・レコードをうちたてた。その後の十試合で、彼は毎回百ヤード以上を走り、シーズンの終わりまでに二千四百十一ヤードを記録した。これはNFLのエリック・ディッカーソンのもつプロ・フットボールのラッシング・レコードを破る、大記録だ。これには大いに元気づけられた。

不運なことに、ダグ・フルーティは一九八五年のシーズン後半に怪我をした。ゼネラルズがUSFL優勝を逸したのは、ひとえにそのせいである。プレーオフで、ゼネラルズはメンバーを一新したボルチモア・スターズに三点差で破れた。フルーティはサイドラインに立って観戦するほかなかった。

一九八六年二月、USFLはチーム数を十四から八に減らすことを決定し、財政的に苦しいチームから順に除いていった。また、合併の形で強化をはかったチームもある。たとえば、ヒューストン・ギャンブラーズはわがゼネラルズと合併した。その結果、どのプロ・チームにもいまだかつてない、夢のバックスが生まれた。すなわち、ハーシェル・ウォーカーのランニングバックと、ジム・ケリーのクォーターバックという組み合わせである。この他に生き残ったのは、リーグの中では最も強く、人気もあったメンフィス、ボルチモア、ジャクソンヴィル、タンパ、オーランド、アリゾナ、バーミンガムの七チームだ。

四月に入って、さらによいニュースが舞いこんだ。連邦裁判官のピーター・レジャーが、NFLに対する私たちの反トラスト訴訟の陪審公判を、翌月に開始することを決定したのだ。これにより、初めての秋のシーズンを迎える前に評決が下されることが確実になったわけだ。もし勝訴すれば、幸先のよいスタートを切ることができる。もし負ければ、USFLの存続は危ういだろう。だが、少なくともこれ以上損失を出さずにすむ。いまやUSFLの運命は、私たちの主張を聞くべく選ばれた六人の陪審員の手に握られていた。

陪審制度は、できるだけ公平な裁判が行なわれるようにという意図のもとに作られたものだ。問題は、無作為に選ばれた陪審員たちが、必ずしも複雑な問題に適格な判断を下す能力をもつとは限らないことだ。時にはこれが幸いすることもある。訴えの根拠は不十分だが、弁護士に説得力がある場合だ。問題は結果の予測がつきにくい点だった。絶対に有利と見られていても敗訴になったり、負けを覚悟していても勝訴になったりすることがあるのだ。

裁判では、USFL側が先に申し立てを行なった。法廷内にいるだれもが、ハーヴィ・マイヤーソンはNFLを徹底的にたたきのめしているという印象をすぐにもった。彼はコミッショナーのピート・ロゼールを証人として呼び、文字どおりさんざんな目にあわせた。ロゼールは二十六年間NFLを非常にうまく、スムーズに運営してきた。もちろん、独占的な事業を運営するのは、天才でなくてもできる。ひとたび強力な競争相手が現われたら、その同じ人物がそれまでと同様にうまくやっていけるかどうかはわからない。

マイヤーソンは容赦なく追及し、ロゼールは取り乱した。口ごもり、しどろもどろになり、顔を赤くして前言を取り消したりした。時には、完全にウソをついているように見えることもあった。一週間に及ぶ反対尋問が半分ほど終わったところで、ローゼルは実際体の具合が悪くなってしまった。そのうろたえぶりがあまりにひどいので、私は見ていて気の毒になったほどだ。けれども今思うと、陪審員もきっと私と同じように彼に同情したのだろう。そしてそれがNFLの立場を救ったのかもしれない。

こちらの訴えのかなめとも言うべき部分は、ハーヴァードで行なわれた、「USFL対NFL」と題したセミナーだった。ロゼールがこの一件について話した時は、実にそらぞらしい印象を受けた。ロゼールによると、彼はそのセミナーについては何も知らず、何週間か後に初めてそのことを聞いた時は、「胸がむかむかした」という。

「つまり胃が悪くなったんですね？」ハーヴィ・マイヤーソンがもっともらしく尋ねた。

「そうです」

「なるほど。では、治るのにどれくらいかかりましたか？」

「半日くらいです」ロゼールは答えた。このやりとりでのロゼールの言葉を信じた人は、おそらく法廷内に一人もいなかっただろう。

マイヤーソンはまた、ロゼールが一九六一年に議会の委員会で行なった証言をとりあげた。当時、NFLの試合はCBS一局だけでテレビ放映されていた。「もし全ネットワークがそろって一つのフットボール・リーグと契約すれば、他のリーグは非常に不利な立場におかれることになりませんか？」と、ある上院議員が質問した。

「確かにそうですな」ロゼールは言って、あわてて言いたした。「われわれは複数のネットワークと契約するつもりは毛頭ありません」もちろん、一九八七年には、NFLは三つのネットワークをすべて独占していた。そのことがUSFLをひどく不利な立場に追いやっているのではありませんか、という質問には、ロゼールはただもそもそと口ごもるばかりだった。

私自身が直接ロゼールに反論したのは、一九八四年三月に私たち二人が会見した時の模様を述べた証言に対してだ。その当時、USFLのオーナーは、秋への移行をめぐってまだもめていた。ハーヴァードでのポーター教授によるセミナーがその数週間前に行なわれていた。ポーターが提案したUSFLつぶしのための戦略の一つは、USFLの強いチームのオーナーにNFLのフランチャイズを提供して、彼らをNFL側に引き入れるというものだった。

ロゼールの提案に応じて三月十二日に会見を行なうため、私はピエール・ホテルのスイートを借りた。あらゆる可能性にあたってみるのが私の主義だし、NFLのコミッショナーがどんな考えをもっているのか、正直なところ興味があったのだ。この会見で、私がNFLのフランチャイズを買いたい、NFLに加盟できればUSFLを脱退したいと話したと、ロゼールは法廷で証言した。冗談ではない。私はニューヨーク以外の土地でフットボールのフランチャイズを所有する気はまったくなかったし、NFLの中のニューヨークを本拠地とするチーム――ジャイアンツとジェッツ――は売りに出ていないことを知っていた。

あの会見ではロゼールが必死で私を口説きにかかった、というのが真相である。彼は、私がNFLのフランチャイズのオーナーとしてふさわしいと持ちあげ、合併によってゼネラルズをNFLに吸収してもよいし、NFLのチームを手に入れるのを手伝ってもよい、と言った。そして引き換えに、二つの条件を出してきた。USFLのゲームを秋に移行させないことと、NFLに対して反トラスト法違反の訴訟を起こさないことだ。

ロゼールの意図は明らかだった。彼はこちらの出方をうかがっていたのだ。もしUSFLのいくつかのチームを吸収することでUSFLがつぶせるのなら、ためらわずそうする気だったことは確かだ。だがこちらが拒否した場合を考えて、単に提案をするだけにとどめた。そうすれば後になって、そんな事実はなかったと言い張ることができるからだ。当然ながら私は断わった。そして案の定、ロゼールは会見の内容をすっかり作りかえて述べたのだ。

裁判が始まって一カ月の間に私たちは十八人の証人を喚問し、かなりの点をかせいだ。マイヤーソンは、NFLが三大ネットワークにプレッシャーをかけて、USFLとテレビ放映の契約を結ばせないようにしたことを明らかにした。そして、USFLがなぜこうした契約を結ばなければ存続できないかを説明した。彼はさらに、ポーターの報告書をはじめ、NFLが不法な措置により意図的にUSFLをつぶそうとしていたことを示す、数々の証拠を提示した。

こちらの証人の陳述が終わる頃には、マスコミも私たちが勝つかもしれないと感じ始めたようだ。そのムードを最もよく伝えているのが、スポーツ・イラストレーテッド誌に載った記事の見出しだ。「第一ラウンドはUSFL優勢」というもので、この大見出しに続いて、さらにはっきり状況をあらわす次のような小見出しもついていた。「十三億二千万ドルの損害賠償を求める反トラスト法違反裁判で、陣容を整えた新興リーグがまず圧倒的に得点をあげた。さて、次はNFLの攻撃だ」

今思うと、NFLの弱さが陪審員の同情をひいたのと同様、私たちの強さがかえって裏目に出たのではないだろうか。仕立てのよいスーツの胸ポケットから絹のハンカチをのぞかせ、もったいぶったしゃべり方をするマイヤーソンは、いかにもしゃれ男のように見えた。また容赦なく相手を攻めたてるそのやり方は、あまりに攻撃的だととられたのかもしれない。それとは対照的に、NFLは進退きわまった負け犬のような印象を与えた。ロゼールは途中で具合が悪くなり、反対尋問の間もしどろもどろだったが、NFL側の弁護士フランク・ロスマンも彼と同じように、裁判が終わる頃には衰弱しきって青白い顔をしていた。したがって私も含めてだれもが彼を気の毒に思った。終わるまでもたないのではないかと危ぶむ向きも多かったが、実際、判決が出た直後に病院に運びこまれ、大手術を受けている。ロスマンの健康上のトラブルが、いっそう陪審員の同情をひいたのだと私は思っている。私の存在も裁判では不利に働いた。証人としてはそつなくしゃべったし、説得力もあったと思う。つまりピート・ロゼールとは対照的だったのだが、それがかえってNFL側にとってプラスになったらしい。初日から、NFLは私を、他人を犠牲にして自分の利己的な目的を達成する、邪悪で貪欲なマキャベリ的億万長者というイメージに仕立てあげようとした。弁護士のフランク・ロスマンは、冒頭陳述で陪審員に向かって言った。「USFLはドナルド・トランプによって牛耳られています。彼はNFLのチームも売買できるほどの資力の持主です」

もちろん、裕福で力もあるNFLのオーナーたちは目的を遂げるために、いかにも自分たちが無力であるかのようなふりをしただけなのだ。こちらも、USFLの弱小オーナーたちを証言に立たせればよかったと思う。実際に大損をして、気の毒な目にあっていたのは彼らなのだから。

もう一つNFLが私たちよりまさっていたのは、PRの点だった。これはひとえにロゼールの手柄だ。彼はリーグの宣伝にかけては昔から大した腕をもっていた。ロゼールが雇ったスポークスマンはジョー・ブラウンという男だったが、ロゼールは実にうまく彼を使った。一日の証言が終わると、ブラウンはホールに出て行き、その日はNFLにとってすべてがうまくいった、と言葉巧みに記者たちに話す。私はそれを見るといらいらした。こちらのリーグのコミッショナーのハリー・アッシャーに、「なぜうちはマスコミに働きかけないんだ？」ときくと、彼は言った。「そんな必要はないよ。説得する相手は陪審員なんだから」

残念ながら、ことはそう単純ではなかった。陪審員は、目下行なわれている裁判についての報道を新聞やテレビで見ないよう指示されている。だが、自分が関係している裁判についての記事は読まずにはいられないのが人情だ。これだけ注目を浴びている裁判ともなればなおさらだ。たとえ、がんとして新聞やテレビを見ない陪審員がいたとしても、家族や友人から何らかの情報が入ることはまず間違いない。だからこそ、ロゼールはジョー・ブラウンに、六週間の間毎日せっせと記者連中に働きかけさせたのだ。

それでも一九八六年七月二十五日に陪審員が審議を始めた時、私は自分たちのほうに分があり、こちらに有利な評決が下されるものと思っていた。

私たちが裁判には勝つが、実質的には負けるという破目に陥るなどとは、夢にも思わなかった。四日間の審議を終えて、七月二十九日に六人の陪審員は結論を出した。すなわち、NFLはプロ・フットボールの独占をはかることによって反トラスト法に違反し、不法にUSFLに損害を与えた、というものだ。しかし、同時に陪審員は、NFLに一ドルという名目だけの損害賠償金を払わせることを決定した。私たちにとってはむなしい勝利だった。損害賠償が認められなければ、判決には何の威力もない。NFLは法を犯したことに対して、何の罰も受けないのだから。

　評決が発表された直後、記者団による陪審員のインタビューが行なわれた。それによると、陪審員の間で意見がまっぷたつに分かれていたことがわかった。USFL側に相当額の損害賠償金を与えるべき、という意見の者が少なくとも二人いた。その一人、ミリアム・サンチェスという教師は、三億ドルの賠償額を主張したという。しかし、彼女はそのための手続きを誤解をしていたと言った。「指示がよくわからなかったんです。それで判事がUSFLにもっと賠償額を認めてくださると期待するほかありませんでした」

　裁判の結果には不満だったが、ある意味ではほっとした。ベストを尽くして、もしうまくいかなければ次の目標へ移れ、というのが私のモットーだ。裁判が始まるまでに、ゼネラルズに関連してかなりの金を失っていた。USFL全体では、その何倍もの赤字が出ていた。秋にテレビ・ネットワークの契約がとれないなら、もうこれ以上金を投資する意味がなかった。

　仲間のオーナーたちもおおむね同じ意見だった。評決が出た一週間後、USFLのオーナーが会議を開き、次のシーズンのゲームを中止することを決定した。また同時に、陪審員の裁定を不服として上訴することも決めた。残念ながら、一番被害をこうむったのはファンだった。NFLの独占が再び続くことになり、オーナーたちは長年フランチャイズを求めている都市に新しいチームを作ることなど、考える必要もなくなったからだ。

USFLの優秀選手たちは、次々にNFLのチームに引き抜かれていった。ハーシェル・ウォーカーはダラス・カウボーイズと契約した。私は個人的にウォーカーの契約を保証していたので、彼はフットボールをしなくても向こう六年間、毎年百二十万ドルを受け取ることもできた。けれどもハーシェルはスポーツマンであり、金はさして重要ではなかったのだろう。

結果から見ると、ダラス・カウボーイズとの取引は成功だった。向こうは、ハーシェル獲得のために私が払った莫大な契約金を弁済するのを断わることもできた。しかし、ダラスはハーシェルを獲得するようにファンから強いプレッシャーをかけられているに違いないと思ったので、ハーシェルとの契約に要した費用全額を払わなければ彼を手放さない、と主張した。はたして、彼らは同意した。私にとってもハーシェルにとっても満足のいく取引だった。また結果的にダラスにとってもこれは大成功だった。ハーシェルは八月にチーム入りし、練習時間もほとんどなかったにもかかわらず、シーズンが終わってみるとランニングとパスレシーブを合わせた獲得ヤーデージではカウボーイズの筆頭になっていたのだ。

ジム・ケリーもバッファロー・ビルズのクォーターバックとしてたちまちスターにのしあがった。ゼネラルズのディフェンス・ラインマンの一人、フレディ・ギルバートはアトランタのチームに入り、そこの主力選手の一人になった。小柄なためNFL入りは無理だろうと思われていたダグ・フルーティも、シカゴ・ベアーズと契約した。その他何十人というUS

FLの選手がNFLと契約を結び、その多くが新しいチームでスターの座を獲得している。ハーシェル・ウォーカーやジム・ケリー等がNFLでプレーしているのを見ると、私たちのチームが存続していたら、と残念に思うことがある。もしUSFLが昨シーズンもプレーしていたら、ゼネラルズはおそらく最も強いプロ・フットボール・チームの一つとして活躍していただろう。

だが、まだすっかりあきらめたわけではない。私は返り咲きの可能性を信じている。それに、USFLはこのばかばかしい評決をくつがえすべく上訴中だ。ここ数カ月間、非常に頭の切れる、粘り強い人物からたびたび電話をもらっている。彼は秋にプレーする新しいリーグを作ろうと奔走しているのだ。私にはニューヨークのフランチャイズのオーナーになってほしいという。私は真剣にこの申し出を検討しているところだ。

12　ウォルマン・リンクの再建

初めから周到な計画を立てていたわけではない。ある日ついに我慢できなくなり、なんとかしようと思いたったのだ。

一九八六年五月二十二日の朝、ニューヨーク市がセントラル・パークのウォルマン・スケート・リンクの改修工事を一からやり直すことになったという記事が、ニューヨーク・タイムズ紙の一面に載った。すべてが順調にいけば、リンクは約二年後にオープンできるという。私はその話を信じなかった。

第一に、すべてが順調にいくどころか、計画どおりにいくものが一つでもあるとは思えなかった。ウォルマン・リンクは一九五〇年に造られたアイススケート場だが、改修工事のため一九八〇年六月に閉鎖された。工事期間は二年半の予定だった。それさえ、たかがアイススケート場の改修にしてはずいぶん長い期間のように思えた。

たまたま同じ一九八〇年六月に、私はトランプ・タワーの建設に着手した。六フロア分の店舗用スペース、数千平方フィートのオフィス用スペース、二百六十三戸の居住用アパートを持つ、六十八階建ての超高層ビルだ。二年半後、私たちはそのトランプ・タワーを期日どおりに、予算内で完成した。

トランプ・タワーの新しいアパートから、ウォルマン・リンクが見えた。それは惨めな光景だった。改修工事にすでに何百万ドルという金が費やされていたが、リンクが完成からほど遠いことは、遠目にも明らかだった。

それから三年たち、さらに何百万ドルもが投じられたが、事態は悪化するばかりだった。そしてついに動きがとれなくなり、一九八六年の五月になって、市は改修工事をゼロからやり直す、と発表せざるをえなくなったのだ。

私はアイススケート場の建設についてはまるで素人だったが、建設工事についての知識はあった。巨大な超高層ビルを二年半で建てられたのだから、工費二百万ドルのアイススケート場なら数カ月で完成できるはずだった。二年ほど前、改修工事がすでに行き詰まっていた時、私は公園管理局長のヘンリー・スターンに電話し、市にかわって無料で工事を請け負うことを申し出た。だがスターンは私の申し出を断わった。今回この新たな失態について読んだあと、私は再びスターンに電話して、前と同じ申し出をした。答は同じだった。「結構だ。自分たちでやれるよ」というのだ。

「そうかな、ヘンリー」と私は言った。「二年前にもきみは同じことを言ったが、結果はこのざまじゃないか」私はニューヨーク市長のエド・コッチに、手厳しい手紙を書くことにした。市の無能ぶりは目にあまるものがある。自分ならこの工事がやれるという自信があったし、私の子供たちも含めて、何十万というニューヨーク市民が、このリンクで楽しむ権利がある、と思った。人がどう思おうと、私の動機はこのように単純なものだったのだ。

私は次のような手紙を書いた。「親愛なるエド、私は何年もの間、ウォルマン・スケート・リンクを完成しオープンするという市の約束がくり返し破られるのを、驚きの目をもって眺めてきました。アイススケート場の建設とは、要するに冷却パイプの上にコンクリを打ち込むだけのことで、完成するのに四カ月とかからないはずです。工事に六年も費やしたあと、さらにもう二年かかるとは、再びウォルマン・リンクで滑るのを待っている数多くの人びとにとって、受け入れがたいことです。私も含めて、すべてのニューヨーク市民は、ウォルマン・リンクのたび重なる失敗にうんざりしています。このごく簡単な建設プロジェクトで示された無能ぶりは、あなたの市政における大きな汚点のひとつとみなされるべきでしょう。二年後にはもはやウォルマン・リンクでスケートをすることはできなくなり、市民が泣きをみるのではないかと私は憂慮しています」

ここで本題に入った。

「私はまったく新しいウォルマン・スケート・リンクを自己の負担で建設し、今年の十一月までに一般にオープンすることを申し出ます。完成後は適正な市場賃貸料でリンクを市より賃借し、しかるべく運営したいと思います」

一九八六年五月二十八日に、この手紙をエド・コッチに送った。コッチからは折返し返事が来た。驚いたことに、それは私の申し出を茶化すような内容だった。市は貴殿にリンクの運営をまかせるつもりはないが、貴殿がリンク再建のために三百万ドル寄付し、建設工事を監督しようというなら、喜んでお受けする、というのだ。コッチはさらにいくつか皮肉を述べ、「貴殿の返答をかたずをのんでお待ちしています」と結んでいた。

市長の手紙の調子に、私は怒りを感じた。幸いこの手紙に腹を立てたのは私だけではなかった。これについてはコッチ自身に感謝しなければならない。私はスタンドプレーだと非難されたくなかったので、自分の手紙をマスコミに公開しなかった。ところが、コッチは自分の返事を公表したのだ。公けの場で私の申し出を笑いものにすれば、私がすごすごと退散すると思ったらしい。

しかしコッチはマスコミの反応を甘くみすぎていた。第一に、新聞はもめごとを好む。また大成功であろうと大失敗であろうと、極端な話が大好きだ。この一件には、これらの要素がすべて揃っていた。それに何より重要なのは、大抵の記者が消費者の味方を自認していることだろう。彼らが最も腹を立てるのは、平均的市民が被害をこうむるような、金の無駄づかいに対してだ。ウォルマン・リンクに関する市の失態は、この典型的な例だった。

マスコミがこぞって私に味方したことには、当の私も驚いた。もちろん、いつもこんな具合にことが運ぶわけではない。だが今回の件では、三日とたたないうちに、私の申し出に対するコッチの態度を非難する記事や社説が十以上出た。

デイリー・ニューズ紙は、社説で次のように述べた。「セントラル・パークにあるウォルマン・リンクを再建し運営しようというドナルド・トランプの申し出に対し、コッチはあいまいな返事しかしようとしない。これはなぜか？　この申し出は誠実なもので、何ら付帯条件はない。コッチはこれにとびつき、長年にわたり膨大な費用をつぎこんできたこの惨憺たる事業が自分の手を離れることに、安堵のためいきをついていいはずだ。ところがこれまでのところ、市長は納得のいかない反対理由をあれこれ述べたてているだけだ。……もしかすると、コッチ株式会社がウォルマン改修に千二百万ドルもの金を浪費したことを恥じている、というのがことの真相かもしれない」

ニューヨーク・ポスト紙はこう述べている。「トランプはウォルマン・プロジェクトを引き継ぎ、市に何ら経済的負担をかけずにリンクを再建し、十一月までにオープンする、と申し出ている。長年にわたり数百万ドルの赤字を出した後だけに、市はおどりあがって喜ぶと思いきや、実際はそうではない。市の役人はこの話をまとめるより断わる理由を考えだすことに腐心している。市はドナルド・トランプの申し出に即刻耳を傾けるべきだ――ウォルマンにまつわる茶番劇はもうたくさんだ」

「トランプにやらせてみるべきだ。なぜなら、市がこれまでに証明したのは、市自身ではこの仕事を達成できないということだけなのだから」と主張したのはニューズデイ紙だ。

長年にわたる政治家とのつきあいで私が学んだのは、彼らに確実に行動を起こさせるものはマスコミ――厳密にいうとマスコミに対する恐怖だけということだ。圧力をかけたり、哀願したり脅迫したり、彼らが行なう各種の運動のために多額の寄付をしても、おおむね効果はない。しかしマスコミにたたかれる可能性がでてくると、たとえそれが無名の雑誌であっても、たいていの政治家は震えあがる。マスコミに悪く書かれると票を失うおそれがあるからだ。大量の票を失うと再選されなくなる。再選されなければ、会社勤めを余儀なくされるかもしれない。政治家はそうなることを最もきらうのだ。

エド・コッチは要するに弱い者いじめなのだ。こういった連中は偉そうにしていても、実は臆病者だ。彼らが威張りちらすのは、自分が勝てるとわかっている相手だけだ。本当に能力のある強い人間なら、戦いを挑まれれば、猛然と反撃する。しかし弱い者いじめはしっぽを巻いて退散する場合がほとんどだ。

案の定、一夜にして状況は逆転した。マスコミがコッチの攻撃に出るやいなや、彼は態度を豹変させた。突如として、市はウォルマン・リンクの改修工事を請け負ってくれ、と泣きつかんばかりに頼んできた。六月六日、ウォルマン・リンク改修工事の条件を交渉するため、私のオフィスでヘンリー・スターンを含む市の役人と話し合いを行なった。市が資金を出す建設工事はすべて入札を行なうことが定められているため、市はそうすることを主張した。そこで私は簡単な解決策を提案した。リンクの建設費はすべて私が提供し、その費用は何年間かかけてリンクの収益から払い戻してもらう、というものだ。つまり、私は工事を監督するだけでなく、無期限で市に三百万ドルを貸すわけだ。もしリンクが収益をあげられなければ、貸した金は永久に返済されないこともありうる。

けれどもいかなる深遠な理由からか、市はこの申し出に難色を示した。「そんなことは認められない。あなたをリンクの収益でもうけさせるわけにはいかない」というのだ。

「そうじゃないんです」と私は言った。「もしリンクが利益を出せば、それで私の貸付金を返済してもらうだけです。個人的にもうけようとは思っていません。融資分がすべて返済されたら、その後の利益は慈善事業に寄付するつもりです」だが市は頑として首をたてに振らない。私も私の弁護士も、あいた口がふさがらなかった。私の提案の代わりに、市は独自の提案を出してきた。入札を回避するために私が三百万ドルを提供するが、工事が完了した時点で、市は全額払い戻す、というのだ。

彼らがビジネスマンではなく公務員になったのは幸いだった。彼らの提案は私の提案より、市にとってずっと不利になるのだ。だがこのことで争うつもりはなかった。

最初の申し出から十日目にあたる六月六日金曜日の夕方、市の予算委員会に承認されることを条件に、私たちは次の点で合意に達した。私が建設費を出資し、十二月十五日までに工事を完成させる。完了時に市は私に最高三百万ドル弱の工事費を返済する。ただしリンクがうまく機能する場合に限りである。もし予算を下回れば、実際に要した費用のみを返済する。

予算をオーバーしたら、超過分は私が負担する。ありがたくも、市はこれだけは喜んで私に払わせてくれるというのだった。

残る仕事はただ一つ。スケート場を迅速に、間違いなく建てることだ。もし失敗したら——一日でも遅れたり、一ドルでも予算をオーバーしたら——荷物をまとめて次の飛行機でアルゼンチンにでも行くほかはない。エド・コッチや市の役人は永久にこの不名誉を忘れさせてはくれないだろうから。

スケート場建設については何も知らなかったので、まず最高のスケート場建設業者を探すことから始めた。カナダの業者にあたるのが最善の策だと思った。アメリカ人にとっては野球が国民的スポーツだが、カナダ人にとってそれにあたるのはアイススケートなのだ。トップ・クラスの建設業者は、おそらくカナダのプロ・ホッケー・チーム用のリンクを建設している業者だろう、と見当をつけた。いろいろな人に話をきいてみると、やはりトロントに本店を持つシムコという会社が最高という点で、みな意見が一致していた。この会社はモントリオール・カナディアンズのためにリンクを建造したことがあるという。同社のトップに電話して、手始めにごく初歩的な質問をした。「大規模な屋外スケート場を造るにはどうすればいいのですか？」

彼はスケート場建設について手短かに説明してくれた。一番重要なのは、どの冷却システムを使うかだという。当初、市はフレオンという凍結剤を用いる、比較的新しい方法を採用した。フレオン・システムは電力消費量が少なく、エネルギー・コストが多少節約できるという理由からだった。このシステムの欠点は、これがもろく不安定で、維持が難しいことだ。管理担当者が短期間で変わる公共施設では、特に扱いにくい。シムコ社のトップの話では、フレオン・システムを使用しているアイススケート場の少なくとも三分の一が、何らかのトラブルを経験しているという。

もう一つの方法はパイプで塩水を循環させるブライン・システムで、これは何十年も前から多数のアイススケート場で使用されている。維持費はフレオン・システムよりやや高くつくが、非常に安定しており、驚くほど耐久性が高い。ロックフェラー・センターのスケート・リンクは、一九三六年にオープンした時からブライン・システムを使用しているが、大きなトラブルは一度もなかったという。

電話を終えた時には、私はウォルマン・リンクの再建にあたってブライン・システムを採用することに決めていた。市もようやく同じ結論に達していた。ただし、向こうはそれまでに六年の歳月と何百万ドルもの金を無駄にしていた点が違う。

ウォルマン・リンク・プロジェクトに関する市の無能ぶりは、大小を問わずあらゆる細部にまでわたっていることを、まもなく発見した。リンク改修工事を請け負うことが決定してからおよそ一週間後の六月十六日、ウォルマン・リンクに関して過去六年間にどんな失敗があったかを指摘する市の報告書が発表された。この報告書を作成するのに十五カ月もかかっている。リンク改修工事に必要と私が見積もった期間の四倍である。さらにひどいのは、失敗例を無数にあげながら、だれに責任があるのか、また将来このような失敗を避けるにはどうすればいいかという点については、何の結論も出していないことだった。

報告書が明らかにしたのは、驚くべきだらしのなさ、優柔不断、無能さ、愚かさの数々である。悲劇というより、むしろ喜劇だった。

改修工事のために市が最初にリンクを閉鎖したのは、一九八〇年六月である。設計が完成し、入札が終わるまでに一年近くかかった。一九八一年三月、ようやく着工の運びとなり、フレオン冷却システムに使用する、全長約二十二マイルに及ぶ高価でもろい銅製パイプの敷設作業が始まった。ところが、その後公園管理局は、コンプレッサー室をどこに設置し、どのような製氷装置を使用するかについて、最初の計画の変更を行なった。パイプが敷設され始めたのに、リンクの冷却システムを操作する装置の工事がすべて中止されてしまったのだ。しかしたとえ製氷装置が完成し、設置されていたとしても、リンクの設計上、うまく製氷しなかっただろう。リンクは底部に勾配があり、片側が約八インチ高くなるように設計されていた。勾配にはそれなりの理由があった。十一インチも高くなってしまったのは、単なるミスである。勾配をつけたのは、夏の間リンクを、光の反射する池として使うつもりだったからだ。底が傾斜しているほうが反射率が高いのだ。しかしこの勾配のために冬には問題が生じる。

勾配のあるリンクを凍結させようとすれば二つの状況のどちらかが生じることは素人でもわかる。一つは、凍結はするが水の深さが異なるため、氷の質にむらができることだ。もう一つは、どんなに強力な製氷装置を使用しても、リンクの深い側は凍結しないことだ。こちらの状況のほうがより始末におえず、しかも起こる可能性はずっと高い。

だがまもなく、この問題はそっちのけになった。パイプの敷設が始まってから二カ月後の七月、豪雨のためリンクが水びたしになり、敷設したばかりのパイプの上に沈泥の厚い層ができてしまったのだ。公園管理局がこの沈泥を除去するためにやっと作業員を雇ったのは、九月になってからだった。

一方、リンクのまわりのコンクリの歩道をどのように設計するかについて、公園管理局の中で新たな論争が生じた。その結果、リンクの底の部分のコンクリも含めて、すべてのコンクリの注入が九カ月ストップしてしまった。その間、激しい論争が続くとともに、冬が猛威をふるった。新たに敷設されたもろい銅製パイプは、九カ月の間厳しい天候にさらされることになった。吹雪が吹き荒れ、リンクは水びたしになった。また銅は非常に高価なため、フェンスを乗り越えてパイプを切断しようとする者が後を断たなかった。春が来た時には、全長二十二マイルのパイプはまるで戦災にあったように惨憺たる様相を呈していた。にもかかわらず、パイプの被害を点検しようとする者は一人もいなかった。

リンクが閉鎖されてから二年後の一九八二年六月、点検されていないパイプの上にコンクリの打込みが行なわれた。平らでない表面にコンクリを流す時、泡が生じるのを防ぐため業者は振動機を使うことが多い。ところがこの振動のために、予期しない結果が生じた。銅製パイプの継ぎ目があちこちでゆるみ始めたのだ。さらに、業者はもっと大きな問題に直面した。リンクをおおうのに必要なコンクリの量を、ずっと少なく見積もっていたのだ。コンクリ注入のコツは、途中で中断せずに一気に流しこむことだ。コンクリを均等にかためるためにはそうすることがぜひ必要だ。そこで注入を中断するかわりに、業者はコンクリを水で薄めて量を増やすことにした。これでは失敗しないほうが不思議である。

一週間もしないうちに、コンクリの表面に亀裂が生じ始めた。当然ながら、亀裂はセメントが薄められ、振動機が用いられなかったほうの側に集中していた。

製氷装置をどこに設置するかを決定するのに時間がかかったため、さらに別の問題が生じた。一年四カ月にわたる審議の末、ようやく市が決定を下すと、装置の取り付けを請け負っていた業者が、最初の契約の「修正」を要求したのだ。要するにもっと金を出せ、ということである。この交渉にさらに一年かかった。市が請負業者の条件をのんで新たな契約に同意したのは、一九八三年七月だった。製氷装置取り付け完了予定日はまたもや延期され、一九八四年九月ということになった。

一九八四年の晩秋、初めて冷却システムのテストが行なわれた。その結果、コンクリの下のパイプに漏れがあるため、氷ができるまでの間、圧力が維持できないことがわかった。一九八四年の十月から十二月の間に、六カ所の漏れ口が発見され修理された。だが再びテストしてみると、やはり氷はできなかった。

私がヘンリー・スターンに電話し、リンクの改修工事を請け負うことを申し出たのは、ちょうどこの頃だった。申し出を断わられた時、私は言った。「一緒にリンクを見に行かないか。少なくとも何か提案できるかもしれない」数日後、冬のさなかに私たちはリンクまで歩いて行った。現場を見て私は驚いた。

コンクリには何百もの小さな亀裂が入っている。そしてさらにひどいことに、コンクリのあちこちに大きな穴が少なくとも十以上あいているのだ。きいてみると、穴はコンクリの下のパイプの漏れを修繕するためにあけたのだという。残念ながらコンクリに穴をあけるのに用いられるエア・ハンマーは、非常に荒っぽい機械であるのに対し、パイプのほうはきわめてもろい。パイプの漏れを見つけようと、乱暴な作業員が乱暴な機械を使ったため、事態はさらに悪化していた。

私はその場でスターンに言った。「問題は深刻だぞ。漏れはまず見つからないだろう。探しているうちに漏れ口はますます大きくなる。一からやり直したほうがいいな」スターンは如才のない返事をしたが、工事をやり直す気は毛頭ないことは明らかだった。

一九八五年の春、市はまたもや素晴らしいアイディアを考えついた。フレオンがなぜパイプから漏れているのかを調査し、解決策を提案してもらうため、二十万ドルの費用をかけて、外部のエンジニアリング・コンサルタント会社を雇ったのだ。コンサルタント会社は、四カ月以内に報告書を提出すると約束した。ところが九カ月後の一九八五年十二月になって、同社は漏れの原因をつきとめることができなかったと発表した。

ウォルマン・リンクが改修工事のために閉鎖されてから六年近くたち、千三百万ドル近くが費やされていた。ここでようやく公園管理局はフレオン・システムをやめ、ブライン・システムを採用すべきであるという結論に達した。一九八六年三月二十一日、市は工費三百万ドル、工事期間十八カ月という、新たな改修計画を発表した。この時点でようやく、工事を私に請け負わせてもらうよう市を説得したのだ。

六月半ば、市との取り決めを予算委員会が承認した時には、私はすでに作業を開始していた。その時になって知ったのだが、市は十五万ドルでさらに別のコンサルタント会社を雇っていた。今度は、ブライン・システムを使ってリンクを建造するためのアドバイスをしてもらうためだ。市の契約によると、コンサルタント会社のセント・オング・ラフ・アソシエーツ（SORA）は一九八六年七月一日に調査を開始し、十二月末までに報告書を提出することになっていた。ということは、改修工事をいかに行なうべきかという報告書を市が受け取る前に、私はリンクの再建を完成していることになる。

ひょっとしてコンサルタント会社が建設的な提案をしてくれるかもしれないと思い、彼らと会うことにした。結果はやはり期待はずれだった。同社の二人のコンサルタントは製氷の専門家だったが、スケート場建設に携わったことは一度もなかった。何の知識も持ち合わせていないのだから、提案など論外だった。

スケート場の製氷・パイプ装置を建造し、一般的なアドバイスをしてもらうためには、シムコを雇った。リンク自体の建設はＨＲＨに依頼した。同社はハイアットとトランプ・タワーの建設工事を手がけており、質の高いゼネコンであることが立証されていたからだ。ＨＲＨは、実費で工事を請け負うと申し出てくれた。一方、昔から取引のあるチェース・マンハッタン銀行も、金利なしで必要な資金を全額融資することを引き受けてくれた。これはだれもが理解し、参加することを望むプロジェクトだったのだ。

実際にリンクを見に行くと、状況は予想以上にひどいことがわかった。たとえば、スケートハウスの屋根にはあちこちに大きな穴があいており、そのために建物の内部が水による深刻な被害を受けていた。また、よりささいな事柄で、このプロジェクトに対する市の態度を反映しているものがあった。リンクを歩いていると、キャンバスの袋がいくつも捨てられ、半ば雑草におおわれているのだ。袋の中をのぞくと、造園に使われるはずだった植物が一杯入っていた。それらは放置され、袋に入ったまま枯れてしまったのだ。

その時市の作業員が通りかかり、敷地内のかろうじて生き残っている植物を、平気で踏んづけていった。彼は後ろを振り向きもしなかった。改修を行なうために雇われた人間によってリンクが踏みにじられているとは。ある意味で、象徴的な光景だった。

この一件で、数年前のある美しい夏の日にリンクのそばを通った時のことを思いだした。午後二時頃だったが、工事中のリンクの真ん中に三十人ほどの作業員がいた。働いている者はひとりもいなかったので、休憩しているのだろうと思った。一時間ほどして、再びリンクのそばを通った。すると同じ男たちが同じ格好で休んでいる。まるで一日中午睡でもしているようだった。その時は、その光景が何を意味しているのかよくわからなかった。だが今考えてみると、これはウォルマン・リンク改修工事がかかえていた大きな問題の、一つのあらわれだった。つまり責任者がまったくいなかったのだ。

どんな場合でも、仕事を遂行するのに必要なのはリーダーシップだ。私は一日としてリンクの工事の進行状況をチェックしなかった日はない。たいていは自ら工事現場におもむいた。工事完了までの期間は六カ月を予定していたが、これまでの市の実績から考えるとこの期間で工事を完成するのは奇跡のようなものだ。けれども私の計算では、六カ月の中にはひと月分の余裕が含まれていた。何らかの予期せぬ出来事が起こって工事が大幅に遅れた場合のためだ。もしすべてが順調にいけば、四カ月で工事を完了することも可能だと思っていた。

最初に決めたのは、今までのリンクを取り壊さず、その上に新たなリンクを作ることだった。八月一日には、新リンク用の平らな補助基層を敷設することができた。この上にパイプを取り付け、コンクリを注入して、底の平らなリンクを作るのだ。シムコは重量三万五千ポンド（約一万六千キロ）もある巨大な製氷装置二台を建造するのに大わらわだった。私はこの工事を請け負うことを申し出た時、ウォルマン・リンクがどんなに大きいかを十分に認識していなかった。約四分の三エーカー（約三千平方メートル）の広さのあるこのリンクは、米国最大の人造アイススケート場の一つなのだ。

工事を開始する前から、進捗状況について問い合わせる報道機関からの電話が相次いだ。土木建築などに興味をもったこともない記者たちが突然、パイプの敷設やコンクリの注入、コンプレッサー室建設などについて、根ほり葉ほりきき始めた。

十回以上電話がかかった時点で、記者会見を開いて一度にみんなの質問に答えることに決めた。八月七日、まだ補助基層が敷かれただけのリンクで、記者会見を行なった。驚いたことに、三十人以上の記者や、新聞、テレビのカメラマンが姿を現わした。その中には各ローカル・テレビ局と通信社の代表もいた。私は特に重大ニュースを発表したわけではない。すべて予定どおりに進行しており、十二月にはオープンできる見通しだと報告しただけだ。だがそれで十分だった。翌日には、どの新聞にも「トランプ、スケーターに氷のプレゼント」とか「トランプ、ウォルマンにアイスをのせる」といった見出しの記事が掲載された。

ウォルマン・リンクのことで記者会見まで開くのはやりすぎだという人もいた。確かにそうかもしれないが、とにかくマスコミはこの話に異常なまでの関心を示したのだ。記者会見を開くたびに、少なくとも十人以上の記者が集まった。

また、リンクに関心をもったのは地元のマスコミだけではなかった。遠くはマイアミ、デトロイト、ロサンゼルスの新聞までが、ウォルマン・リンクのこれまでの経緯についての長い記事を載せた。タイム誌は、「全国」欄の丸一ページを、ウォルマン・リンクの話に割いた。これはお役所仕事の無能ぶりと、優秀な民間企業の力強さとを浮き彫りにする、単純明快なドラマだったのだ。

九月七日から十日までの間に、全長二十二マイルにおよぶパイプを敷設した。九月十一日、セメントを積んだ何台ものトラックが到着し、十時間にわたって途切れなく流し入れを行なった。セメントの量は十分だった。翌日、セメントが平らに注入されたかどうかを技師たちが点検すると、表面は真平らだった。九月十五日、改造されたコンプレッサー室に新たな製氷装置が取り付けられた。残る唯一の障害は気温だった。コンクリを打ち込んだ日、気温は三十度まで上がった。冬が来るまでにリンクが完成することになるかもしれない、と私は思った。

九月末には、すべての製氷装置の取り付けが終わった。あとは冷却システムのテストを行なうだけだったが、そのためには気温が十三度以下の日が四日間続く必要がある。ところが二週間というもの、見事に晴れわたった季節はずれの暖かい日が続いた。私は生まれて初めて冬を待ち望んだ。

十月十二日、ようやく気温が十三度以下に下がり、そのまま数日間上がらなかった。十月十五日、新しい冷却システムの初テストをするため、パイプにブライン（塩水）を通した。

漏れはなく、圧力も維持できた。その夜、雨が降り止むと、リンクに氷が張った。待ち望んだ美しい、澄みきった氷だ。リンク改修の許可を得てから、ちょうど四カ月目だった。またコストの点でも、三百万ドルの予算より七十五万ドルも安く仕上げることができた。市の許可を得て、余った金は隣接のスケートハウスとレストランの改修に使った。

工事期間中、市はほとんど介入しなかった。これは主に、公園管理局の役人を現場に立ち入らせないよう私が指示したからだ。彼らが干渉すると、必ず悲劇が生じた。たとえば、リンクが完成した時、公園管理局から派遣された作業員の一団が、小さな木を運んできた。市が私に敬意を表してこれを植えるというのだ。一人か二人で十分なところを、五、六人の作業員がやって来た。その中には、植樹を監督するための公園管理局の植物学者までいた。木はバックホウ・ローダーのついたトラクターに積まれていた。

たまたま私がリンクにやって来た時に、作業員たちが木を植え始めていた。見たこともないような、みすぼらしいやせこけた木だった。それはまあいい。だが頭にきたのは彼らの植え方だった。ちょうど前日、リンクのまわりに美しい芝生を植えたばかりだったが、夜の間に雨が降ったため、芝生の下の土が柔らかくなっていた。男たちはなんと植えたばかりの芝生の上にトラクターを乗り入れ、これを踏みにじったのだ。ものの二、三分でこの六人の男たちは、手際よく植えられた芝生をすっかり荒らしてしまった。そもそもこんなに大勢の人間が来る必要はなかったのだ。芝生を植えつけるのには丸二日かかった。そして、もう一度芝生を生やすには三カ月もかかるのだ。

この頃、ヘンリー・スターンの前の公園管理局長、ゴードン・デイヴィスから手紙をもらった。デイヴィスは、リンクの初期の問題の責任者として、「〔自分の〕誤りが見事に是正されたのを見て、うれしく思うと同時にほっとしている」と書いていた。工事の失敗の責任はデイヴィスひとりにあるわけではない、と私は思っている。だがこの謙虚な態度は、ヘンリー・スターンの態度ときわめて対照的だった。

ウォルマン・プロジェクトの間中、スターンは事あるごとに、記者たちに対して私たちのやっている仕事をみくびるような発言をくり返していた。スターンが特に意地の悪い発言をしたあと、デイリー・ニューズ紙は社説でこのように批判している。「たまには礼を言ったらどうです、ヘンリー。現状ではそのほうがよほど威厳が保てますよ」

コッチ市長も私たちの業績を手ばなしで誉めたわけではない。彼の場合も、その原因の一端はマスコミにあったと思う。十月に地元のあらゆる新聞がウォルマン・リンクの話をとりあげたが、それらを読んでコッチは自衛の必要を感じたのだろう。たとえばタイムズ紙は、「ニューヨーク市はウォルマン・リンクの再建工事では六年間にわたって不手際をくり返し、何百万ドルもの金を無駄にした」という書出しで始まる主要論説を掲載した。これは、「ウォルマン・リンクの教訓は忘れてはならない」という文句で結ばれていた。

コッチとスターンは記者に尋ねられるたびに、工事完了後には私や私のスタッフと会い、ウォルマン・リンクの教訓を市の他のプロジェクトに生かせないかどうか検討する、と答えた。彼らのこのコメントを、私は十回以上聞いただろう。リンクを正式にオープンした十一月十三日にも、何人かの人がスピーチの中でこの趣旨の発言をしていた。

ところが、いまだに市の役人から会いたいという電話をもらったことはない。といっても驚いているわけではない。マスコミの批判はすでに下火になっている。要するに彼らが気にしていたのは、そのことだけだったのだ。

とはいえ、私たちがウォルマン・リンクで成し遂げたことから市が学べる教訓はいくつかあると思う。コッチは、市ができなかったことがなぜわれわれにできたかという理由を、このように説明したことがある。「トランプは余裕をもって期間と工費を見積もった。それから優秀な業者を雇い、彼らを徹底的に働かせることで、余裕の分を浮かせることができた。業者はこの仕事をやり損なったら、二度とトランプに雇ってもらえないことを十分承知していたのだ」

この説明はある程度あたっている。だが私がしたのと同じことを市もやろうと思えばできたことにコッチは気づいていないのだ。私がやったように四カ月で、あるいは六カ月で工事を完成させることができるとは言わない。けれども一年で完成できない理由はない。まして六年もかかり、なお失敗に終わったことには弁解の余地はない。これこそ無能以外の何ものでもないのだ。ウォルマン・リンクの悲劇はすべてここから発していると言える。

市の役人は、なぜ民間デベロッパーのように迅速に行動できないかという理由を、決まって二つあげる。第一は、ある業者が特定の工事に適任であるか否かを問わず、最低価格の入札者に発注することを市は法令により義務づけられていることだ。だが、これは少なくとも部分的には是正することができる。市のプロジェクトの入札者に対しては、客観的な適性基準を設けるべきだ。たとえば、入札者全員に対して過去の実績を提示させるなどである。さらに、期日と予算を守るなど、過去に市のプロジェクトで優秀な仕事をした業者は、将来のプロジェクトでも優先されるべきだ。

市の役人があげるもう一つの不利な点は、ウィックス法とよばれる法令にしばられていることだ。これによると、予算五万ドル以上の公共建設事業は、少なくとも四つの請負業者に分配して発注しなければならない。同法は本来競争を増し、建設費を抑えることを意図したものだが、まったく反対の結果をうんでいる。一つのゼネコンが工事全体について責任をもつことが許されないため、結果として工事の遅れ、もめごと、予算超過が起こるのだ。

市がこうした法令によって束縛されているのは事実だが、より深刻な問題はリーダーシップの欠如ではないかと思う。

どんな優秀な業者でも、期日どおりに、予算内で工事を終了させるには厳しく圧力をかけるしかないことを、私は経験上知っている。どんな仕事でも、きちんとやり遂げるには意志の力と十分な知識が必要だ。だが現状では業者が市の役人に、「ちょっと問題が起きたので、この工事を終えるためにさらに百万ドルか二百万ドル必要です」と言えば、それが通ってしまう。建設工事について知っている者はほとんどいないから、だれも異論を唱えないのだ。

最も悪いのは、失敗に対して責任をとる役人がいないことだ。典型的な例をあげよう。一九八四年の時点で、市はウォルマン・リンク改修工事にすでに四年の歳月を費やしていたが、その年にブロンソン・ビンガーという人物が記者会見を行なった。当時ビンガーは公園管理局次長をつとめており、その主な仕事がウォルマン・リンクの改修だった。記者会見の席で、ビンガーは大胆で自信たっぷりな発言を行なった。もしウォルマン・リンクが来シーズンまでにオープンできなければ、辞職する、というのだ。

一年たってもリンクはオープンされず、ビンガーは約束どおり辞任した。だがこれには抜け穴があった。しばらく後に、ビンガーはニューヨーク州刑務所建設工事担当の副委員長に任命されたのだ。刑務所建設については私もよく知らないが、一つはっきりしているのは、スケート場を改修するほうがずっと楽だということだ。失敗の責任者を昇格させるほどばかげたことはない。そんなことをしたら、さらに失敗を招くだけだ。

市の無能さの恩恵を受ける集団が一つある。仕事を受注する請負業者だ。地下鉄や高速道路、橋などの建設プロジェクトが何百万ドルも予算を超過した時、しこたまもうけるのが請負業者だ。彼らはフォーブズ誌の企業番付に名前がのることはないし、まともな英語を話すともかぎらない。だがこれだけははっきり言える。彼らの多くは、ニューヨーク市の工事を請け負うことにより、大金持ちになっている。市が許可している、多額にのぼる不当な予算超過により、莫大な利益をあげているのだ。そしてそれを負担しているのが納税者だ。リンクのオープニングを祝う盛大なショーをプロデュースしたのは、もとスケート・チャンピオンのディック・バトンとエジャ・ザノヴァ＝スタインドラーだった。二人の尽力により、このショーのためだけに世界最高のスケート選手が集まった。ペギー・フレミング、ドロシー・ハミル、スコット・ハミルトン、デビー・トマス、ロビン・カズンズ、トラー・クランストン、トーヴィルとディーン、ブルームバーグとサイバート、といった面々である。素晴らしい祭典だった。

完成したリンクを市が二流の管理業者にまかせていたら、この物語も悲劇的な結末を迎えていたかもしれない。だが通常の競争入札を実施すればリンク再開がさらに遅れるというので、最初のシーズンだけ一時的にリンクを運営してくれ、と市が私に頼んできた。そこで私はまた、リンクの管理にかけては当代最高の腕をもつ会社を探した。探しあてたのがアイス・カペーズだった。同社はみごとなアイス・ショーを開催するだけでなく、アメリカでも最高のリンクをいくつか運営している。

アイス・カペーズはウォルマン・リンクの運営に素晴らしい手腕を発揮した。リンクは完璧に管理されただけでなく、事業としても大成功をおさめた。一九七〇年代に市がリンクを運営していた頃には、年間平均収益が約十万ドルで、これが十五万ドルを超えたことは一度もなかった。一方、私たちの設定した入場料は一回につき大人四ドル五十セント、子供二ドル五十セントで、ニューヨーク市にあるどの民営リンクより安いにもかかわらず、ウォルマンは最初のシーズンに百二十万ドルの収益をあげた。諸経費を差し引いた後の利益は五十万ドルを上回っており、これはすべて慈善事業と公園管理局に渡された。しかし経済的な成功にもまして重要なのは、五十万人以上の人びとがウォルマン・リンクでスケートを楽しんだことだ。

これを書いている一九八七年の春、トランプ・タワーのリビングルームの窓から外を眺め、何百人もの人がウォルマン・リンクでスケートをしているのを見ると、そのたびにうれしくなる。といっても、私はスケートはしない。何年もの間、私が転ぶのを見ようと待っている人たちがいるが、彼らを喜ばすつもりはない。私はスケートは苦手なのだ。

13　カムバック――もう一つのウェスト・サイド物語

仕事の上でこれまでに下した最も困難な決定は、一九七九年の夏に、ウェスト・サイドの敷地に対するオプションを放棄したことだ。ウェスト・サイドの敷地とは、五十九番通りと七十二番通りの間にあるウォーターフロントの七十八エーカー（約三十万平方メートル）に及ぶ操車場跡地である。一方、これまでに下した最も簡単な決定は、一九八五年一月にこの同じ土地を買い戻したことだった。

私は自分が手に入れた不動産にほれこむくせがあるが、この百エーカー近くの土地が今日アメリカで最も素晴らしい未開発用地であることにはだれも異論がないだろう。

ウェスト・サイドの敷地を手に入れるのに、私が九千五百万ドル、すなわち一エーカー当り百万ドルの金を払ったと言われている。この数字は当たらずとも遠からずといったところだ。金利を考慮すると、一九七九年にオプションを行使して買った場合より、一九八五年に購入した時の金額のほうが低いと言える。この六年間にマンハッタンのほとんどの不動産価格は五倍も値上がりしている。ビル一つ建てなくても、かなりの値段でこの土地を売ることができる。実際すでに無数の購入申込みを断わっている。比較のため、一つ例をあげよう。私がウェスト・サイドの敷地を買った直後に、別のデベロッパーのグループがコロンブス・サークルのコロセアム購入に、五億ドル近い金を払っている。これはウェスト・サイドの敷地からわずか四ブロックのところにあるが、面積は比較にならないほど小さい。

私が操車場跡地を破格の値段で購入できたのは、倒産寸前の売主に対して銀行がこの土地に対する担保権を行使しようとしていたからだ。また、これが一般市場に売りに出される前に取引を成立させたこと、敷地開発に何年かかろうと、私が毎年何百万ドルの維持費を払う意志と能力のある数少ないデベロッパーの一人であること、などもその理由だ。

一九七四年にペン・セントラル鉄道からウェスト・サイド操車場跡地を購入するオプションを取得したのは、私がマンハッタンで行なった初めての大きな取引だった。先に述べたように、当時ニューヨーク市は破産寸前であり、ウェスト・サイドは好ましい住宅地からはほど遠かった。しかし、マンハッタンのどまん中にある壮大なウォーターフロントの土地を格安の値段で買って損をすることはない、と私は確信していた。

だがその後五年間に、私が計画していたような中所得者用住宅に対する政府の補助金が打ち切られ、ウェスト・サイドのあらゆる開発に対する地域住民の反対も最高潮に達した。また銀行は依然として、大規模な不動産開発への融資に乗り気ではなかった。そしておそらく一番重要なのは、私自身がコモドア／ハイアット、トランプ・タワー、アトランティック・

シティでの初めてのカジノといった他のプロジェクトを開始したことだ。それにまだ個人資産がさほど多くなかったので、膨大な維持費をかかえることにためらいもあった。

しかし他の取引に取り組むことにより、私はどんなプロジェクトの維持費でもまかなえるだけの、十分なキャッシュフローを生み出すことができた。また手がけた事業が成功し実績ができたため、銀行はどんな取引にも喜んで融資してくれるようになった。

一九七九年に私が当初の購入オプションを放棄した直後に、ペン・セントラル鉄道はウェスト・サイド操車場跡地を、私の友人のエイブ・ハーシュフェルドに売却した。ハーシュフェルドはただちにこの用地を開発するためのパートナーを見つけた。フランシスコ・マクリである。マクリは一九六〇年代に母国アルゼンチンで、政府のために橋の建設を手がけて富を築いた人物だ。ハーシュフェルドとの共同事業で、マクリは開発プロジェクトを一手に引き受けることに同意した。ハーシュフェルドはプロジェクトの利益の相当部分に対する権利を保持するが、プロジェクト自体には携わらない。マクリはプロジェクトを現場で監督する仕事を、カルロス・バルサブスキーという人物に任せた。バルサブスキーはもと物理学の教授で、アルゼンチンにあるマクリの会社、BAキャピタルを運営していた。

マクリ・グループは人材には事欠かなかったが、実際の経験に不足していた。特に、どんな不動産開発を行なう場合でも大きな困難がともなうニューヨーク市での経験がなかった。

マンハッタンで大規模な土地開発を行なう場合の最も重要なカギは、経済的に採算のとれるプロジェクトをつくるための許可を得ることだ。用途地域変更の許可をとるのは、複雑にして高度に政治的な、時間のかかるプロセスであり、最終的には十以上の市や州の機関、および地域自治体や政治家にもかかわってくる。

マクリは、リンカーン・ウェストと名づけたプロジェクトに対する用途地域上の指定を、最後には手に入れた。しかしその過程で、市に対してあまりにも多くの譲歩を行なった。ウエスト・サイドの敷地を売却せざるをえなくなったのは、彼にとってこの上ない幸いだったとも言える。もしマクリが市と合意した条件でプロジェクトを完成させようとしていたら、何億ドルもの赤字を出していただろう。

フランコ・マクリは実に誠実な好人物だったので、ある意味でこれは残念だった。しかし彼は最初から致命的な誤りを犯していた。ウェスト・サイドの敷地の開発ほどの巨大なプロジェクトでは、どれだけ費用をかけても最終的には莫大な利益をあげられると考えたのだ。だが実際には、プロジェクトの各段階で赤字を出さないようにしなければ、利益が生じる前に全財産を食いつぶしてしまうことが多い。

マクリの過ちの一つは、橋を建設する場合の原則を住宅開発にそのまま適用しようとした点だった。政府の請負業者として橋を建てる時には、費用がいくらかかるか計算し、受領金額を決めて契約を結ぶ。利益を出すには予算内でプロジェクトを完成させればよい。しかし不動産開発の場合は、全く話が違う。建設費を計算することはできるが、収益を正確に予想することはできない。市場の反応がわからないからだ。一戸がいくらに売れるか、全部売却するのにどのくらいの期間がかかるか、その間の維持費はどれくらいかといったことが、すべて不確定である。したがって合意によって事前に支払うコストを低く抑えれば抑えるほど、後のリスクが少なくなる。

ところが、マクリはこのプロジェクトのために三年間金をばらまき続けた。市は、プロジェクトを許可するかわりにできるだけ多くを手に入れようと、譲歩につぐ譲歩を要求した。マクリはまず、プロジェクトに最も近い七十二番通りの地下鉄駅の改修工事のために三千万ドル提供することに同意した。だが改修といってもプラットフォーム一つの幅を四フィート広げるだけにすぎない。三千万ドルといえば、駅全体を建て直すことができるほどの金額だ。

次に、マクリはウェスト・サイドの敷地にあるコンテナ輸送用貨車の操車設備の代わりにサウス・ブロンクスに同様の設備をつくるための費用として、五百万ドルを提供することを約束した。ついで、自分の開発する敷地内に公園をつくるために三千万ドル寄付することに同意した。そしてその後さらに、既存の道路網と連結する公共優先道路を建設することも承知した。これは実際に施工していたら、何千万ドルもかかっていただろう。

コン・エディソン社が、ウェスト・サイドの敷地内に所有する煙突の改造費を負担してくれるよう頼むと、マクリはまたもや承知した。これは特に厚かましい要求のように思えた。コン・エディソンは米国で最高に近い電気料金を設定しているのだ。マクリに会った時、なゼコン・エディソンの要求に応じたのかきいてみた。プロジェクト完成後は、同社から何十億ドル分もの電力を買い続けることになるのだから、それで十分ではないか。「コン・エディソンはさもないと私のプロジェクトに反対すると言うんです」とマクリは言った。「それに、どっちみち大したことじゃありませんよ。煙突の値段なんて、たかがしれてますから」

それで合点がいった。フランコ・マクリは調べていなかったのだ。しかし私が調べたところでは、高さ五百フィートの煙突一本を建てるには、ビルを一棟建てるのと同じくらいの費用がかかるのだ。「三千万ドルから四千万ドルもかかるんですよ」と私は言った。それでも彼は動じなかった。マクリはあらゆる要求に気前よく応じた結果、最終的に総計一億ドルの金を提供する約束をしていた。しかもアパート一戸を売るどころか、ビル一つ建てもしないうちに、そのほとんどを払うことに同意していたのだ。

マクリが最終的に同意した用途地域指定も同様に不利なものだった。交渉が終わった時点で彼に与えられた許可によると、百エーカーの土地に住宅四千三百戸足らずしか建てることができない。これは郊外の六階建ての住宅団地の戸数密度より低い。しかもマクリは、用地の最も貴重な部分であり、既存の住宅地域に隣接した六十八番通りと七十二番通りの間に、わずか八百五十戸しか建てないことに同意している。彼はアパートの大半を、まだ開発されていない南端の産業地域に建設することに同意したが、ここは住宅市場として成功するかどうか全く予測のつかない場所だった。

アッパー・ウェスト・サイドの開発反対運動推進者たちは、マクリを相手に闘う必要はほとんどなかった。マクリはいわば自滅の道を歩んだのだ。

マクリが犯した最後の大きな失敗は、リンカーン・ウェスト・プロジェクトに対する興味を盛り上げようとしなかったことだ。彼がこの類まれな不動産を所有していた四年間、新聞雑誌はこれについてほとんどひと言も書かなかった。リンカーン・ウェストという名前自体、このプロジェクトにはふさわしくなかった。これは国内で最も大きく、また潜在的に最も重要な不動産開発であるにもかかわらず、この名前では単にリンカーン・センターの西側で行なわれる住宅開発という印象しか与えないからだ。

市場が堅調で効果的な宣伝を行なっても、ニューヨークで平均戸数百五十のデラックス高層ビルのアパートをすべて売却するには二年かかる。新規開発地区で何千戸ものアパートを売るためには、商品がユニークであり、また販売のしかたがよほど積極的でなければならない。だがマクリの場合、この両方が欠けていた。彼が計画したリンカーン・ウェスト・プロジェクトは、二十棟あまりの比較的低いレンガ造りのビルから成るもので、一九六〇年代にマンハッタン近辺に建てられた十数棟の公共住宅プロジェクトと同じように、個性がなく平凡だった。したがって、三年間にマクリが交渉した十以上の銀行が、すべてこの事業に対して融資をしぶったのも当然だった。この間、銀行はニューヨーク市の他の多くの開発事業にはこぞって金を貸していたのだ。マクリは個人的にも財政上の問題をかかえるようになっていた。一九八三年の末には、アルゼンチンでの彼の事業が被害をこうむっていたのだ。建築関係スタッフの報酬や環境影響評価調査の費用、および維持費などを計算すると、この時点でマクリはすでにリンカーン・ウェスト・プロジェクトに一億ドル以上投資していたと思われる。やがて彼は資金不足に陥り、ウェスト・サイドの敷地購入のためにチェース・マンハッタンから受けた融資の返済ができなくなった。

一九八四年の春、エイブ・ハーシュフェルドから電話がかかってきた。マクリが資金難のために、敷地を売りたがっているという。私はマクリに会いに行き、話し合いを始めた。交渉は長引いた。マクリは敷地を売却して何らかの利益をあげることを望んでいたが、一方では銀行が彼に厳しく返済を迫っていた。その年の十一月に、私たちはようやく合意に達した。私が約一億ドルをすべて現金で支払うという条件だ。チェース・マンハッタンがその金額の大半を融資することに同意した。

マクリが土地を私に売却した理由の一つは、最終的に取引が成立するずっと前に、彼の頼みごとをきいれたことがあるからだ、と私は思っている。一九八四年に初めて会ってからまもなく、マクリが敷地を私に売るということで私たちは仮の合意に達した。彼はまだ売却するかどうか決めかねていたが、少なくとも仮合意書に署名する気にはなっていた。不動産取引、特にニューヨークでの不動産取引についてまず覚えておくべきなのは、仮合意書には決してサインするなということだ。この一見簡単な〝非拘束的〟契約から逃れるために、法廷で何年も争うはめになることもあるのだ。

マクリはそのことを十分認識していなかった。その上、私の弁護士のジェリー・シュレージャーが作成した仮合意書は、普通以上に拘束力の強いものだった。

一九八四年の半ば、この合意書に署名してもらうため、ジェリーと私はシェリー・ネザーランド・ホテルの豪華な一室でマクリと会った。彼の若い息子と、クリスティナという美しい通訳も同席していた。クリスティナは典型的なラテン系の美女で、こちらはともすると気が散った。複雑な法律上の要点を訳している最中にクリスティナが言葉を止め、「弁護士を呼んでこの書類の意味を説明してもらったほうがいいですよ。とても複雑なんですから」とマクリに言ったのを覚えている。

「いや、いいんだ、クリスティナ。拘束されないかぎり、さして重要ではない」と彼は答え、そのまま署名した。

その後マクリはやはりプロジェクト達成の夢を捨てきれず、数カ月後、仮合意書を破棄させてほしいと電話してきた。私は断わったが、一度会って話をしたいと彼が言うので、同意した。

マクリは、プロジェクトのために火の車だが、もう一度なんとか資金を調達して完成させたい、と言った。私自身、困難なプロジェクトを達成するために長年苦労してきたので、彼に同情せずにはいられなかった。それに彼の率直さにも好感がもてた。

私はフォルダーから合意書を取りだし、マクリの目の前で破り捨てた。そして彼に言った。

「もし将来また売却する気になったら、私のことを思い出してください。では幸運をお祈りします」

合意書を反古にしたことを告げると、シュレージャーは不満気だった。けれども資金調達が不可能なことをマクリがついに悟った時、他に購入希望者が大勢いたのに私に話を持ってきたのは、あの仮合意書を、拘束力があろうとなかろうと、私が破ってみせたためだと今でも信じている。

一九八五年一月に用地購入契約書に署名する前に、すでに私は計画の骨子を頭に描いていた。ビルの数はマクリの計画よりずっと少なくして、一列に建てる。この敷地の最大のセールス・ポイントは眺望がよいことなので、どのアパートも西のハドソン川か東の壮大な都市風景、あるいはその両方を一望できるように設計したかった。また、マクリよりずっと高いビルを建てるつもりだった。景観を最大限に利用するためだが、超高層ビルによりプロジェクトがずっと雄大で魅力的なものになると思ったからでもあった。

またビルの前には、ウォーターフロントに沿って大規模な小売店用ショッピング・プロムナードをつくるつもりだった。マンハッタンのアッパー・ウェスト・サイドに何よりも必要なのは、大型スーパー、靴屋、薬屋、荒物屋など、生活必需品を売る店だ。ブロードウェー、アムステルダム街、コロンブス街などでは家賃が高くなりすぎ、小規模な店舗はよそに移ってしまっていた。今日コロンブス街では、百ドルの革手袋よりパン一斤を買うほうが難しい。敷地を安く手に入れられたことの利点の一つは、テナントの賃貸料が安くてすむことだ。

もちろん計画の成否は、どのような用途地域指定が得られるかにかかっていた。複雑なコスト分析などしなくても、プロジェクトを成功させるためには、マクリが許可されたより多くの総戸数と建築可能総面積を確保しなければならないことがわかっていた。だがマクリと違って、私は経済的に採算がとれると思える計画が許可されるまで待つつもりだった。必要とあらば、市政担当者が代わるまで待ってもよいと思っていた。

最初の目標は、マクリのプロジェクトと私の計画との間にできるだけ隔たりを置くことだった。彼のプロジェクトと関係があるように思われては、不利になるだけだ。

用地を売却した時には、マクリはまだ市と正式な契約を結んでおらず、市も最終的な建築許可を与えていなかった。したがって私は、マクリと市の間の数多くの約束を守る必要はなかった。最初から許可申請をやり直すのは時間と金がかかることはわかっていたが、ほかに道はなかった。

最初の重要な課題は、私が必要とする用途地域指定が得られるように、プロジェクトを市にとっても魅力あるものにすることだった。つまり、共通の利益を見つけることがカギだ。

双方が互いに相手から何かを得られる場合に、取引は最も成立しやすい。ところがたまたま、敷地を購入した直後のある朝、新聞を見ている時にその答が見つかった。長年ロックフェラー・センターに本社を置いていたNBCが、移転を希望しているというのだ。その後ニューヨークの有力な不動産業者、エドワード・S・ゴードンがそのことを確認してくれた。NBCが考えている案の一つは、川向こうのニュージャージー州に移ることだった。同州の税と地価はニューヨークより安いので、これによりかなりの経費が節約できるのだ。

ニューヨークが大手企業を失うことは市にとって好ましくないことだが、とりわけNBCの移転はこの上ない打撃になる。経済的損失だけでもかなりのものだ。もしNBCが移転すれば、ニューヨーク市民約四千人が職をなくし、年間五億ドルの収入が失われる、と市の経済開発局は予測していた。

その上、精神的損失も同じくらい大きい。ニューヨークを世界のマスコミの中心にすることに役立っている重要な会社を失うのは、名もないメーカーを失うのとはわけが違う。NBC以外の二つのネットワークであるABCとCBSは現在、番組のほとんどをロサンゼルスで制作している。だがNBCはいまだに《トゥデイ》や《NBCナイト・ニューズ》、《デイヴィッド・レターマンのレイト・ナイト》、《コズビー・ショー》、《サタデイ・ナイト・ライヴ》、その他のショーをニューヨークから放映しているのだ。ニューヨークがトップ・ネットワークとその人気ショーの本拠地であることから生まれる刺激と魅力の価値を具体的な数値で表わすことはできない。エンパイア・ステート・ビルや自由の女神のないニューヨークがどんなものになるかをおしはかろうとするのと同じだ。

ウェスト・サイドの敷地では、他のニューヨークのデベロッパーがとうてい太刀打ちできないものをNBCに提供することができる。ハリウッドの屋外撮影広場のような広大な平屋のスタジオを建てるスペースである。NBCは現在、ロックフェラー・センターの中の百二十万平方フィート（約十一万平方メートル）という狭い場所に甘んじている。ウェスト・サイドの敷地なら二百万平方フィートの土地に加えて、将来拡張するスペースもある。それでも残りのプロジェクトを建設するのに十分な土地が残るのだ。

さらに、購入価格が安かったので、ニューヨークの他の場所より一平方フィート当りずっと低い賃貸料で、NBCに土地を提供できる。だがそれでも、ニュージャージーと競争するには、市の減税措置をとりつける必要があった。しかしNBCをニューヨーク市にとどめておくために減税措置を講じることが、市の経済にとって望ましいことであることもわかっていた。

考えれば考えるほどこの案は気に入った。たとえNBCが最終的にここへ移転しなくても、この敷地はテレビや映画のスタジオを建てるのに理想的な場所だった。NBCが来ても来なくても、スタジオは高級なイメージをつくるにはぴったりだった。NBCの合意をとりつける前に、スタジオを中心にしてプロジェクトを計画することに決めた。まず手始めに「テレビジョン・シティ」という名前をつけた。

次の仕事は、人びとをたちまちこのプロジェクトのとりこにするような方法を考えることだった。最初からできるだけこれに対する関心を高め、期待感を盛り上げておけば、後で買手を探すのが楽になる。大抵のデベロッパーは最初に建ててあとから宣伝する。あるいは全く宣伝しない者さえいる。

ウェスト・サイドの敷地を手に入れる前から、私は世界一高いビルを建てることを考えていた。昔から高い建物は大好きだった。子供の頃、ブルックリンから父と一緒にマンハッタンに来た時、エンパイア・ステート・ビルに連れて行ってくれるようせがんだのをおぼえている。当時はこれが世界一高いビルだった。だがシカゴにシアーズ・タワーができると、ニューヨークはお株を奪われてしまった。ニューヨークこそ、そのようなビルが一番ふさわしい町だと思う。そこで再び世界一高いビルをニューヨークにとり戻すことに挑戦したかった。

世界一高いビルは、いわば赤字覚悟の目玉商品だった。五十階以上のビルを建てると、建築費は等比級数的に増加する。最大限の利益をあげることだけが目的なら、百五十階建ての超高層ビルを一つ建てるより、五十階建てのビルを三つ建てたほうがよい。けれども世界一高いビルは観光名所として、またシティ全体に魅力を与えるものとして、結局は得になるだろう。かつての私のようにエンパイア・ステート・ビルを見物しに来た観光客の数は、何千万人にものぼっているのだ。

最後に、このようなビルをプロジェクトの中核にすることに私と同じように情熱を感じてくれる建築家を見つけなければならなかった。最終的に面接したのは、二人だけだった。一人はニューヨークの建築界の大御所的存在であるリチャード・マイヤーだ。評論家はこぞってマイヤーを称賛し、彼を信奉する者も多い。けれどもマイヤーは熱意をもっていきいきと仕事にとりかかるタイプではないことがすぐにわかった。彼は思索し、分析し、理論づけるのに時間をかけるのだ。私は彼がビルの模型か、少なくとも初期計画案を持ってくるのを何週間も待ったが、結局何も来なかった。

その間に、ヘルムート・ヤーンにも会った。マイヤーとはまったく別の理由で、私はヤーンが気に入った。ヤーンはアウトサイダーだった。ドイツ生まれでシカゴを本拠にして活動しているヤーンは、ニューヨーク建築界とは無縁の存在だった。彼はなかなかの伊達男で宣伝もうまく、いくつかの大胆な作品に対して好意的な批評を得ていた。代表作としては、シカゴの都心にあるゼロックス・センターや、ハイテクを駆使したイリノイ州政府ビルがある。私が会った時には、マンハッタンのミッドタウンで大規模なビル四棟の設計を手がけていた。

ヘルムートについて一番気に入ったのは、彼も私と同様、大きいことは美しいことでありうる、と考えている点だった。彼は壮大なものが好きだった。最初の会合から三週間もたたないうちに、私が希望した基本的要素に彼独自のアイディアを加えた模型を持って、私のオフィスにやって来た。一九八五年の夏、私はヤーンをプロジェクトの主任建築士として雇った。

秋までに、私たちは十以上にのぼる設計案について検討した。敷地が広大で特色のあるものなので、まわりのコミュニティーにとけこませようとするのは意味がない、と二人とも感じていた。逆に、近隣地域とはまったく異なる独自の景観と個性をもった一つの町を造るべきだ、と考えた。

十一月十八日、私はプロジェクトの計画を発表するための記者会見を開いた。マクリがリンカーン・ウェスト計画を進めていた数年間、マスコミは一度としてこれをとりあげたことはなかった。ところが今回の発表には、地元紙および全国紙の記者が五十人もつめかけた。私は計画の大要を次のように説明した。名称はテレビジョン・シティとし、NBCを主要テナントとして呼び入れるつもりである。商業・住居・店舗用スペースを含む、延べ床面積千八百五十万平方フィート（約百七十万平方メートル）に及ぶ多目的住宅群を建設する。プロジェクトは住宅約八千戸、三百五十万平方フィートのテレビ・映画用スタジオおよびオフィス用スペース、百七十万平方フィートの小売店舗用スペース、八千五百台分の駐車用スペース、および十三ブロックにわたるウォーターフロントのプロムナードを含む公園その他のオープン・スペース約四十エーカーから構成される。敷地の真中には、高さ千六百七十フィート（約五百メートル）の世界一高いビルを建設する予定である。これはシカゴのシアーズ・タワーより約二百フィート高い。

私にとってこのプロジェクトの魅力は、その単純さと壮大さにあった。世界一高いビルのほかには、北端に三棟、南端に四棟の計七棟のビルを建てるだけにとどめる。ビルの前には、駐車場と屋内ショッピング用スペースとして、三層の張り出したプラットフォームを造る。この一番上に歩行者プロムナードを設けるが、ここは隣接のウェスト・サイド・ハイウェーより少し高くなる。その結果、敷地内のどの場所からもハドソン川を一望できることになる。また、駐車場のスペースもたっぷりとる。私たちの計画は全体でマクリのプロジェクトより五十パーセント大きくなるが、それでも全体の密度は、ミッドタウンの狭い敷地に建てられた、多くの小規模住宅群より低い。

大方の記者は、不動産開発事業の詳細なプランの重要部分をさぐろうとせず、センセーショナルな面だけとりあげたがる。今回は、それが私にとって有利に働いたようだった。密度や交通量、オフィスと住居の混合率などについての質問を予想していたのだが、記者たちの関心はもっぱら世界一高いビルに集中していた。これがたちまちプロジェクトに話題性を与えた。その夜家に帰り、《CBSイヴニング・ニューズ》をつけた。レーガン大統領とゴルバチョフ書記長の首脳会談開始のニュースが伝えられるものと思っていた。ダン・ラザーがジュネーヴで取材にあたっていたが、その日の進展状況についてまとめると、突然こう言った。「本日ニューヨークで、デベロッパーのドナルド・トランプが、世界一高いビルを建設する計画を発表しました」この一件は、プロジェクトにとってこのビルがいかに力強く魅惑的なシンボルであるかをあらわすものだった。

世界一高いビルに対する反応はそろって好意的というわけにはいかなかったが、これは十分に予想していたことだった。また論争のために、かえってプロジェクトが絶えずマスコミにとりあげられる結果になった。評論家たちは、このようなビルは不必要である、人間はそんなに高いビルに住むことは好まない、どっちみちトランプはこのビルを実現できないだろう、などと主張した。ニューズウィーク誌は、「ドナルド・トランプの高邁な野心」という見出しのもとに、丸々一ページをさいてこのビルについての記事を掲載した。ニューヨーク・タイムズ紙は私の計画について次のような社説を載せたが、これでかえって私の信用度が増したのではないかと思う。「偉大な夢とむなしい幻想とを区別できるのは時間だけである。ニューヨークおよびすべての都市の上にそびえたつ百五十階建ての超高層ビルを建てるというドナルド・トランプの望みが、そのどちらであるかを決めるのは時期尚早であろう」

世界一高いビルに対する反応の中で一番気に入ったのは、コラムニストのジョージ・ウィルの感想だ。私は以前からウィルに好感をもっていた。一つには、彼が世の風潮に反対することを恐れないからだ。「ドナルド・トランプのやろうとしていることは理性的ではない」とウィルは述べた。「だが幸い人間は理性だけで生きるものではない。極端は美徳でありうると考えるトランプは、マンハッタンのスカイラインと同じようにアメリカ的である。これは合衆国の爆発的なエネルギーをあらわすものだ。スカイスクレーパーは不要であるが、それゆえに必要なのだ、とトランプは主張する。スケールの大きな建築はわれわれにとって好ましいものだと彼は考えているが、これには一理あると言えよう。活力、意欲、鋭気がわが国の特徴なのだから」

唯一残念なのは、ジョージ・ウィルが都市計画委員会のメンバーではないことだった。

驚いたことに、時がたつにつれて世界一高いビルに対する反対は少なくなっていった。そしてそのかわり、評論家たちはあまり論争の種にはならないだろうと思っていた側面に注意を向けだした。特にニューヨーク・タイムズの建築評論家のポール・ゴールドバーガーは、テレビジョン・シティ反対運動ともいうべきものを開始した。計画発表の一週間後、ゴールドバーガーは、「トランプの最新の提案は空中楼閣か?」と題する長い一文を発表した。彼の主な批判は、ともかく高い建物は好きではないということのほかに、このプロジェクトが近隣地域と十分にとけあうよう計画されていないというものだった。

しかし、これはまさにこのプロジェクトで私が最も気に入っている点だった。まわりの建物と一体となるようなものを建てるのは失敗のもとだ、と確信していた。十年前、コモドア／ハイアット・ホテル再建の際にも、同じ態度をとった。当時グランド・セントラル駅周辺は荒廃しつつあった。そこで、反射ガラスでおおった壮麗な新ホテルを建て、まわりのくすんだ古い建物と対照させるのが、成功する唯一の方法だと考えたのだ。ホテルは大成功をおさめ、評論家たちもやがて態度を変えるようになった。ゴールドバーガーの記事を読むと、コモドア再建の時の体験をそっくりくり返しているような気がした。

ビルの高さを半分にして、戦前にウェスト・サイドに建てられたようななじみのある建物にすれば、ポール・ゴールドバーガーら評論家は好意的な評論を書くだろう。しかしそんなことをすればプロジェクトの雄大さと独創性がなくなり、売れ行きは落ちる。自分では設計や建設をしたことのない評論家が、有力な新聞雑誌で自由に意見を述べることが許されているのに、その批判の対象となる者には反論の余地が与えられていないのは腹立たしいかぎりだ。けれども私がいくら腹を立てても始まらない。評論家がニューヨーク・タイムズのような一流紙に書くかぎり、私がどう思おうと、その意見は大きな影響力をもつのだ。

一九八六年の春には、私たちのプロジェクトは都市計画に関する交渉で行き詰まっていた。その大きな理由は、エド・コッチ政権のもとでニューヨーク市政が完全な麻痺状態に陥っていたことだ。

コッチが成し遂げたことは、まさに奇跡としか言いようがない。彼は、腐敗が蔓延しかつ徹底的に無能な市政を司っているのだ。シカゴの元市長、リチャード・デイリーは、少なくとも同市を手際よく運営したので、汚職スキャンダルを切り抜けることができた。だがコッチ政権のもとでは、ホームレスの問題が以前よりはるかに悪化しており、市の大半の地域には依然として有線テレビ用のケーブル施設がない。またハイウェーは修復されず、地下鉄用トンネルは完成しないまま放置され、企業の他都市への流出が続き、市の公共サービスは着実に悪化している。

一方、コッチが任命した役人や彼の同僚が十人以上収賄、偽証、リベート受領などの罪で起訴され、あるいは倫理に反する行為を犯したことを認めた上で辞職に追いこまれている。刑事犯罪で起訴された人びとの中には、タクシー・リムジン委員会の元委員長ジェイ・ターロフ、病院管理局主任ジョン・マクロクリン、元運輸委員長アンソニー・アメルソらがいる。コッチときわめて親しい個人アドバイザーの一人であるヴィクター・ボトニックは、学歴を偽り、市の仕事という口実のもとに不要な旅行に何度も出かけたことが判明したため、辞任した。文化委員長でコッチの親友の一人であるベス・マイヤーソンも、不名誉な理由で辞職し、その後、協力を求めていた判事の娘に就職を斡旋し、これについてくり返しウソをついていたことが発覚して、起訴された。後に、コッチがマイヤーソンの違法行為を示す証拠をとりあげなかったことも判明した。

皮肉なのは、コッチが清廉潔白を売りものにして信望を得ようとしている点だ。自分が任命した人たちが汚職を働けば、最終的に自分が責任をとらなければならないことに、コッチは気づかないようだ。それどころか、友人が問題を起こしたと見るやいなや、ひたすら相手を遠ざけようとする。たとえば、もとクイーンズ行政区長をつとめていた親友のドナルド・マーネイズが取り調べを受け自殺をはかった時、コッチはただちに彼を〝悪党〟呼ばわりした。まだマーネイズが起訴されていないにもかかわらずだ。当時マーネイズは病院で静養していたが、何週間か後に、実際に自殺した。コッチが任命した人びとのうち刑事犯罪で起訴されるのをまぬがれた者は、その無能ぶりで顰蹙をかっている。彼らの多くは、能力がないのだ。けれども中には、自分の職を守るためには、どんな決定も下さないのが一番だという結論に達した者もいるようだ。そうすれば、少なくとも違法行為を犯したととがめられることはないからだ。しかし困ったことに、大都市の市政担当者が決定を下さなくなると、政治的交通渋滞ともいうべき現象が起こって、身動きがとれなくなってしまう。不正行為を犯す者はもちろん許しがたいが、何の行動もとらない者や無能な者も、同様に始末におえない。

市が私のプロジェクトを妨害したのは、それにより、私が計画の手直しをせざるをえないようにするためでもあった。私に言わせれば、これはこちらに金銭的な負担を強いる、一種の脅迫だった。私が市の要求をいれないかぎり市は認可を与えず、こちらのコストはかさんでいくのだ。

都市計画委員会の要求は、具体的には次のようなものだった。ウォーターフロントへのアクセスを可能にするための手段を講じること、市の道路網とプロジェクトとを結ぶ、東西方向の道路の数を増やすこと、そして世界一高いビルが近隣の住宅地区から離れるよう、これを南に移動させることである。私は都市計画委員会の提案には反対だった。しかし指定用途地域制とは要するに交渉によって決まるものだということもわかっていた。私は粘り強く主張するが、どうしてもらちがあかなければ、最後は実際的な解決策を考える。ある程度妥協することによってプロジェクトを進展させることができ、しかもそれによってプロジェクトの経済的な価値が損なわれないのなら、計画を変更してもよいと思っている。

三月に入って、私は世界一高いビルの位置を、南の六十三番通りに移すことに決めた。とたんに都市計画委員会の面々は、計画に乗り気になった。同じ頃、ニューヨーク・タイムズ紙が、この敷地についての環境影響評価報告を公けにした。その調査結果の中には、最終的に私の計画に役立つものがいくつかあった。私は以前から、人口密度が高くなりすぎることを市が懸念するのは、あまり根拠がないと思っていた。真相を言うと、マンハッタンのウェスト・サイドは比較的人口が稀薄なのだ。国勢調査によると、この地域の人口は一九六〇年には二十四万五千人だったが、一九八〇年にはそれが二十万四千人に減っている。一九八〇年から一九八四年までの間にこの近隣で新築されたアパートは三千百戸にすぎない。そこに数千戸を新たに建設したからといって、野放図な開発とは言えないだろう。

調査はまた、私のプロジェクトがいくつかの利点をもたらすことも指摘していた。たとえば、新たな住民の出現により、ウェスト・サイドのビジネスは少なくとも年間五億ドルの増収になるという。また工事中およびプロジェクト完成後に、何千という新たな職場が生まれる。失業者に生活保護を与えるより、職を提供するほうが、よほど建設的だと思う。評論家の中には、プロジェクトによりこの地域一帯の交通量が増え、混雑が激しくなることを懸念する者がいた。しかし調査によると、私がすでに提案したように、地元の地下鉄を改善したり、小型バスを運行することにより、交通混雑はかなり緩和されるという。世界一高いビルの位置を移動することに決定した後、今度は建築家の顔ぶれを変える必要があるかもしれない、と思い始めた。ヘルムート・ヤーンがアウトサイダーであることを気に入っていたのだが、都市計画委員たちとうまくやっていくという点では、これはマイナスになったようだ。委員たちはどうもヘルムートが苦手なようだった。表だってトラブルが起きたわけではないのだが、やはりこれではまずいと思った。プロジェクトを進展させるためには、互いにある程度協力しようという姿勢が必要だ。そこで気は進まなかったが、建築家を代えることにした。

私がアレックス・クーパーを選んだことを意外に思った人は多い。クーパーはリチャード・マイヤー以上に、ヤーンとは対照的な建築家だった。彼は完全に都市志向型の人間であり、都市プランナーとして名声を得ていた。都市計画委員会のメンバーを五年間つとめ、私が目下行なっているプランニングの手続きに関する規則の作成にも協力していた。当時クーパーはスタントン・エクスタットとパートナーを組んでおり、二人でバッテリー・パークのマスター・プランを作り上げる作業を終えたところだった。バッテリー・パークはマンハッタンの南端で行なわれていた開発プロジェクトだ。評論家たちは、これは現代のすぐれた都市建築の代表であるとして、これを絶賛していた。

しかし私自身は、バッテリー・パーク・プロジェクトにはあまり感心しなかった。たとえば、この敷地はウォーターフロントにあるにもかかわらず、アパートの多くは他の建物に面していて、川がまったく見えない。その上、建物のいくつかは、デザイン的にまったく見るべきものがないと思った。しかし道路や公園、その他の文化施設の配置など、マスター・プランの中でクーパーの担当した部分は気に入った。そこで、こうしたアイディアのいくつかを彼が私たちの計画にもとり入れてくれることを期待した。

初めてクーパーに会ったのは、一九八五年十月、ヘルムート・ヤーンが作成した計画を公表する少し前だった。当時私たちが設定したオープン・スペースのとり方に、市が難色を示すと思われる徴候がすでにあった。そこでクーパーを雇って、ヤーンと共同でオープン・スペースについて検討してもらおうと思ったのだ。しかしどちらも共同作業を行なうことに乗り気でなかったので、その案は棚上げにした。

一九八六年五月、再びクーパーに電話し、ヤーンに代わってテレビジョン・シティ・プロジェクトの設計を全面的に引き受けてくれないかと申し出た。クーパーこそ、私のプロジェクトを進展させるのに最もふさわしい立場にいる人物だと思った。またクーパーにしても、これまで私とは必ずしも利害が一致していなかったとはいえ、頭の切れる野心的な建築家として、これほどの大きなチャンスをみすみす逃がすわけにはいかないだろう。テレビジョン・シティほど条件のいい、またやりがいのある設計の仕事は、どこを探してもないと思われた。この辺でひとつ、価値は高いが小規模な仕事の代わりに、大きく大胆なプロジェクトにチャレンジしてみたらどうだ、と私はクーパーに言った。さすがに彼はすぐにこの話にとびついた。「とにかくハドソン川沿いの四分の三マイルに及ぶプロジェクトだからね。そうあっさり断われるような話じゃないよ」クーパーは後に記者にこう語っている。

私たちは意見が食い違うこともあったが、クーパーは一般に思われているよりはるかに雄大なビジョンをもっていることに、私はすぐ気がついた。そしてクーパーと私は、おおかたの人が予想していたよりはるかにスムーズに仕事をすることができた。クーパーは、プロジェクトから直接ウォーターフロントへ行けるように、道路や歩行者用通路の数を増やした。また外部の人たちが利用しやすいような公園をいくつか設計した。さらに私たちはビルの数を増やして、一つ一つの規模を小さくすることにした。クーパーはまた、高いビルの前にはテラスハウスを建てて、バランスをとることを考えた。

プロジェクトが確実に利益をあげるためには、建物の延べ面積が一定以上なければならないと私は考えていたが、クーパーはそれを大幅に減らすことはしなかった。にもかかわらず、彼がプランに手直しを加えたことは、明らかな効果を生んだ。突如として、都市計画委員会が好意的な反応を示すようになったのだ。一九八六年十月二十三日に新しいプランを公表すると、私たちに最も批判的な人たちでさえ、最初のプランよりこちらのほうを支持した。地元の自治体の理事会のジョン・コーワル理事長は、世界一高いビルにはまだ反対していたが、クーパーの新しいプランは「トランプの希望を見事に実現するもの」であり、「前のプランよりはるかにすぐれている」と評した。

クーパー自身も最初はプロジェクトがあまりに大きすぎると思っていたようだったが、仕事を進めていくにつれ、しだいに情熱をかたむけるようになった。一九八七年四月、彼はニューヨーク・タイムズの記者にこう語っている。「このプロジェクトがそのままの形で認められるといいのだが。ただ問題は、目下ニューヨークでは開発に反対する空気がきわめて強いことだ。しかしテレビジョン・シティは他の不動産開発とはまったく事情が違う。川のそばにはたっぷりスペースがあるし、公園やウォーターフロントのプロムナードといった、公衆のためのさまざまなアメニティーがこれによって生まれる。だからこれだけ大規模な開発も許されると思う。世界一高いビルはどこにでも建てるというわけにはいかない。そういったスカイスクレーパーを建てるにふさわしい場所はここしかないだろう」

私自身でもこれほどうまく言い表わすことはできなかっただろう。

NBCを誘致する件については、一九八六年半ばに、ゼネラル・エレクトリック社がNBCのオーナーであるRCAを買収したことで、私に有利な局面が開けたと思った。GEの会長ジャック・ウェルチ・ジュニアは素晴らしく優秀な人物であることを知っていたからだ。彼なら、NBCの本拠をテレビジョン・シティに置くことの利点にすぐに気づくだろう。ウェルチはGEの最高幹部の一人、ボブ・ライトをNBCの社長に任命した。ライトについても、私は同じ感想をもった。ウェルチもライトも、非常に才能のある人物だ。たとえ二人が私の敷地を選ばなくても、そのことに変わりはない。

GEに買収された時、NBCは移転先の候補地として、ニュージャージーのほかにニューヨークにある四つの敷地を考えていた。一九八七年一月、NBCは、ロックフェラー・センターにとどまるという可能性は別として、候補地を二つにしぼったと発表した。私の敷地と、ニュージャージー州シコーカスにある、ハーツ・マウンテン・インダストリーズ社が所有する沼沢地の敷地である。

この決定により、事態は簡単になった。NBCは私の敷地に来るか、さもなければニュージャージーへ移るか、二つに一つなのだ。市は、NBCをニューヨークに引きとめておくため、主に財産税の減額という形で、NBCに対して税の優遇措置をとる用意があることをすでに明らかにしていた。問題は、はたして市がニュージャージーに対抗するために、さらに何らかの措置を講じるかどうかだった。

驚いたことに、市はそれ以上の手を打とうとしないまま静観していた。これは信じがたいことだった。一九八七年の初めには、世界最大手企業の一つモービル・オイルがニューヨークからヴァージニアに移転することを発表していた。またその後まもなく、やはり大手企業であるJ・C・ペニーがニューヨークを離れることを明らかにしていた。これにより、何千という働き口が失われることになる。ここでさらに三つ目の大企業がこの町を去るかもしれないという危機に直面したら、市はすみやかに行動をとるだろう、とだれしも思う。ところが、エド・コッチのもとでは、ことはそのようにいかないのだ。

一九八七年二月末の、デイリー・ニューズ紙の社説は、この件に関するジレンマをよく表わしていた。NBCを失うことは、「市にとって大きな打撃である。これによって失われる職場、歳入、そして威信ははかりしれないほど大きい」と述べたあと、社説は私の敷地の重要性を強調した。「このプロジェクトはこれから市の認可を受けるという困難なプロセスを経なければならないが、そこでお役所的な怠慢さや、事なかれ主義のために握りつぶされてしまう危険もある。といっても、市がトランプの計画を無条件に認めるべきだというわけではない。ただイエスかノーかという重大な決定を、すみやかに、また効率的に下すことを市に期待する。市はNBCをこの町にとどめておくために、あらゆる努力をするべきだ。役人のことなかれ主義のためにこれを失うほど、ばかげたことはない」

ところが、私に言わせると、まさにそのとおりのことが起こりつつあった。一九八七年五月の初め、私は税の軽減措置を認めてもらうため、市にかけあいに行った。この措置が受けられれば、私はニュージャージーに対抗できるだけの条件をNBCに提示できるのだ。こうした軽減措置が実施されなければ、NBCはニュージャージーに移ることで、二十年間に二十億ドルもの金を節約できることになる。そのことは、市の経済開発局長のアレア・タウンゼンド自らが認めていた。

私が市に提示したのは次のような案だ。まず、三億ドルから四億ドルの費用で、私自身がNBCの本社を建設する。また、NBCに対しては向こう三十年間一平方フィート当りわずか十五ドルの賃貸料しか請求しない。これは損得なしの賃貸料の、さらに半分以下という金額である。そして最後に、四十年間にわたって、テレビジョン・シティのあげる利益の二十五パーセントを市に支払う。その見返りとして二十年間、敷地全体にかかる税を軽減してもらう、というものだ。たとえ軽減措置が認められても、実際にその恩恵に浴すことができるのは、プロジェクトが完成してからだ。つまり、何年も先の話である。それまで、私は自分自身の負担でNBCを援助することになる。その費用が年間三千万ドルを下らないのだ。皮肉なことに、この案に対しては私自身のスタッフが全面的に反対した。ロバート、ハーヴィ・フリーマン、そしてノーマン・レヴァインは、どれくらいの収益があがるかわからないのにNBCに年間三千万ドルもの援助を行なうのは、リスクが大きすぎるという意見だった。だが私は、リスクをおかすだけの価値はあると思っていた。居住用アパートに対する税の軽減措置が受けられれば、販売する際に有利だ。また、NBCの存在はテレビジョン・シティの名声を高め、人を引きつける誘因ともなる。市にとっては、この提案はまさにいいことずくめだ。一銭も金を使わずにNBCをとどめておくことができ、税の代わりに、私たちがあげる利益のかなりの部分を手に入れるのだ。

私の提案がきっかけで、市との初めての本格的な話し合いが行なわれた。エド・コッチは参加しなかったが、彼の下の役人たちは、私の案におおむね賛成のようだった。しかし三週間以上にわたる真剣な交渉の末、五月二十五日に、エド・コッチはこの申し出をきっぱり断わった。コッチは、この案自体の是非にもとづいてこの決定を下したのではないと思う。たとえ市にとってどんなに有利な話でも、相手が私であるかぎり、受け入れるつもりはなかったのだ。

翌日、私はコッチに手紙を書いた。一年以上前から書きたいと思いながら、遠慮して書かずにいた手紙だ。「親愛なるエド、NBCをニューヨーク市にとどめておくという件に対するあなたの態度は、実に信じがたいものです。いずれそれが原因で、NBCは他の多くの大手企業と同様に、この町を去ってニュージャージーに移っていくでしょう。私はそれを予言します」このように書き出し、NBCをニューヨークにとどめておくことの利点を再びあげ、そして次のように結んだ。「私はニュージャージーや他の州がニューヨークの活力を吸いとっていくのを、これ以上黙って見ていることに耐えられません」

コッチの返事は予想どおりのものだった。彼は私があげた具体的な点について返答することは避け、問題を個人的な争いにすり替えようとした。すなわち、偉大なる擁護者コッチ対強欲なデベロッパー・トランプという図式である。何カ月もの間、コッチは私に仕返しをする機会をねらっていた。私がウォルマン・リンクを短期間で手際よくつくり上げたことで、彼に恥をかかせたからだ。ウェスト・サイドのプロジェクトは、そのための格好の手段だと考えたのだろう。私はその後NBCのニュージャージー移転を防ぐための、別の案も提示した。買収価格より低い値段で、私の敷地のうちの九エーカー分を直接市に売るというものだ。コッチはその件について話し合おうともせずに、それを一蹴した。

ニューヨーク・タイムズ紙が、私の提案に反対する社説を載せた時、正直言って少しも驚かなかった。それを書いたのが、長年にわたるコッチの味方、ハーブ・スターツだったからだ。彼はわずか数週間前にタイムズの論説委員になったばかりで、それまでは市の都市計画委員長をつとめ、特にテレビジョン・シティを担当していた。私に言わせれば、ハーブ・スターツにニューヨーク市についての社説を書かせるのは、ワインバーガー国防長官にレーガンの軍事政策について書かせるのと同じだ。

しかしデイリー・ニューズ紙は、強力に私を支持する次のような社説を掲載した。「市がNBCに対してとれる優遇措置には限度がある、というコッチの主張は正しい。しかしだからといって、何の行動も起こさないことが許されるわけではない。コッチは自ら、NBCとロックフェラー・センター、およびトランプのそれぞれの組織から意志決定者を呼び集めて、しっかりした計画を立てるべきだ。場合によっては、頭を下げることも必要だろう」

ところがコッチはそうする代わりに、NBCに対して大してうまみのない、中途半端な税の軽減措置をとることを申し出た。そして、その措置はマンハッタンのどの敷地を移転先に選んだ場合にも適用されるとして、頼まれもしないのに、いくつかの新しい敷地を紹介した。

当然ながら、そういった押しつけがましいアドバイスが役に立つことはめったにない。コッチが提案するやいなや、NBCのスポークスマンが、当社は別の敷地を探すことは考えていない、と述べた。一方、ハーツ・マウンテン・インダストリーズ社の幹部たちはその間手をこまねいて見ていたわけではない。彼らはこれこそNBCの約束をとりつけるチャンスと見た。そして六月一日、市が申し出た減税措置より有利な条件をNBCに提示し、三十日以内にそれを受け入れるよう迫った。

私が新聞やテレビでコッチを攻撃すると用途地域指定が受けにくくなるのではないかと言う人もいた。おそらくそのとおりだろう。しかし、そんなことを言っている場合ではなかった。エド・コッチはあまりに無能で、ニューヨーク市にとって有害な人物である。だれかが公けの場でそれを明らかにする必要がある、と私は思うようになっていた。デイリー・ニューズ紙が読者に対し、NBCの件に関してコッチと私とどちらの立場を支持するかというアンケートを行なったが、その結果はきわめて満足すべきものだった。一万人近い読者が私を支持したのに対し、コッチの側についたのはわずか千八百人だったのだ。

私は長年ウェスト・サイドの敷地に建設できる日が来るのを待っている。必要な用途地域指定が受けられるまで、これからも待つつもりだ。最後はNBCが来ても来なくても、また現在の市政担当者のもとでもそうでなくても、テレビジョン・シティを建設するだろう。

私は選択の自由も残しておくつもりだ。前にも言ったように、それは自分を守る唯一の方法だからだ。もしこの先も住宅市場が堅調なら、あの敷地に川を見晴らす大型アパートを建てればもうかることは間違いない。もし市場が下落してくれば、ショッピング用施設だけをつくるかもしれない。これだけでも莫大な利益をあげることができる。いずれにしても、ニューヨークのような町では、市場が下がるのも一時的な現象にすぎない。

いずれ私とテレビジョン・シティの時代が訪れる。幸いなことに、私にはそれまで待つだけの余裕がある。ちょうどいい時期が来るまで待てば、自分の思いどおりのものをつくることができるのだ。エド・コッチがグレイシー・マンションを引き払ったあとも、末長く私はニューヨークでビジネスをしているだろう。それだけは確かだ。

14　一週間を終えて――取引の結果

初めに書いたように、私は取引そのものに魅力を感じる。けれども最終的には、どれだけの取引をしたかではなく、どれだけ達成したかで人は評価される。最初に述べたある一週間の取引がどのような結果に終わったかを次に記す。

ホリデイ・イン

ホリデイの株を売却して利益を得た数週間後――利益は報道された三千五百万ドルではなかったが、かなりの額にはなった――私はバリー・マニュファクチャリング社という別のカジノ会社の株を購入し始めた。そして短期間に同社の全株式の九・九パーセントを手に入れた。これに対してバリーは、敵対的TOBを阻止するためのポイズン・ピル策をとった。また同社の株を私がそれ以上購入するのを防ぐために提訴しようとしたので、私は反訴した。訴訟を開始した二日後、バリーはゴールデン・ナゲットを、債券のコストも含めて五億ドル近い価格で買収することに合意した、と発表した。これはアトランティック・シティのカジノの買収額としては過去最高である。これも本当の目的は、私の動きを阻止するためだと思われた。アトランティック・シティでは一つの会社が四軒以上のカジノを所有することは法律で禁止されている。ゴールデン・ナゲットを買収したバリーを私が買収すれば、カジノを四軒持つことになるのだ。

しかし彼らのとった措置のため、私は結果的に得することになった。このような高値でナゲットを買収することにより、バリーは私が所有している二軒のカジノを含め、アトランティック・シティにあるカジノ全体の価値を高めたことになるからだ。

最終的には、バリーは私にとってこの上なく有利な妥協案を提示した。私がナゲット買収を阻止しないことを約束する代わりに、バリーは私が所有する同社の株式九・九パーセントを、当初の購入価格よりずっと高い平均価格で買い戻す、というものだ。この短期間の投資により、私は二千万ドルの利益をあげた。

一九八七年三月、私は三度目のカジノ会社買収を試みた。リゾーツ・インターナショナルという会社で、今回は友好的買収である。リゾーツ社の創設者ジェイムズ・クロスビーの死去とともに、いくつかのグループが同社の買収を企てたが、いずれも失敗に終わっていた。

一方、私はリゾーツ社の経営権をもつクロスビー家の人びとと親しくなり、一九八七年四月、同社の議決権株の九十三パーセントを一株百三十五ドルで購入することで、一家と合意した。

その後、数社がより高い価格を提示したが、一家は私との取り決めを守った。一つには、過去の実績から見て、ボードウォークのタージ・マハルの建設を引き継ぐ人物としては私が最もふさわしい、と彼らが考えたからだ。タージ・マハル建設は、ジェイムズ・クロスビーが非常に熱を入れていたプロジェクトだった。これは世界で最も大きく豪華なカジノつきホテルとして設計されたが、クロスビーが死んだ時にはすでに何百万ドルも予算を超過しており、それでもなお完成にはほど遠かった。

一九八八年十月には、タージ・マハルをオープンしたいと私は思っている。より効率的に運営するため、現在タージ・マハルの隣りで営業しているリゾーツ所有のカジノを閉鎖して、タージのために使用することも考えている。もちろん値段が折り合えば、別のカジノ経営者に売ってもよい。ひょっとすると、バリーかホリデイ・インが買い気を示すかもしれない。

アナベル・ヒル

最終的にアナベル・ヒル基金のために十万ドル集めることができ、これでローンを返済し、農場を救った。これを祝うために、ミセス・ヒルと娘をニューヨークに呼び、トランプ・タワーのアトリウムで抵当証書を燃やすセレモニーを行なった。アトリウムがこの種のセレモニーの場となるのは、おそらくこれが最初にして最後だろう。

ユナイテッド・ステーツ・フットボール・リーグ（USFL）

NFLは反トラスト法に違反しているとの評決を陪審員が下したにもかかわらず、USFLに対しては損害賠償金一ドルを支払うだけという判決が下された。この判決に対し、オーナーたちは全員一致で上訴することに決めた。上訴の理由は、最初の提訴と同じく強力なものだと私は思っている。

ウォルマン・リンク

リンクは当初の予算より七十五万ドル安く仕上がり、予定より一カ月早く、一九八六年十一月にオープンした。最初の一年間に、五十万人以上の人がこのリンクでスケートを楽しんだ。リンクがオープンするまで、市は大きな営業損失が出ることを予想していた。だが最初のシーズンに私たちは五十万ドルの利益をあげ、これはすべて慈善事業に寄付された。

パーム・ビーチのコンドミニアム

リー・アイアコッカと共同で、パーム・ビーチにある高層コンドミニアム二棟を購入した。購入価格は約四千万ドルだった。これを手に入れた時には、わずか数戸のアパートしか売れていなかった。私たちはコンドミニアム供給過多に陥っている南部フロリダ市場で、短期間のうちに五十戸近いアパートを売却または賃貸し、倒産した事業を一転して成功へと導いた。来年中には片方のコンドミニアムの一階に大規模なレストランを開くつもりだ。ここに店を出すことを希望している人たちの中には、ニューヨークの21クラブのオーナーや、ハリーズ・バーのオーナーであるハリー・シプリアーニらがいる。取引が成立する前にリーの弁護士だったサー・チャールズ・ゴールドスタインは解雇された。

オーストラリアのカジノ

私たちは世界第二位のカジノ（第一位はアトランティック・シティのタージ・マハルになるはずだ）を運営する会社の候補として最終選考に残ったが、結局私はこれをおりることにした。国内でも仕事が山ほどあるのに、ニューヨークから飛行機で二十四時間もかかる場所で事業を行なうのは得策ではないことに気づいたのだ。ニュー・サウス・ウェールズ政府が落札者を発表する直前に、入札中止を通知した。

ビヴァリー・ヒルズ・ホテル

このホテルは、最高の値をつけた石油業者マーヴィン・デイヴィスに売却された。私が払ってもよいと考えていた価格よりはるかに高い額だった。物件を点検した後、私は自分の入札価格を低く抑えていたのだ。もちろんデイヴィスが将来これを売れば、利益をあげることができるだろう。

その後マーヴィン・デイヴィスはリゾーツ・インターナショナルの買収にも乗りだした。私とリゾーツとの合意がすでに成立していたにもかかわらず、彼はより高い買い取り価格を提示しただけでなく、私との協定を破棄するようマーフィ家とクロスビー家に働きかけた。しかし彼らはデイヴィスの申し出を断わり、裁判所は私との協定が有効と認めた。その後ニュージャージー州カジノ管理委員会も五対〇でこの協定を認めた。

ちょうどこの頃、私はマーヴ・アデルソンとバーバラ・ウォルターズがカリフォルニアで開いた豪華なパーティに出席した。その席である記者に、デイヴィスのリゾーツ買収計画についてのコメントを求められた。デイヴィスはひどくふとっているので、私は冗談に、リゾーツと私の取引をこわすことに時間をつぶすより、二百ポンドの減量に専念すべきだと答えた。この発言にデイヴィスが激怒したと後で聞いたが、特に後悔はしていない。敵にお世辞をつかうのは私の主義ではないのだ。

屋内駐車場

一九八六年十月のある朝、緊急電話が入った。新しい屋内駐車場の建設を始めてから数カ月後のことだ。ちょうどニューヨークでビジネスマンを相手に講演を行なうことになっており、出かけようとしていたところだった。電話をしてきたのは、建設主任のトム・ピペットだった。巨大なメガトン起重機を操作していた作業員が、積上げの際にブームを前に出しすぎて、起重機と重量二十二トンのビームが駐車場の屋根の上に倒れたという。駐車場のかなりの部分が倒壊した、とピペットは言った。

「作業員はどうした？　怪我をした者は？」と私は尋ねた。

現場では少なくとも百人の作業員が働いており、目下人員点呼をしているところだという。状況を逐次報告してくれるように言って講演に出かけた。話している間中、このことを考えまいとした。講演を終えて帰ろうとした時、ピペットからのメモが手渡された。私はすぐ彼に電話した。「トランプさん、お信じにならないかもしれませんが、全員の無事が確認されました。怪我人はいません」

たとえ一人の生命でも失われていたら、取り返しがつかないところだった。幸い今回は事故が起こった時に、たまたま現場の作業員が駐車場の別の場所で働いていたので、助かったのだ。

かように、物事すべて一寸先は闇なのだ。作業員も私も、たいそう運がよかった。以後、工事は順調に進んだ。一九八七年五月、私たちは千二百台を収容できる駐車場をオープンした。駐車場は専用通路でボードウォークのトランプ・プラザとつながっている。オープン後の一週間に、スロット・マシンの収益は二倍以上に増加した。歩行者が通路を通ってプラザに来るようになったため、客の数が増えたのだ。七月には二千七百台分の駐車場全部とバス・ターミナル、それにリムジン乗り場をオープンした。それらはすべて期日どおりに、予算内で完成された。

ラスヴェガス

ラスヴェガスでの賭博免許申請は取り下げた。カジノ・ビジネスに関するかぎり、リゾーツとアトランティック・シティにあるあと二つのカジノだけで手一杯だ。今のところもっぱらアトランティック・シティに精力を集中しているが、将来ネヴァダでカジノを建設、あるいは買収する可能性もないとは言えない。

トランプ・カー

私の名前をつけたキャデラックのリムジンを生産することが決定された。トランプ・ゴールデン・シリーズはこれまでに作られた最もデラックスなストレッチ・リムジンだ。トランプ・エグゼクティブ・シリーズは同じ型だが、やや安価である。どちらもまだ生産は完了していないが、キャデラック部門の連中が最近みごとな黄金色のキャデラック・アランテをプレゼントしてくれた。私には格好のおもちゃだと考えたのだろう。

ドレクセルとの取引

ドレクセル・バーナム・ランベールが持ちこんだホテル会社買収の話には結局乗らなかった。投資銀行関係の業務は、従来どおりすべてベア・スターンズのアラン・グリーンバーグに任せている。ドレクセルにとっては多難な年だった。

トランプ・キャッスル

イヴァナに任せておけば間違いない、と前に言ったが、それが正しかったことが予想以上に早くわかった。一九八七年第一四半期の決算が発表されると、アトランティック・シティにある十二軒のカジノのうち、トランプ・キャッスルの収益が一番増えており、同市で最も利益率の高いホテルであることがわかった。この三カ月間にキャッスルは七千六百八十万ドルの収益をあげているが、これは前年同期に比べ十九パーセント増である。しかしこのめざましい業績にもかかわらず、イヴァナは他のカジノをもっと大きく引き離さなければ満足しないだろう。

ガルフ&ウェスタン

G&W社の会長、マーティン・デイヴィスとは、映画館についての交渉を続けている。その後、私はさらにデパート・チェーン、アレグザンダーズの株も大量に取得した。同チェーンの本店は五十八番通りと五十九番通り、三番街とレキシントン街の間の、ブルーミングデール・デパートの隣りにある。ここは劇場用地としても、また店舗兼住宅用超高層ビル用地としても理想的な場所だ。

マール゠ア゠ラーゴ

プールとテニスコートが完成した。両方とも希望したとおりの、素晴らしい出来だ。私はレジャーにはあまり関心はないが、マール＝ア＝ラーゴで過ごすのは楽しい。ここは私にとっての楽園だ。

モスクワのホテル

一九八七年一月、ユーリ・ドゥビーニン駐米ソ連大使から、次の言葉で始まる書簡をもらった。「モスクワからのよい知らせをお伝えできることをうれしく思います」次いで、国際観光を司るソ連の有力な国家機関であるゴスコムインツーリストが、私と共同でモスクワにホテルを建設し、その運営を行なうことを希望している、と書かれていた。七月四日、イヴァナと彼女のアシスタントであるリーザ・カランドラ、そしてノーマと共にモスクワに赴いた。これは実に得がたい経験だった。私たちは国営ホテルのレーニン・スイートに泊まり、ホテルの候補地を数カ所見学した。そのうちのいくつかは赤の広場の近くにあった。この商談に対するソ連政府の意欲には感銘を受けた。

トランプ基金

差押え不動産を購入するため、外部投資家の資金による基金を設立することは、結局やめにした。自分がリスクを負うのはかまわないが、大勢の人の資金に対して責任をもつのは気が進まない。投資家の中には必ず友人も何人か含まれることになるので、なおさらだ。同じ理由で、自分の会社を上場しようと考えたことは一度もない。自分に対してだけ責任をとればいいという立場にいたほうが、意志決定をするのがずっと楽だ。

私のアパート

アパートの改装工事は一九八七年の秋にやっと完了した。十分時間をかけたので、結果には満足している。こんな素晴らしいアパートは世界に二つとないだろう。

飛行機

ついに気に入った飛行機を見つけた。一九八七年の春、ビジネス・ウィーク誌を読んでいたところ、経営不振に陥ったダイヤモンド・シャムロックというテキサスの会社についての記事が目についた。記事によるとシャムロックの重役たちは信じられないような特典を享受しており、王侯貴族のような生活をしているという。その例として、会社所有の豪華な設備の整った727型機を重役たちが勝手気ままに乗り回していることがあげられていた。

これはいける、と私は思った。月曜日の朝、ビジネス・ウィーク誌の記事に写真の載っていたダイヤモンド・シャムロックの重役のオフィスに電話した。するとその重役はすでに会社を辞めており、チャールズ・ブラックバーンという人物が新たに会長に任命されていた。電話はすぐ彼にとりつがれた。私は就任の祝いを述べ、しばらく話をした。それからシャムロックの727型機について読んだことを述べ、売りに出すつもりなら買ってもいいと言った。思ったとおりブラックバーンは、みなあの飛行機が気に入っているが、やむなく早急にあれを売却することを考えていると言った。そして私が点検できるようにニューヨークまで飛ばそうとまで申し出た。

翌日、飛行機を見るためにラ・ガーディア空港に行った。見たとたん、思わずにんまりした。この飛行機は乗客二百人を輸送できるのだが十五人乗りに改造されており、寝室、バスルーム、および執務室まで揃ったぜいたくなものだった。こんなに豪華なものは必要ないのだが、うまい話があるとついのってしまうのが私の性格だ。

新しい727型機の値段は約三千万ドルだ。その四分の一の大きさのG－4型機は約千八百万ドルである。だがダイヤモンド・シャムロックは売り急いでいるし、727を買いたいという者はあまり多くないことがわかっていた。

私は五百万ドルの買い値をつけた。もちろんこれは法外に安い値段だ。向こうは一千万ドル要求した。この時点で、交渉の結果がどうであれ、安い買物ができることがわかった。けれども私はさらに値切り、最終的に八百万ドルで取引が成立した。これに匹敵する個人用飛行機はこの世にないと私は思っている。

さて、次は？

幸いこれに対する答はわからない。もしわかっていたら、楽しみが半減するだろう。わかっているのは、これまでと同じではないということだけだ。

社会に出てからの二十年間、私はとうていできないと人が言うようなものを建設し、蓄積し、達成してきた。これからの二十年間の最大の課題は、これまでに手に入れたものの一部を社会に還元する、独創的な方法を考えることだ。

金もその中に含まれるが、それだけではない。金を持つ者が気前よくするのはたやすいし、金がある者はそうすべきだ。しかし私が最も尊敬するのは、直接自分で何かをしようとする人たちだ。人がなぜ与えようとするのかについてはあまり関心がない。その動機にはたいてい裏があり、純粋な愛他精神によることはほとんどないからだ。私にとって重要なのは、何をするかである。金を与えるよりも時間を与えるほうが、はるかに尊いと思う。

　これまでの人生で、私は得意なことが二つあることがわかった。困難を克服することと、優秀な人材が最高の仕事をするよう動機づけることだ。これまではこの特技を自分のために使ってきた。これを人のためにいかにうまく使うかが、今後の課題である。

　といっても、誤解しないでほしい。取引はもちろんこれからもするつもりだ。それも大きな取引を着々とまとめていくだろう。

訳者あとがき

ドナルド・トランプ。四十一歳にして資産三十億ドル。マンハッタンに六十八階建ての超豪華ビル、トランプ・タワーを建て、四つのカジノを所有する。今、全米で注目を集めているこの若き不動産王の自伝が、昨年十二月にアメリカで出版された。発表と同時にベストセラーになり、一月にはノンフィクションの部のトップに躍り出た。その後も数カ月にわたってくり返し一位の座を占め、現在なおベストセラー・リストに名をつらねている。トランプはこれにより、不動産デベロッパー、カジノ経営者、企業買収家の他、ベストセラー作家という肩書まで手に入れたわけだ。

本書では自伝にありがちな自己分析ではなく、彼がこれまでに手がけた事業をいかに成功させたか、その戦略と苦心談が語られている。彼はまた〝トランプの手札〟と称して、取引を成功させるためのコツを、十一項目にわたって挙げている。つまり、本書は取引の技術を教える手引書、あるいは富と成功を手に入れる方法を述べたハウツーものとしても読むことができる。しかしたとえそうしたコツが具体的に示されていなくても、トランプがどのようにして土地を買収し、資金を調達し、ビルを建てたかという実際のノウハウを読めば、彼の成功の秘密は自ずから明らかになる。

トランプは大学卒業後しばらくはデベロッパーである父の仕事を手伝っていたが、やがてマンハッタンへ移り、独自に事業を手がけるようになった。彼の輝かしいキャリアはここから始まる。彼は銀行にかけあって金を借り、不動産所有者を説得して安く土地を手に入れ、ニューヨーク市からは減税措置をとりつけた。二十代半ばという若さでほとんど何の実績もないトランプが、いかにしてそれを成し遂げたか、それを知るためには本書を読んでいただくほかはないが、彼が〝取引の天才〟と呼ばれるゆえんは、そのあたりにあると言える。

トランプは七〇年代に次々に事業を拡大していったが、彼の名声が不動のものになったのは、一九七八年のことだ。五番街の中心部に六十八階建てのビルを建てるため、ボンウィット・テラーの土地を買い取ったのだ。有名なティファニー宝石店の横にそそり立つこの総ガラス張りビルは、今やニューヨークの観光名所となっている。

トランプはこの他に、アトランティック・シティに豪華なカジノつきホテルを二つ建てたことでも知られている。だが彼の手がけた事業でおそらく最も話題をよんだのは、ニューヨークのセントラル・パークにあるアイススケート・リンクの改修工事だろう。トランプはニューヨーク市が六年の歳月と巨額の資金を投じてなお完成することができなかったこの工事を、市から引き継いだ。そしてわずか四カ月で、しかも予算の三分の二でこれを完成させ、民間企業の効率性と底力のシンボルとして、一躍全米にその名をとどろかせた。

トランプがこうして次々と事業に成功していくのは、生まれつき身につけている取引の才能や運の強さのおかげだが、その他に天性のカンのよさと粘り強さにも負うところが大きい。友人から石油会社買収の話を持ちかけられ、一時はオーケーしたが、なぜか「妙な気がして」結局その話は断わったというエピソードが紹介されている。それから数カ月後に石油価格が暴落し、友人が買収した会社は倒産したというのだが、これなどは彼のカンの鋭さを示す良い例だろう。

彼の粘り強さを示す例も随所に見られる。中でも感嘆せざるをえないのは、トランプ・タワーの建設用地をジェネスコ社から買い取るまでのいきさつだ。トランプはマンハッタンに出てから数年後の一九七五年、ボンウィット・テラーを所有するジェネスコ社の社長フランクリン・ジャーマンに会い、同店の土地を売ってほしいと持ちかける。当然ながらジャーマンは、何の実績もないこの若者の申し出を断わる。だがトランプはあきらめず、その後再三にわたり、ジャーマンに手紙を出す。もちろん返事は一度も来ない。しかし結局三年後、ジェネスコ社が経営不振に陥り、トップが交替した時に再び話を持ちかけると、同社は土地を売ることに同意する。うまくタイミングをつかんだと同時に、それまでの手紙攻勢が効を奏したのだ。

トランプが人間心理に対する洞察力を持つことも、彼のビジネスを成功させている要因だ。たとえばトランプ・タワーを売り出した時、彼は同時期に販売を開始した近くのミュージアム・タワーより、価格をずっと高く設定した。こうした豪華なアパートを購入する人びとは値段の安さより質の高さを求めること、したがってむしろ高価格のほうがアピールすることを知っていたのだ。また販売にあたっては、手に入れにくいものほど人は欲しがるという心理をうまく利用し、売りたいという素振りを見せず、客には条件のいい部屋は順番待ちだと告げた。こうして、工事が完了する前に大半のアパートを売ることに成功した。

昨年の九月、トランプは十万ドル近い金を投じてアメリカの主要新聞に広告を出し、レーガン政権の対外政策を批判した。こうした動きから、彼が政界への進出をねらっているのではないかと憶測する向きもある。トランプ自身は大統領選に出馬する意志は今のところないことを明らかにしている。けれども、元モデルでチェコのスキー選手だった美しい妻イヴァナは言う。「あと十年たってもドナルドはまだ五十一歳です。そう際限なくカジノを所有したりビルを建てたりするわけにいきませんから、いずれドナルドは他の分野に目を向けるでしょう。それは政治かもしれないし、何か別のものかもしれません。大統領選挙へ出馬することも絶対にないとは言いきれません」

・いずれにしても、今年まだ四十二歳というこのエネルギーに満ちあふれた男が、現状のままにとどまっているとは思えない。トランプがこの先ニューヨークを、そしてアメリカをどのように変えていくか、まさに興味津々といったところだ。

（一九八八年刊行の単行本あとがき）

＊　＊　＊

その後のドナルド・トランプ

一九九〇年代前半になって不動産市場が低迷すると、ドナルド・トランプは巨額の借入金のために経済的苦境に立たされ、破産が近いとの報道が流れた。しかし、銀行との交渉などによりなんとか状況を打開することができ、九〇年代後半になって不動産市場に活気が戻ると、再び不動産王として返り咲いた。

現在は、シカゴ、ロサンゼルス、ラスベガスなど全米各地にホテルやコンドミニアムなどの入った大規模複合施設を所有するほか、いくつものゴルフコースを開発所有している。また海外にも進出し、ドバイで大規模なホテルアンドタワーを計画している。

トランプは本業だけでなく、メディアでも活躍している。彼が本書に続けて書いた本はいずれも全米ベストセラーとなった。さらに、二〇〇四年に放送が開始されたアメリカＮＢＣテレビのリアリティー番組『ジ・アプレンティス』（研修生）では空前の人気を獲得した。

これは、トランプの会社で働きたいと希望する参加者が、生き残りをかけて課題に取り組むもので、トランプはこの番組に主演およびプロデューサーとして参加し、エミー賞候補にノミネートされた。番組の中で彼が脱落者に対して発する「お前はクビだ（You're fired!）」という決め台詞は流行語となった。

二〇一五年六月一六日、ドナルド・トランプは二〇一六年の米大統領選に共和党から出馬することを表明した。

メディアから「暴言王」と批判を浴びるトランプだが、意外にも政治に強い関心を寄せてきたことはあまり知られていない。二〇〇〇年には“The America We Deserve”（我々にふさわしいアメリカ）を著し、国家としての米国の貧困化が進むことや中流階級が消滅して格差が広がること、年金や社会保障の問題が深刻化することをすでに指摘している。それらの問題が目に見えて社会に影響を及ぼしつつある今、彼のキャンペーンは広く一般大衆の支持を集め、全米だけでなく全世界が注目するほどの勢いとなっている。

（ちくま文庫編集部による補足）

解説　「でっかく考えろ!」

ロバート・キヨサキ

一九八〇年代後半、妻のキムと私はドナルド・トランプの『トランプ自伝』を読んだ。私たちが現実に目覚めたのはこの本のおかげだ。彼の本を読んで、ドナルドがどれほどでっかく考えているか、自分がどれほど小さく考えているのかがわかった。それは、現実に対して目を見開き、心を開く体験だった。この本が私たちの人生を変えた。私たちはそれからすぐに、もっとでっかく考えるようにし始めた。

ドナルドに初めて会ったのは二〇〇四年のことだった。彼も私も、ある大きな投資セミナーで講演していた。私たちは親しくなり、二〇〇六年に共著の本を出版した。この『あなたに金持ちになってほしい』という本の中で、私たちは、自分たちがどのような動機から、あるいはどのような決断をして金持ちになったのか、そして、なぜあなたにも金持ちになってほしいと思っているのかについて書いた。

この数年の間にドナルドと私は非常に仲の良い友人になった。いっしょに本を書いただけでなく、二人でよくテレビ番組に出演しては、ビジネスや投資、地球規模で起こっているトレンドなどについて話をしている。彼はニューヨーク、私はハワイと出身地は違うが、私たちには多くの共通点がある。

第一の共通点は、彼にも私にも人生に大きな影響を与えた「金持ち父さん」がいたことだ。第二の共通点は、私たちが二人とも起業家で不動産投資家だということだ。そして第三の共通点としては、彼も私も、金持ちとそれ以外の人々との格差がますます広がっていることを心配している教師だということが挙げられる。金持ちか貧乏かのどちらかにならなければならないとしたら、できることならあなたを金持ちにしてあげたい。だから私たちはこの本を書いた。

ドナルドといっしょに働いた体験から言える最も重要なことは、ドナルドはありのままの人間だということだ。ドナルド・トランプを演じているのではない。彼はいつでもドナルド・トランプだ。ペテン師ではない。ふだんのときもテレビに出演しているときも変わらない。また、彼の子供たちはびっくりするほどすばらしい。容姿端麗、頭脳明晰で、そのうえ親切だ。

キムと私が、ニューヨーク五番街の超高層ビルのはるか上の方にある彼のオフィスに初めて足を踏み入れたとき、私はオフィスの豪華さとパワーに圧倒された。次に、役員や従業員など、彼のスタッフに感心させられた。彼らもドナルドの子供たちと同じように、容姿端麗で頭脳明晰で親切だった。お高くとまった嫌な人たちではなかった。威張った人もいなかった。とても心温かい人たちだった。中にはドナルドのもとで働き始めて二十五年になるという人もいた。私とキムもそうだが、彼らもドナルドと働くのが大好きなのだ。

一年間いっしょに作業をした後、ドナルドは、キムと私を最上階の二つのフロアーを占める自分のペントハウスに招待してくれた。彼の自宅に入ったキムと私は思わず息を飲んだ。彼のアパートメントからは、ニューヨーク市をすべて見渡すことができるのだ。私には、ここからの眺めはエンパイヤステートビルからの眺望にも勝っているように思えた。キムの方を振り返り、私はこう言った。「百万長者と億万長者の差は大きいね」

その夜、下りのエレベーターで地上に向かっていたとき、私は彼の本『トランプ自伝』を読んで学んだ第一の教えをぼんやりと思い出した……。その教えは、「でっかく考えろ」だった。

（井上純子訳）

本書は一九八八年に早川書房より刊行された。

ちくま文庫

トランプ自伝《じでん》——不動産王《ふどうさんおう》にビジネスを学《まな》ぶ

二〇〇八年二月十日　第一刷発行
二〇一七年三月五日　第八刷発行

著　者　ドナルド・トランプ
　　　　トニー・シュウォーツ
訳　者　相原真理子
発行者　山野浩一
発行所　株式会社　筑摩書房
　　　　東京都台東区蔵前二—五—三　〒一一一—八七五五
　　　　振替〇〇一六〇—八—四一二三
装幀者　安野光雅
印刷所　三松堂印刷株式会社
製本所　三松堂印刷株式会社

乱丁・落丁本の場合は、左記宛にご送付下さい。
送料小社負担でお取り替えいたします。
ご注文・お問い合わせも左記へお願いします。
筑摩書房サービスセンター
埼玉県さいたま市北区櫛引町二—六〇四　〒三三一—八五〇七
電話番号　〇四八—六五一—〇〇五三

ISBN978-4-480-42379-5 C0198